El Nombre de Mi Madre

Megan Lee Hewell

Traducido por Federica Bayce

El Nombre de Mi Madre
Derechos de autor © 2023 Scarsdale Publishing

Todos los derechos reservados. Ninguna parte de esta publicación puede ser reproducida, almacenada en un sistema de recuperación, o transmitida, en cualquier forma o por cualquier medio, sin el permiso previo por escrito del autor, ni ser difundida de otra manera en cualquier forma de encuadernación o portada distinta a la que se publica y sin que se imponga una condición similar al comprador posterior.

Esta es una obra de ficción. Los nombres, personajes, lugares e incidentes son producto de la imaginación del autor o se utilizan de forma ficticia, y cualquier parecido con personas reales, vivas o muertas, establecimientos comerciales, eventos o locales, es coincidencia.

ISBN: 978-0-692-59908-2
Traductor: Federica Bayce
Editor: Ricardo Blanco Saavedra

Primera edición rústica por Scarsdale Publishing:

10 9 8 7 6 5 4 3 2

Si usted adquiere este libro sin portada, debe saber que se trata de una propiedad robada. Fue reportado como "no vendido y destruido" a la editorial y ni ella ni el autor han recibido algún pago por este "libro desmembrado".

Para seguir a nuestros autores y sus maravillosos libros suscríbase a nuestro BOLETÍN DE NOTICIAS

Dedicatoria

Dedicado con amor a Jensen, Freddie y Georgie

Reconocimientos de marca registrada y derechos de autor

Crazy Eights
Pollyanna de Eleanor H. Porter
Tim Hortons
Jimi Hendrix
Rolling Stones
Winnipeg Blue Bombers
BC Lions
The Grey Cup

Nota de la autora

Me recibí de criminóloga en 2017 con la ligera intención de quizás aplicar para estudiar derecho. Planeaba tomarme un año sabático, pero tenía distintos planes, como por ejemplo presentarme a la prueba de admisión para la Facultad de Derecho y tratar de encontrar una pasantía en alguno de los bufetes de abogados en Vancouver para ganar experiencia.

Ni se me ocurrió pensar que, en el transcurso de ese año, podría inspirarme y escribir una novela. Durante mi carrera había tomado varias clases de escritura creativa, porque pensaba que eran créditos fáciles y terminaron siendo, sin duda, de mis clases favoritas. Allí surgió la primera idea de este libro. En tercer año, con la ayuda de mi profesor de Crimen y Literatura, comencé a escribir un borrador de lo que yo imaginaba que sería un monólogo para una actriz en un escenario. El personaje no tenía nombre, pero su voz daba indicios de un pasado trágico. Este personaje más adelante se convertiría en Jane Doe. Este intento fue divertido (y amateur) y, al final del semestre, el borrador fue a parar a una caja repleta de cuadernos de la universidad. Comenzó un nuevo semestre y, en el ajetreo de los trabajos académicos y de cuantificar estadísticas para mi título, me olvidé de la voz de Jane Doe.

Un año después, estaba trabajando en un bufete en el centro de Vancouver, donde aprendí sobre varios procesos judiciales y procedimientos legales con la esperanza de determinar si realmente quería estudiar derecho. Hace poco tiempo, con mi pareja nos habíamos trasladado a las afueras de la ciudad y, durante la mudanza, encontré de casualidad las cajas con libros de texto y cuadernos. La organización y la limpieza quedaron a un lado y me embarqué en un viaje por los recuerdos del pasado. Encontré el borrador abandonado sobre el personaje que había creado y lentamente todas las piezas comenzaron a encajar. Fue demasiado fácil ir tejiendo la historia de la joven que escapaba de sus traumas del pasado y de las consecuencias trágicas de sus acciones. A medida que su viaje iba tomando forma en mi mente, comencé a imaginarme su historia siendo contada hacia atrás y así surgió Nora Devrey, un personaje que buscaba encontrar a la madre que nunca había conocido.

Como si fuese una señal, al otro día en el trabajo escribí borradores de varios documentos judiciales sobre una demandante de la que no sabían el nombre y por eso la llamaban Jane Doe. El nombre me llamó mucho la atención, era como si fuese la solución obvia a un ejercicio de matemática. Tenía la historia de Nora Devrey y su madre biológica Jane Doe, pero todavía me faltaba el nombre real de Jane Doe. La narrativa que las unía tardó más tiempo en formarse y el proyecto no se fue desarrollando exactamente como lo había planeado. A mitad de camino, me encontré con personajes inesperados y vi cómo las relaciones se desenvolvían de formas que no había imaginado. Pude tomar prestados de mi vida algunos elementos para trasladar a la experiencia de Nora, uno de ellos fue su acogedora vida en Vancouver y sus viajes a distintos pueblos.

Me ayudó mucho haber realizado tantas excursiones al interior de la provincia de Columbia Británica. Tiene unos paisajes increíbles y de todo tipo —montañas, bosques, desiertos— y asombrosas oportunidades para hacer excursiones tanto en los parques provinciales como en el campo. En el verano de 2018, aprovechamos cualquier oportunidad para escapar de la ciudad. En varias ocasiones, fuimos por la ruta Canyon (la carretera 97), que está a un costado del río Thompson y rodeada por amenazantes rocas de las imponentes montañas que se alzaban por encima de nuestras cabezas. Es el mismo viaje que luego hacen Malcolm y Nora y los detalles son casi los mismos, desde las tantas cascadas a pocos metros del auto, hasta los cementerios abandonados, tallados en los nichos de las rocas.

El primer agradecimiento es para mi pareja Jensen, mi Malcolm. Eres una presencia positiva y constante en mi vida. Tu increíble apoyo y optimismo obstinado durante todos los años que pasamos juntos no tiene precio. Soy muy afortunada de tenerte y lo agradezco mucho. Gracias por desafiarme e inspirarme a ser mi mejor versión.

También me gustaría agradecerles a mis hermanas, Georgie y Freddie, mis compañeras de travesuras y amigas más duraderas. Las dos me han motivado en todas las etapas y soy muy afortunada de ser su hermana.

A mis mejores amigas, Mandy y Breanna, cuya presencia ha sido un diferencial increíble en mi vida. ¡Las aprecio tanto!

También a Carolynn, la razón por la que todo esto ha sido posible. Me animaste a soñar y, cuando dudaba, tú eras la razón por la que lo seguía intentando. Gracias por ser mi fanática número uno, mi animadora más entusiasta y por darle forma a la novela para que se convierta en lo que es hoy.

Y, por último, al personal de Scarsdale, por darme una oportunidad y guiarme por este camino maravilloso e inimaginable: Sharona, Kimberly, Stephanie y Rain. La gratitud que les debo es infinita.

Me gustaría dejar esta advertencia: mucho de lo que se avecina se basa en personas, lugares y hechos reales. Para proteger su privacidad y su reputación, he cambiado los nombres y los lugares. Por esa misma razón, también me tomé algunas libertades con ciertos hechos y los convertí en ficción. Me hago cargo de cualquier error, ya sea por alguna malinterpretación deliberada o una omisión accidental. Realmente deseo que los habitantes sepan disculpar mis fallas.

Me gustaría dedicarle este libro a los sobrevivientes. Todos nos enfrentamos a obstáculos que debemos vencer, sin

importar si nuestras luchas son conocidas o si no las conoce nadie. Honro sus luchas y les deseo mucho éxito en la vida.
Megan Lee Hewell
Vancouver, Columbia Británica
Noviembre de 2020

Prefacio

Hay dos grandes ciudades en la provincia canadiense Columbia Británica: en el norte, Prince George y en el sur, Vancouver. La carretera 97 conecta ambas ciudades y atraviesa cientos de kilómetros de cadenas montañosas con bosques, praderas llanas, desiertos y costas de lagos y ríos. Esta carretera es el sustento de los pequeños y aislados pueblos que componen la región.

La historia de Jane Doe comienza en uno de esos pueblos. Lachlan forma parte de Columbia Británica y se encuentra al este de Prince George y directamente al norte de Cold Lake en la región Williams Lake. La única calle, estrecha y polvorienta, que une a Lachlan con la carretera 97 y con la civilización es Chesamore Way. Lachlan está rodeado por tres lados de vastas extensiones de naturaleza. En mi primera y única visita, me dio la sensación de que el pueblo le daba la espalda a una pared boscosa y que desde allí observaba y sospechaba de todo aquel que iba y venía.

Hasta febrero de 2010, nunca había escuchado hablar de Lachlan. Ni tampoco de Tome, también en Columbia Británica. Tome es algo más grande que Lachlan, se encuentra sobre la carretera 97 y a orillas del Cold Lake. Los habitantes trazan su origen hasta los colonos de la Fiebre del Oro, antes de la Confederación, y algunos incluso más lejos, hasta los tiempos en los que el área estaba habitada por aborígenes y métis.

En general, los que nacen Tome, se quedan en Tome. Llegan a la adultez, se casan muy jóvenes y forman familias, y el ciclo que comenzó con sus padres y sus abuelos y sus tatarabuelos continúa en las nuevas generaciones. No hay mucho atractivo en el pueblo para que trabajadores calificados o familias jóvenes se muden y se establezcan allí. La mayoría de los que llegan simplemente están de pasada y tienen otros destinos. Hay pocas personas que van allí a pasar las vacaciones, e incluso menos turistas, aunque los habitantes se escapan los fines de semana y van a acampar, cazar y pescar al Cold Lake.

En resumen, es un pueblo insignificante que simplemente está ahí. Pero para mí es muy importante, ya que en esta comunidad pequeña y tan unida es donde comienza mi historia. En Tome nací, me abandonaron y me encontraron.

También es el pueblo más cercano al lugar donde encontraron el cuerpo sin identificar de la mujer a la que llamaron Jane Doe a falta de su nombre real. El claro en donde estuvo enterrada por tantos años, sin ser reconocida y totalmente olvidada, se encuentra a varios kilómetros al sudoeste de la carretera, en las profundidades del parque provincial Cold Lake y para llegar allí hay que hacer una caminata de dos o tres horas por un camino muy poco utilizado.

Se puede decir que nunca pasaba nada muy significativo en Tome. Pero, en julio de 2005, el pueblo parecía estar conteniendo la respiración.

Prólogo

Scott Duggan necesitaba escaparse de Tome, aunque fuese solo por un fin de semana. Su esposa, Tina, estaba embarazada de nuevo y a medida que comenzaba el segundo trimestre, para Scott se parecía cada vez más a una vaca insufrible. Necesitaba alejarse un poco de ella y de sus dos hijos caprichosos. Así que convenció a su hermano Terry de ir a acampar al parque provincial Cold Lake.

Terry deseaba nunca haber aceptado. Apretó la mandíbula porque ver a Scott intentando armar la carpa (y fallando) le estaba haciendo perder la paciencia. Ya la lona estaba rajada, Scott la había atravesado con el pie porque la frustración que le generaban las varas le había hecho perder los estribos.

La carpa era de Terry. El equipo, la camioneta, el rifle, la munición, la cerveza y el perro también eran de Terry. Scott no quería estar con él, lo que en realidad quería eran sus cosas. Le habían suspendido de nuevo la licencia de conducir, aunque eso no evitaba que manejara, pero no tenía gasolina y no iba a poder llenar el tanque hasta el siguiente día de pago, a no ser que se la robara a alguien del pueblo. Scott no tenía trabajo en ese momento, o estaba «contemplando sus opciones» como prefería decir, por lo que Terry no sabía cuándo obtendría su próximo salario. Había empeñado su rifle y era muy probable que ya hubiese derrochado ese dinero. Por eso necesitaba el rifle, la munición y la cerveza de Terry y por eso le había insistido tanto para que viniera. Y ahora Scott estaba montando la carpa de Terry y usando el equipamiento de Terry y tomando la cerveza de Terry. No podía pedirle todo esto prestado sin invitarlo.

Terry tomó un trago de la bebida tibia en lata que tenía en la mano y le gritó a su perro, Joad, que estaba olfateando algo en la parte más alejada del claro. Apenas lo podía ver entre las sombras de los grandes cedros. Terry se preguntó por qué no montaban la carpa a la sombra y apretó la mandíbula aún más. Le volvió a gritar a su perro, que estaba olfateando las guaridas de los topos, las ramas caídas y el pasto seco.

La excursión había sido una decisión de último minuto. Lo que probablemente había sucedido era que Scott había salido hecho una furia de su casa luego de que Tina se quejara de lo mucho que bebía o de lo mucho que gastaba o de que no tuviese trabajo. Por eso no habían hecho una reserva en el campamento del parque y por eso habían llenado sus mochilas con toda la cerveza que tenían en la hielera en vez de agua, recordó Terry, y recorrieron el camino una o dos horas en el calor del día hasta que se sumergieron en un monte que no aparecía en el mapa. Caminaron por horas al rededor del extremo norte del lago hasta que se enojaron: estaban sudados, con hambre y cansados. Las afirmaciones confiadas de Scott de que él sabía perfectamente a dónde se dirigía de a poco se fueron convirtiendo en gruñidos e insultos, lo que no ayudaba a mejorar el humor de Terry y cuando finalmente colapsaron en el claro al borde del lago —un área que sin duda estaba plagada de mosquitos—, Terry le arrojó la carpa a Scott y le dijo muy enojado que él podía armarla solo.

Terry le gritó a su perro una vez más. Estaba cavando en búsqueda de algo a la sombra de los cedros. Lo único que les faltaba para empeorar la tarde era un mapache o un zorrillo o algún otro animal nocturno enojado.

Ya estaba lamentando haberle dicho a Scott que armara la carpa solo: se había tomado cuatro cervezas y el alcohol no mejoró sus habilidades para erigir la carpa. Terry hizo una mueca de dolor cuando la lona se volvió a rajar.

—Malditas varas —bramó Scott y agregó con un desagradable gruñido— Trae a tu maldito perro antes de que se enfrente a un coyote. —Por cómo lo dijo, parecía estar copiando a alguna película de vaqueros.

—Fue tu idea traerlo —replicó Terry, pero tomó lo que quedaba de su cerveza, tiró la lata a un arbusto y cruzó dando zancadas el claro en donde el perro estaba oliendo una pila de hojas podridas.

Al menos a lo lejos parecían hojas podridas. Cuando se acercó, cayó en la cuenta de que el perro no estaba desenterrando materia orgánica, había encontrado un trozo de plástico o hule, algo que no se descomponía. El material podría haber sido azul en algún momento, pero la exposición lo había erosionado y ahora era de un gris gastado. Joad mordisqueaba un pedazo más pequeño que el puño de Terry y notó que había otro pedazo cerca. Lo que sea que fuese estaba rasgado y lo más probable es que hubiese sido un animal salvaje.

—¡Joad, largo de aquí! —Lo golpeó, pero el perro continuó sujetando lo que había excavado.

Terry cayó en la cuenta de que se trataba de algún tipo de chamarra, o por lo menos eso había sido. Podría haber sido una cazadora o un impermeable en algún momento. Quizás en el ajetreo por retirarse, los anteriores campistas se la habían olvidado. Intentó pegarle a un mosquito. Quería volver a casa. El perro se dirigió a una roca cercana grande, lisa y blanca por la exposición al sol.

—¡Joad! —Alzó la voz y golpeó al perro en la cabeza con la mano abierta.

Joad lanzó un grito de sorpresa, lloriqueó y dio unos saltitos, pero no se alejó. El comportamiento del perro lo extrañó. Se preguntó cómo la piedra estaba desteñida por el sol y erosionada por los elementos si estaba debajo de los árboles. Le ganó su curiosidad, así que extendió el brazo y dio vuelta la piedra, pero alejó su mano deprisa al ver lo que era... un cráneo humano.

Primera parte — El comienzo

Capítulo uno

Recuerdo muy bien el día en que mis padres me dijeron que era adoptada. Tenía ocho años y le pegué a Jake Mulligan a la cara en el recreo. No era mi intención pegarle, ni siquiera fue una pelea de verdad. Jake era mi mejor amigo, jugábamos juntos casi todos los días. Su casa estaba justo detrás de la mía y nuestros padres eran amigos, por lo que estábamos destinados a pasar mucho tiempo juntos y, en vez de intentar evitar lo inevitable, nos hicimos amigos muy rápido. Como sus padres trabajaban hasta tarde, en general después de la escuela venía a mi casa y pasábamos muchas tardes jugando en el jardín hasta que las farolas se encendían y sus padres regresaban a casa.

No recuerdo por qué nos peleamos ese día. Quizás Jake quería jugar al espía y los villanos y yo al policía y los ladrones (está claro que son el mismo juego, pero intenta explicarle eso a niños de ocho años). O quizás habíamos elegido un juego y Jake, como siempre, había insistido en ser el bueno y yo estaba cansada de ser arrestada y de pasar la mayor parte del recreo encerrada en la cárcel detrás del gran tobogán mientras que Jake alardeaba y se iba corriendo a jugar al fútbol con los otros chicos.

No importa por qué fue, pero la pelea empeoró cuando Jake me dio un empujón y me dijo que era una niña, un insulto imperdonable para una chica masculina como yo. Cuando me recobré, me arremangué, cerré el puño, le pegué a propósito en la nariz y de inmediato comenzó a sangrar. Le espeté que no era una niña mientras se doblaba de dolor, gritaba y se cubría la cara con sus manos. No lloró —después de todo, llorar era cosa de niñas y él era fuerte—, pero atrajo la atención de quien estaba cuidando el patio y nos llevaron a la oficina de la directora.

Me morí de la vergüenza cuando la directora, la señora Van Buren, llamó a nuestros padres. Mi padre era periodista, casi siempre llegaba a casa a la hora de la cena, y mi madre era bibliotecaria, así que tenía los mismos horarios que el día escolar, lo que significaba que ninguno de mis padres estaba en casa para recibir la llamada. La señora Van Buren me miró muy seria mientras dejaba un mensaje en la contestadora en el que explicaba mis transgresiones.

Cuando le dejó de sangrar la nariz a Jake, la señora Van Buren me hizo pedirle disculpas y volvimos en silencio a la clase. Jake hizo una broma antes de entrar al salón, su forma de disculparse por haberme dicho que era una chica, y sacó la lengua en señal de que me perdonaba por haberlo golpeado. De todos modos, no pude salir en el recreo y me quedé con un maestro para que me vigilara, morí de vergüenza y humillación al ver por la ventana a mis compañeros correr, chillar, gritar y divertirse cuando yo no podía. Odié las miradas creídas y superiores que me lanzaron. Ya estaba nerviosa por lo que mis padres me dirían y el problema en que me había metido. Si fuese una espía de verdad, no una de mentira en el juego con Jake, sabría cómo salirme con la mía y en ese momento un plan comenzó a formarse en mi cabeza.

Mi madre me recogía de la escuela todas las tardes. Siempre esperaba a que llegáramos al garaje para abrir la puerta con el control remoto y nos quedábamos esperando en el auto mientras se abría. ¿Qué pasaría si saliera corriendo, abriera la puerta de entrada con mi propia llave —ya era lo suficientemente grande como para tener mis propias llaves de casa—, fuera al teléfono y eliminara el mensaje antes de que mamá estacionara? Con este plan en mente, subí al asiento trasero del auto de mamá y la saludé demasiado confiada. Jake no volvía a casa con nosotros ese día porque tenía clases de guitarra con la maestra de música, por lo que no tenía que preocuparme por que dijera algo. Eso hacía que me sintiera invencible, con la confianza de alguien que, jugando a los naipes, grita: «¡Ocho locos!» con ocho naipes en la mano.

Mi madre prendió el auto y me preguntó con voz más aguda que de costumbre:

—¿Cómo estuvo la escuela?

Mientras esperábamos para salir del estacionamiento, no paraba de mirarme por el espejo retrovisor y de golpetear el volante. Cuando tuvo la posibilidad, apretó el acelerador más fuerte que de costumbre, ya que solía manejar con mucho cuidado. Me sorprendió la velocidad inesperada, mi madre y el freno eran grandes amigos, pero nunca le habían presentado al acelerador, solía bromear mi padre.

A medida que nos acercábamos a casa, mamá mencionó que compraríamos pizza y cerveza de raíz para la cena y darnos el gusto. Había planeado los próximos minutos con mucho cuidado, ya había tomado las llaves de mi mochila de manera discreta, y sus palabras me hicieron sentir un poco culpable por lo que había hecho y por lo que planeaba hacer. Pero estaba determinada a cumplir mi objetivo. Cuando mamá se detuvo en casa y fue a tomar el control remoto, me lancé desde el asiento trasero y corrí hacia los escalones de la entrada. Creo que mi madre se sorprendió y gritó algo. La puerta del garaje se abrió y el auto entró despacio mientras yo abría la puerta de entrada y corría hacia la sala de estar. La contestadora sobre la mesa de al lado del sofá tenía una luz roja que tintineaba rápidamente de tres en tres. No tuve tiempo para escuchar los mensajes, solo presioné Borrar cuando escuché que se cerraba la puerta del auto.

¡Éxito!

Caminé a la cocina lentamente mientras mi madre entraba desde el garaje. Hizo un comentario al respecto y le respondí sin darle importancia que había sido algo así como una carrera para entrar a la casa. Luego, muy tranquila, dije que terminaría mis tareas rápido para poder comer pizza en cuanto papá llegara a casa.

Muchos años después, seguí preguntándome por los otros dos mensajes que borré. Ninguno de mis padres los mencionó nunca, pero ¿había alguien en algún lado veinte años después todavía esperando que les devolvieran la llamada?

Papá llegó a casa al poco tiempo de que terminara mis ejercicios de matemática con dos cajas de pizza caliente de Pete's y una botella de dos litros de cerveza de raíz. Vacié mi primer vaso de gaseosa antes de que me ofreciera dos pedazos con mucho queso, con las cejas levantadas y divertido. Muy feliz, me llené la boca con queso muy caliente y me lloraron los ojos, pero mientras masticaba caí en la cuenta de que ninguno de ellos tenía comida en sus platos ni sus vasos. «Oh, oh» pensé y se me cayó el alma a los pies. «Lo saben».

Mamá habló primero, estaba nerviosa y agitada.

—Bueno, Nora, papá y yo queremos hablar como adultos contigo, ¿está bien? Porque creemos que eres muy madura y que puedes escuchar lo que te vamos a decir.

Mamá miró a mi padre como si no supiese cómo continuar y mi padre intervino.

—Queremos que quede claro, cariño, que mamá y yo te queremos de manera incondicional y estamos muy orgullosos de ti. ¿Lo sabes, no? Tenemos noticias que pueden sorprenderte un poco, pero siempre te querremos y estaremos a tu lado.

—Estamos aquí para lo que necesites, mi amor —agregó mamá—. Para cualquier cosa que necesites, ¿de acuerdo?

Mi temor inicial de que supieran sobre mi pelea con Jake ya había pasado, pero se convirtió en confusión y luego en miedo. Tenía compañeros con padres divorciados y temía que fuese eso lo que querían decirme. Me tranquilicé cuando mi mamá comenzó a explicarme las diferencias entre los padres biológicos y los adoptivos. La mayoría de los niños pasan por una etapa en la que se preguntan de dónde vienen y aprenden lo que hacen las mamis y los papis para hacer bebés, pero yo ya lo sabía. Jake y yo teníamos cinco años cuando nació su hermana pequeña, aunque por mi arrogancia nunca me importó mucho el tema. Nunca me pregunté porque yo no tenía hermanos ni hermanas y porque no había querido tenerlos.

—¿Recuerdas que te dije que las madres y los padres hacen a los bebés juntos? —dijo mi madre con delicadeza. Asentí y me pregunté qué tenía que ver eso. Debo haber puesto una cara chistosa porque mi padre comenzó a reírse.

—Papá y yo no te hicimos a ti, mi amor —dijo mamá—. Te encontramos.

—Bueno, en realidad, otras personas te encontraron —corrigió papá—. En una iglesia en un pueblo del interior. Lejos de aquí.

—Y, cuando nos enteramos —dijo mamá—, viajamos toda la noche y gran parte de la mañana siguiente para buscarte. Tenemos un amigo de la universidad que es doctor y te estaba cuidando en un pueblo llamado Prince George.

—Él sabía que nosotros queríamos tener una niña hermosa como tú —dijo papá—. Y estábamos muy felices de conocerte.

Mientras contaban la historia, me preguntaba vagamente quién me había creado. Me pareció extraño que un lugar pudiera llamarse simplemente *El Interior* y me pregunté quién había sido el príncipe George y por qué había sido tan importante que habían llegado a nombrar una ciudad entera en su honor. La voz de papá interrumpió mis pensamientos y volví a concentrarme en la historia.

—Fuimos manejando al hospital en el que estabas porque no había ningún avión que saliera esa noche. El doctor Bradley, mamá y yo te cuidamos varias semanas mientras estuviste en el hospital, porque eras tan pequeña que todavía no podías subirte a un avión ni a un auto. Pero luego de un tiempo, el doctor Bradley dijo que podías ir a casa, mamá se quedó contigo para que no estuvieras sola mientras yo volvía casa a asegurarme de que tuvieras juguetes y ropa. Y, en la víspera de navidad, mamá y yo te trajimos a casa.

Escuché en silencio mientras mordisqueaba la pizza hasta los bordes. Todo ese tiempo, me llenaba de culpa la pelea en el patio de la escuela y todo lo que había hecho para engañar a mis padres. Así que, cuando mi padre paró para respirar, espeté:

—Hoy en el recreo golpeé a Jake en la cara y le sangró la nariz y me metí en problemas y la señora Van Buren los llamó, pero no estaban en casa, así que dejó un mensaje, pero lo borré porque no quería meterme en más problemas.

Papá comenzó a reírse por lo bajo y luego se rio tan fuerte que comenzaron a rodarle lágrimas por las mejillas. Mamá no pudo contener una risita a pesar de que la ansiedad nunca abandonó su mirada. Me retorcí en mi asiento y solté una risita nerviosa, estaba más tranquila, pero no estaba del todo segura si estaba en problemas o no.

—Bueno, ya hablaremos sobre eso más tarde, pequeña bravucona. —Los ojos de papá me miraban y brillaban.

—¿Comprendes lo que te queremos decir? — preguntó mamá en silencio.

Asentí y pedí otro pedazo de pizza.

—¿Tienes alguna pregunta? —dijo mamá.

A pesar de que era pequeña, sentí que ella necesitaba hablar sobre esto. Necesitaba que le hiciera preguntas para asegurarse de que todo estaba bien. Fruncí el ceño, confundida. Tenía una casa hermosa, padres que me querían y un grupo de amigos en la escuela. La chica de la historia de mamá y papá podría ser perfectamente otra persona. De hecho, hace poco había leído el libro *Pollyanna* y estaba feliz porque ahora teníamos algo en común. Me hacía sentir única y eso me gustaba. También agradecía haber terminado con padres y no con una tía.

—¡Pero ustedes son más buenos que la tía Polly! Ella era malvada. No me cae bien.

Papá se rio una vez más.
— ¿Tienes alguna pregunta sobre la adopción? —preguntó mamá.
— ¿Así que en algún lado tengo otra madre y otro padre? —dije.
Después de un tiempo, papá contestó.
—Sí.
Quedé en silencio un largo rato intentando procesar lo que había dicho. Luego pregunté:
— ¿Saben quiénes son?
—No, no lo sabemos —mamá se apuró en contestar.
— ¿Saben dónde están?
Mi papá negó con la cabeza mientras mamá decía:
—No, nunca los encontramos.
—Así que —dije despacio— no me están buscando.
No parecían tener una respuesta preparada para esta pregunta, intercambiaron una mirada y mamá contestó.
—No lo sabemos, mi amor. Pero creemos que no.
— ¿Así que no van a venir y llevarme a casa con ellos?
Incluso antes de que terminara de hablar, papá estaba negando con la cabeza y mamá casi me interrumpió con un firme:
—No. —Parecía estar asustada y preparada para que yo comenzara a llorar histéricamente.
— ¿Así que nada va a cambiar? —pregunté.
—No —dijo papá—. A no ser que eso sea lo que tú quieras. —Su boca formó una media sonrisa, como si mi indiferencia ante estas noticias tan importantes le divirtiera.
A no ser que mis padres me dieran más mesada o me dejaran quedarme en casa al día siguiente en vez de ir a la escuela, no entendía cómo podrían cambiar las cosas. Incluso en ese entonces sabía que pedir eso sería forzar la suerte. Así que me encogí de hombros y pregunté:
— ¿Puedo tomar más cerveza de raíz?
—Por favor —dijo mamá como de costumbre.

—¿Puedo tomar más cerveza de raíz, por favor? —repetí.

Negó con la cabeza, escondiendo una sonrisa.

—No, no puedes.

Eso dio fin a la seria conversación. A mi papá le divertían mis payasadas y la tensión se había borrado del rostro de mamá.

—Conque le pegaste a Jake en la cara —dijo papá a los pocos minutos como si nada, lo que hizo que yo gruñera y me hundiera en el asiento. Albergaba la esperanza de que se hubiese olvidado de mi confesión.

Era demasiado grande como para que me dieran nalgadas, por lo que me castigaron todo el fin de semana y tuve que disculparme una vez más con Jake frente a sus padres, a pesar de mis protestas de que la señora Van Buren ya me había obligado a hacerlo. Así que hice puchero, le pedí disculpas a Jake. Aceptó mi disculpa con aires de superioridad y nuestros padres nos hicieron darnos la mano y prometer que no íbamos a pelear más. Luego salimos y jugamos al básquetbol en su patio mientras nuestros padres hablaban.

No tenía que preocuparme porque Jake me delatara y todavía tenía un as bajo la manga para cualquier futura pelea. Solo yo sabía que él se había subido al cobertizo de la señora Sander el verano pasado y había roto la claraboya. Mientras lo ayudaba a salir del cobertizo y corría con él por los arbustos y sobre la cerca, le prometí que jamás se lo contaría a nadie. Los padres de nuestro vecindario nunca descifraron quién había sido el culpable.

Nuestra amistad sobrevivió muchas peleas, la secundaria y la universidad. Fue el padrino en mi boda y, cuando él se casó un año después, me puse un traje, rompí la tradición y me paré del lado del novio. A pesar de que él y su esposa se mudaron a Ontario, lo seguía viendo varias veces al año.

Mi nombre completo es Nora Jane Margaret Quinn. En la universidad, por un tiempo, intenté que me llamaran Jane en vez de Nora, pero luego de conocer a mi futuro esposo volví a la comodidad de mi verdadero nombre. Mis padres me pusieron mi nombre en honor a mis dos abuelas y a mi difunta tía, a quienes nunca conocí. Mi tía Nora murió cuando ella y mi padre todavía eran jóvenes. Mi abuela Jane, cuando yo era un bebé. La madre de mamá, Margaret, vive en Inglaterra. Hablan dos veces al año por teléfono y suelen escribirse cartas, a pesar de que no se han visto desde fines de los sesenta, cuando mamá se mudó Vancouver para ir la universidad. Ninguna parece tener ganas suficientes como para hacer ese viaje.

A pesar de tener un nombre que parece ser irlandés, tengo rasgos oscuros y no es difícil darse cuenta de que mis padres no me concibieron. Papá es castaño claro y tiene ojos azules claros, el pelo de mamá es dorado y tiene ojos verdes. Yo tengo pelo negro y grueso, ojos marrones y pómulos muy pronunciados, una boca demasiado grande y un hoyuelo en mi mejilla derecha rodeado de pecas.

Durante la angustia de mi adolescencia, por algunas semanas, pasé a ser malhumorada y no paraba de pensar en todo lo que me había pasado para intentar crear algún tipo de drama en mi vida. Mi padre me desafió a nombrar un solo aspecto en el que mi vida podría mejorar. Como no le pude dar una respuesta, me dijo firmemente que creciera.

Me gradué de la secundaria con honores y me aceptaron en la universidad de la zona. Seguí viviendo con mis padres y aceptaron pagar mis estudios siempre y cuando consiguiera un trabajo de media jornada, comenzara a ahorrar para mi futuro y mantuviera mi promedio de notas. Acepté sin dudarlo. Debido a mi amor por la historia, planeaba convertirme en maestra y enseñar en la secundaria, hasta que conocí a un profesor increíblemente joven cuyo trabajo le permitía centrarse en los temas que le interesaban. Cuando me enteré de que, si era profesora, podía elegir qué estudiar, cambié mi opinión sobre enseñar en secundaria. Me embarqué en un doctorado y mis padres se resignaron a seguir pagando por mi educación unos años más.

Mientras tomaba en enero un curso para principiantes sobre estadística, conocí a Malcolm, que estaba estudiando *marketing* y a quien el curso de primer año de estadística no le había servido para recibirse. Necesitaba los últimos créditos para graduarse ese semestre y, durante nuestro primer taller de estadísticas, escuché todo sobre sus frustraciones, ya que nos asignaron el mismo grupo de estudio. Unas semanas después, vino a mi casa a estudiar para los exámenes y conocer a mis padres. Poco tiempo después, fui a la casa de sus padres a conocer a su familia.

En primavera luego de la graduación, una prestigiosa agencia de publicidad lo contrató. Hacía su mayor esfuerzo para verme los fines de semana y después de las clases y en cualquier momento que pudiéramos. En mayo de 2001, al final de mi tercer año, me propuso matrimonio y acepté. Tres meses después, mis padres hicieron una fiesta de compromiso en su jardín. Celebramos con nuestros amigos más cercanos al atardecer. Poco después de la puesta del sol, Malcolm y yo fuimos con nuestros cómplices a cambiarnos de ropa. El juez llegó mientras estábamos en el piso de arriba y anunció nuestros inminentes votos a los invitados en el jardín.

Así fue como logramos organizar una boda sorpresa en el jardín de la casa en la que viví toda mi infancia. En nuestro certificado de matrimonio, cambié un poco mi nombre: me quedé con Nora Jane, pero eliminé el Margaret. Estaba a punto de cumplir veintiuno y mi esposo acababa de cumplir veinticinco. Luego de las fotos al atardecer, Malcolm brindó por el curso de estadística. Mis padres le dieron la bienvenida al nuevo integrante de la familia y, durante sus discursos, los padres de Malcolm mencionaron a los nietos que esperaban tener. El servicio de *catering* sirvió salmón y pollo. Más tarde sirvieron torta. Al día siguiente nos mudamos a una habitación en un sótano y vivimos allí hasta que ahorramos lo suficiente como para hacer un depósito de garantía para nuestro apartamento.

Pasaron nueve años. No tuvimos hijos y tampoco estábamos seguros de querer tenerlos. Estábamos felizmente casados y satisfechos con nuestros trabajos, a pesar de que nuestros padres ansiaban tener niños en la familia. El primer año que salimos, le mencioné casualmente a Malcolm que era adoptada y lo aceptó. Quizás mi adopción tenía algo que ver con el poco interés que mostrábamos por los niños, pero ninguno de los dos le dio muchas vueltas.

Nunca supe por qué mis padres eligieron ese día en específico cuando yo tenía ocho años para hablarme de mis padres biológicos, pero nunca lo cuestioné ni pensé en preguntarles. Por muchos años, simplemente no hablamos del tema, pero todo cambió poco después de que cumplí veintinueve años, cuando un alumno me mostró un artículo de un periódico en el que había un dibujo de la policía.

Capítulo dos

No recuerdo el nombre del estudiante que me dio el artículo que cambió mi vida. Sé que lo conocí en febrero de 2010, un martes a la mañana, durante mi horario de consulta.

La universidad estaba encendida con la emoción de los próximos Juegos Olímpicos de Invierno. Los juegos de 2010 iban a ser en Vancouver y la dirección había prometido emitir en vivo las ceremonias de apertura y todos los eventos deportivos en el patio interior para los estudiantes que no tuvieran clases (o estuvieran faltando). Todos los días eran como una fiesta gigante. Tanto los estudiantes como el cuerpo docente estaban orgullosos de su país y de sus atletas. En todos lados veías rojo, blanco y hojas de jarabe decorando mejillas, gorros, bufandas y mochilas.

Las Olimpíadas comenzarían la noche siguiente, el viernes 12 de febrero. Por la ilusión que generaba y para celebrar la próxima semana sin clases, la unión de estudiantes había organizado nuestras propias Olimpíadas Horribles, una parodia de los juegos. Alumnos en sillas de ruedas jugaban carreras por el patio y la cafetería se convirtió en una pista de hielo improvisada con destapacaños y rollos de papel higiénico, haciendo de palos y discos de hockey. Mientras daba mi clase, comenzó un juego de hockey de papel higiénico y, para unirme al ambiente festivo, permití que mis alumnos de primer año salieran antes de clase. Pasé por la cafetería y vi unos pocos minutos de esas payasadas antes de subir para cumplir con mis horarios de consulta.

Solo un estudiante estaba esperando en el pasillo fuera de mi oficina. Supuse que tendría preguntas sobre algún informe de investigación, especialmente porque se acercaba la fecha de entrega. Muchos estudiantes de primer año me habían enviado por correo preguntas sobre los temas de sus ensayos, su pertinencia y querían recomendaciones sobre cómo empezar. La mayoría acababa en la biblioteca buscando periódicos viejos, que era mi intención desde un principio. Corregí con gentileza a quienes abordaban la tarea de una manera más abstracta.

El estudiante que estaba esperándome había propuesto un análisis interesante en el que comparaba las temáticas de la propaganda de las potencias del eje y la de los soviéticos. Lo estaba ayudando a delimitar el alcance de su investigación para que no se abrumara por el volumen disponible de información.

Me entregó un periódico antes de siquiera sentarse en la silla al otro lado de mi escritorio. El título del artículo llamó mi atención, con letra en negrita declaraba: «La policía busca ayuda para identificar a Jane Doe». Debajo de este título había un dibujo con la reconstrucción forense del rostro de una mujer realizado por un artista de la policía y un pequeño párrafo, que leí sin mucho interés.

La policía de Columbia Británica busca ayuda para identificar a una mujer cuyos restos fueron encontrados en el parque provincial Cold Lake en julio de 2005. Al no ser identificada, es llamada Jane Doe de forma provisional, tenía entre diecisiete y veintiún años cuando murió y se estima que fue entre 1980 y 1985. Jane Doe medía un metro ochenta, tenía pelo y ojos oscuros y llevaba vaqueros y una cazadora azul. La policía no ha declarado su causa de muerte, pero han solicitado que cualquiera que tenga información se ponga en contacto con las autoridades del área 100 Mile House.

A eso le seguía un número de larga distancia.

El estudiante que tenía sentado enfrente me miraba atentamente. Luego de echarle otro vistazo al párrafo me pregunté por qué había traído ese artículo en particular si nada tenía que ver con su investigación. Lo miré y esperé a que comenzara a dar una explicación sin que tuviera que preguntarle. Al ver lo ansioso que se veía, volví la mirada al periódico. ¿Qué tenían que ver un caso abierto en Canadá de hace treinta años con la propaganda de la Alemania nazi y la

Unión Soviética? Me pregunté si me estaba haciendo una broma que no estaba entendiendo y me impacienté un poco porque parecía estar perdiendo mi tiempo.

Miré el dibujo. Lo miré *de verdad*. Y me abrumó una sensación de incredulidad. El boceto lo había hecho alguien muy talentoso, pero no era eso lo que me sorprendió tanto como para dejarme sin palabras. Estaba mirando mi propio rostro, como si el artista hubiese visto una foto mía y la hubiese recreado a lápiz. Los ojos me miraban. Tenían la misma forma y el mismo color que los míos. Lo mismo con el nacimiento del pelo, las cejas, el espacio entre los ojos, la curva esquelética de la nariz, los pómulos salientes y los labios demasiado grandes. Podría haber estado mirándome en un espejo. Así de grande era el parecido. Pero no nos *parecíamos* solamente. Ella *era* yo.

Nunca algo me había sorprendido tanto. Me olvidé que había un estudiante enfrente. Por primera vez en mi vida, comencé a preguntarme de dónde venía y qué le había pasado a mi madre y a mi padre biológico. ¿El parecido podía ser una simple casualidad? Me acordaba un poco de la conversación con mis padres hace tantos años mientras comíamos pizza y cerveza de raíz. ¿No habían mencionado que me habían encontrado en un pueblo en algún lado de Columbia Británica? ¿Podía tratarse del mismo pueblo que el del artículo, 100 Mile House?

Sin pensarlo, metí la mano en el bolsillo para tomar mi celular. Llamaría a mi madre y le preguntaría sobre esto, quizás sabía el nombre del pueblo. El estudiante se aclaró la garganta, me sorprendió y parpadeé. Obligué a los músculos de mi rostro a que formaran una sonrisa cortés. Le agradecí por haberme traído el artículo y le dije que estaba de acuerdo en que el parecido era increíble. Luego le pregunté sobre su tésis.

Hablamos alrededor de una hora. No recuerdo qué fue lo que dijo ni cómo le respondí, parecía estar satisfecho con lo que discutimos y al fin se levantó para retirarse. Miré el periódico que había empujado hacia él sobre el escritorio y, cuando se acercó para tomarlo, le pregunté sin pensarlo si podía quedármelo. Asintió, se fue y cerró la puerta tras él.

Me acerqué el periódico y estudié el dibujo de la mujer varios minutos antes de volver la vista al pequeño artículo. Lo leí en voz alta, tomé mi computadora de mi bolso, me conecté al internet de la universidad y comencé a buscar todo sobre la Jane Doe que habían descubierto en Cold Lake en el verano de 2005. Los primeros resultados llevaban a pequeños artículos publicados en pueblos del interior, que mencionaban que dos habitantes de la zona habían encontrado los restos de la mujer cerca de un lago en las afuera de Tome. Al parecer, a pocos les había interesado el descubrimiento.

El día después de que la historia saliera a la luz, un periódico la publicó en la primera página con el título «La primera víctima de homicidio en décadas en Cold Lake», junto con la foto de los excursionistas que habían encontrado el cuerpo, que posaban en el claro en donde la habían encontrado. Para el tercer día, los reportajes incluían los nombres de los dos hermanos que la habían encontrado, Terry y Scott Duggan, junto con los intentos de la policía por encontrar evidencia en la escena. Un artículo advertía que había sospechas de que algo malo había sucedido, dado que había sido enterrada en un lugar remoto, y prometían compartir muchos más detalles en las próximas ediciones.

En la televisión y las emisoras de radio desde Vancouver hasta el norte de Prince George se hablaba sobre el caso. Todo el equipo de un noticiero había sido enviado para entrevistar a los dos excursionistas, incluidos un fotógrafo y un camarógrafo. Un portavoz de la policía y un oficial del parque provincial hicieron declaraciones. Cada una de las entrevistas, junto con fotografías del parque, el claro y el lago cercano estaban en internet, al alcance de todos.

Me calcé los auriculares en los oídos y escuché con impaciencia a los reporteros hacer las preguntas que yo misma me hacía. Comencé a memorizar los detalles de los relatos. Terry dijo que apartó a su perro de lo que pensaba que era un montículo de pasto, tierra y restos de hojas. Cuando su perro se alejó, vio una roca desgastada por el sol a la sombra de los cedros y, cuando la dio vuelta, cayó en la cuenta de que se trataba de un cráneo humano. Describió la chamarra vieja, que parecía que la habían rajado animales y se había desgastado por la exposición a la intemperie.

—Parecía ser de un niño. La chamarra, o lo que quedaba de ella, era tan pequeña, al igual que... —Se quedó sin aire, como si estuviese profundamente conmovido—. Al igual que el cráneo. Pensé que habíamos encontrado a un niño. Lo sentía mucho por la familia que perdió a su hijo.

El oficial del parque ofreció sus condolencias a la familia desconocida, pero tenía poca información importante para aportar a los informes policiales. Su mayor contribución fue resumir la historia del parque y las temporadas pico. Afirmó que hubiese sido muy difícil dejar a Jane Doe allí en mitad del verano, ya que durante esos meses había muchos visitantes y concluyó que debían haberla dejado en el claro cuando estaba terminando la primavera, al poco tiempo de que se derritiera la nieve, o a principios de otoño, antes de que comenzara a nevar de nuevo.

En la misma trasmisión, un portavoz de la policía local afirmó que estaban haciendo todo lo posible para preservar los restos de la mujer y para mantener su dignidad. Dio detalles de todo lo que estaban haciendo, desde analizar las capas de tierra debajo de sus restos en busca de tejido biológico u otra materia, hasta examinar la capa superior del suelo a cientos de metros del cuerpo en todas las direcciones. Los forenses y analistas recorrieron el suelo por horas con tamices de alta calidad, en busca de rastros de objetos personales, colillas de cigarrillos y cualquier cosa que no se hubiese descompuesto con la exposición. Dijo todo lo que estaban dispuestos a hacer para identificar el cuerpo y así poder consolar y ayudar a la familia a seguir adelante. Pero cuando le preguntaron cuál pensaba que era la causa de muerte o cuándo había muerto, mantuvo la boca cerrada.

Mientras escuchaba, tomaba notas en un cuaderno y agregaba preguntas que hubiera hecho si hubiese sido yo quien hacía la entrevista. Al lado de mis preguntas, escribí los nombres de los entrevistados, estaba segura de que algunos serían importantes. Me tuve que recordar que estas entrevistas habían sido llevadas a cabo a los pocos días de que encontraran a Jane Doe, antes de que descubrieran información importante.

Busqué todos los artículos que estuvieran relacionados con Jane Doe. Cuando terminaba de leer uno, lo imprimía y comenzaba el siguiente. Cada vez que imprimía uno, le ponía un sujetapapeles y lo agregaba a la pila en mi escritorio, que crecía cada vez más. Finalmente, se acabaron los artículos y las entrevistas y la impresora quedó en silencio. Conté veintisiete documentos además del periódico abierto en la página con la cara de la mujer. El dibujo aparecía en muchos artículos, cada uno con esos ojos tristes clavados en mí. ¿El artista había agregado a propósito la ligera sombra en su cara que le añadía una melancolía a sus rasgos?

Miré el reloj y me sorprendió ver que ya era tarde. Había estado horas obsesionada investigando a Jane Doe.

¿Y ahora qué?

Decidí que el parecido entre la imagen de Jane Doe y mis propios rasgos era una coincidencia y que no era posible que hubiera algún tipo de relación entre nosotras. Después de todo, solo sabía que me habían encontrado cuando recién había nacido en algún lugar del interior de Columbia Británica, que a la mujer llamada Jane Doe la habían encontrado en el interior de Columbia Británica y que el dibujo de la policía era igual a mí. La evidencia era, como mucho, poco sólida. Había una cantidad de explicaciones posibles y no podía perder mi tiempo indagando sobre el pasado de Jane Doe, o el mío. Estaba claro que no había relación alguna con esa señora.

Me imaginé la sonrisa de Malcolm reprendiéndome por haberme dejado llevar por mi imaginación. Negué con la cabeza a sabiendas de que su reprimenda iba a estar justificada. Malcolm estaba en un viaje de trabajo y regresaría el domingo a la noche, olvidaría todo esto hasta que él regresara, se lo mencionaría a la ligera y nos reiríamos de mi estupidez. Sus bromas no me molestarían. Al contrario, me consolarían y me harían sentir segura. Después de todo, si la idea le parecía ridícula a Malcolm (lo que era muy seguro), entonces no era posible que fuese verdad.

Había dejado que la coincidencia me distrajera por un momento, pero ya no iba a perder más el tiempo en eso. Cerré mi computadora y la guardé. Pero cuando tomé los artículos de internet que había impreso y los sostuve sobre la papelera de reciclaje, no pude dejarlos caer. En su lugar, los guardé junto con mi laptop. En cuanto al artículo original del periódico, tomé unas tijeras de mi escritorio y lo recorté, incluí la foto, el título y el nombre del autor, doblé el recorte con cuidado y lo guardé en el bolsillo de mi chaqueta.

Media hora duraba el trayecto desde la universidad en la que trabajo y el apartamento en el que vivimos Malcolm y yo, por el que ahorramos y que compramos cerca de nuestro primer aniversario de casados. Cuatro veces durante este trayecto detuve el auto al costado de la calle para tomar el recorte de mi bolsillo, leerlo y mirar el dibujo. En dos ocasiones, marqué el número de la línea de atención en mi teléfono. La primera vez, colgué antes de llevarme el celular a la oreja. La segunda, la línea sonó una vez antes de que negara con la cabeza, cortara la llamada y guardara el celular nuevamente en mi bolsillo. No era una persona impulsiva ni imprudente y me molestaba un poco dejarme llevar por mis instintos. Además, si alguien contestaba la llamada, ¿qué iba a decir? Era ridículo seguir perdiendo tiempo y energía por esta coincidencia.

¿No?

Este argumento circular giró por mi cabeza durante todo el camino de regreso a casa, continuó sin cesar mientras estacionaba en el garaje subterráneo y subía las escaleras a nuestro apartamento en el tercer piso.

Mi plan para esa noche era servirme una copa de vino y pasar un par de horas mirando comedias viejas y analizando propuestas de investigación de la clase de segundo, que daba los miércoles por la tarde. Me serví una copa de vino y recalenté restos de pasta, pero las propuestas quedaron en mi bolso junto con mi computadora. En lugar de eso, tomé el montón de artículos del periódico y, con un resaltador en la mano, los diseequé en busca de cualquier detalle que podría haber pasado de largo en mi primera lectura. Me sentía trastornada, con un hambre por conocimiento que nunca había experimentado. En el pasado, no me habían interesado los nombres ni las caras de las personas que me habían dado la vida. En mi infancia, mis padres me habían dado seguridad, estabilidad, apoyo y amor. Mi vida no podía haber sido mejor en ningún aspecto, así que nunca sentí enojo ni decepción por no haber sido criada por mis progenitores.

Pero claro, quizás en realidad lo que sucedía era que me daba miedo hacer preguntas o expresar curiosidad, era mejor mantener esas puertas cerradas que obtener respuestas que no me gustaran. Pero ahora esas compuertas estaban abiertas, me inundaban y me obsesionaban mil preguntas. Veía la cara de Jane Doe cada vez que me miraba al espejo y, mientras me metía en la cama esa noche, las palabras del artículo se repetían en mi cabeza con un tono amenazador.

No podía apagar mi cerebro lo suficiente como para dormir. Luego de dar vueltas en la cama, al fin me rendí. Hice listas y diagramas de flujo en mi cabeza con la esperanza de poder cuantificar la situación y darle sentido, encontrar el significado, determinar un plan de acción razonable y posible. Cuando la lógica me falló, me rendí ante las preguntas que me carcomían. ¿Quién era Jane Doe? ¿Cómo se llamaba? ¿Cuántos años tenía? ¿De dónde venía? ¿Qué pensaban sus familiares y seres queridos ahora? Seguro tenía una familia, pero su presencia implicaba una pregunta espeluznante: ¿por qué no habían notado que su hija, su hermana, su prima había desaparecido?

Caí en la cuenta de que había comenzado mi investigación por el final. Por lo general, los niños que intentan buscar a sus padres biológicos saben sus nombres, pero no saben a quiénes les corresponden. Yo tenía a la persona, pero no el nombre. Para saber si tenía algún tipo de relación conmigo, necesitaba descubrir su identidad.

Pero ella no era mi madre biológica, me repetí a mí misma.

Una voz más baja, en lo más recóndito de mi mente, me preguntó cómo podía estar segura.

Luego, de manera inexplicable, comencé a preguntarme cómo habría sido mi vida si mi madre biológica no me hubiera abandonado. Hubiera sido una persona completamente distinta. ¿Cómo sería esa persona? ¿Cómo me llamaría? ¿Cómo hubiese sido mi infancia si me hubiese criado mi familia biológica? ¿Estaba casada? ¿Cómo se llamaba mi padre? ¿Dónde estaba él ahora? ¿Sabía de mi existencia? ¿Qué le pasó a Jane Doe? ¿Por qué estaba en ese claro? ¿Era mi madre?

Mi cabeza se llenó con varios escenarios poco probables. Quizás me habían secuestrado y mis padres me querían mucho y el secuestrador se dio cuenta de que estaba mal lo que estaba haciendo y me dejó para que me reencontrara con mi desesperada familia. Quizás mi madre se escapó de una relación abusiva y no me pudo llevar con ella. Quizás pretendía ir a buscarme después, pero nunca pudo hacerlo. Quizás cuando quedó embarazada mi madre era joven, demasiado joven, le ocultó su embarazo a su familia y me dio a luz en secreto. Quizás creció, se casó y crió a más hijos, mis hermanos y hermanas.

Cada una de esas teorías implicaba problemas, y eran problemas a los que no me quería enfrentar. Quería una historia prolija, ordenada y simple, una verdad idílica y fácil de explicar. Pero eso no parecía posible. Después de todo, en el artículo se estimaba que Jane Doe había sido asesinada hace veinticinco o treinta años, en algún momento entre 1980 y 1985. Tendría, como mucho, cinco años cuando murió. En ese entonces no sabía que era adoptada. En el mismo artículo se mencionaba que Jane Doe tenía entre diecisiete y veintiuno cuando murió. Si hacía la cuenta, Jane Doe podría haber nacido a partir de 1959. Si Jane Doe era mi madre biológica, había sido madre muy joven, quizás por eso me abandonó.

Claro que, todo esto, bajo el supuesto de que esta señora era mi madre. Quizás solo era el familiar de uno de mis padres biológicos, una hermana o una prima. Nuestra relación podría ser lejana o, incluso, inexistente. Aunque nuestras similitudes eran perturbadoras.

Me pregunté cómo habían perfeccionado los científicos forenses las técnicas de reconstrucción facial, cómo habían calculado la edad y el año de muerte de Jane Doe a partir de tan poca evidencia y qué tan precisas eran estas estimaciones. Sacar hipótesis de lo que le había pasado a Jane Doe luego de tantos años parecía imposible, tan imposible como identificar quién era. El hoyo de desesperanza que se había formado en mi estómago unas horas antes finalmente se apoderó de mí. Los números y los hechos perdieron todo tipo de sentido y significado. Me quedé tendida e inquieta mirando los dígitos de mi reloj hasta que mi alarma sonó a las 5:30.

En la mañana hice todo de manera automática, me vestí, fui a la universidad y recogí mis notas de la oficina. Tenía una sola clase. En vez de dar lugar a una discusión y una charla animada, el ambiente se fue apagando a medida que explicaba monótonamente el significado del reinado del zar Alejandro Tercero. Terminé la clase veinte minutos antes. Luego de responder algunas preguntas sobre el próximo examen, terminé mi seminario antes de tiempo y fui a esconderme a mi oficina. Como era el viernes antes de una semana libre y justo antes de que comenzaran los Juegos Olímpicos de Invierno, el campus estaba casi vacío. Ese día no había estudiantes esperando fuera de mi oficina y agradecí el poder estar sola. Tenía que calificar sesenta propuestas de investigación de mis alumnos de segundo año, revisar correos electrónicos de los de primero sobre sus trabajos de investigación y terminar de escribir un examen de mitad de curso sobre la dinastía Románov del 1709 al 1801, que les daría a los de tercero en dos semanas.

No hice nada de eso. Dejé de lado los ordenados montones de papeles en mi escritorio, tomé el recorte del periódico de mi bolsillo y dejé que mi dedo recorriera los rasgos de Jane Doe. Con mucho esfuerzo intenté no pensar en todas las preguntas que iban surgiendo en mi cabeza, me estaba volviendo loca y necesitaba encontrar la forma de dejar ir esta obsesión.

Arrojé todos los materiales de las clases en mi bolso, puse el recorte en el bolsillo de mi chaqueta, apagué las luces y cerré la puerta de mi oficina con llave. Necesitaba hablar con alguien. Malcolm no volvería hasta el domingo en la noche, pero siempre era bienvenida en casa de mis padres para cenar. Podía llegar en menos de una hora, mi madre y yo podíamos tomar el té y hablar mientras esperábamos a que mi padre llegara del trabajo. Quizás al fin podríamos tener esa conversación que ella tanto había querido tener hace veinte años cuando me dijeron que era adoptada.

Mi madre podía convertirse en un factor decisivo, podía saber si me habían encontrado en 100 Mile House. Si la respuesta era un simple «no», se resolvería el misterio y podría dejar ir mi obsesión con Jane Doe. Podía volver a no saber nada sobre mis padres biológicos. Pero claro, si la respuesta no era simple, si éramos del mismo pueblo, ¿qué iba a pasar? No quería intentar responder esa pregunta. En lugar de eso, caminé hacia mi auto mientras practicaba cómo sacar el tema de mi adopción. No me preocupaba que mi madre se pusiera mal, ella siempre había querido hablar de mi pasado, pero no sabía cómo explicar por qué de repente estaba tan obsesionada por averiguar más.

Salí del estacionamiento para profesores y, a los pocos minutos, ya estaba en la carretera rumbo a las respuestas que iban a resolver el misterio sobre Jane Doe. O al menos eso esperaba.

Capítulo tres

Llamé a mi madre desde la carretera para avisar que iba a ser descortés y que la visitaría sin previo aviso, solo para asegurarme de que estuviera en casa y no tuviera ningún plan. Mamá se había jubilado de su trabajo de bibliotecaria hace algunos años y ahora se divertía estando aburrida. Criaba cisnes en el jardín, iba a grupos de lectura y tomaba clases de arte para aprender a pintar con acrílicos. Sus paisajes con colores audaces y abstractos llenaban la oficina de arriba que había sido convertida en un estudio.

Mi padre también se había jubilado, pero juró que si no volvía a trabajar se volvería loco.

Estacioné en su garaje a medida que la tarde transcurría y tomé mi bolso. Dudé, no sabía si *realmente* quería tener esta conversación con mi madre y si iba a tener el coraje suficiente de mostrarle el recorte que había despertado mi interés por el pasado. Durante el trayecto, me había imaginado distintos escenarios, pero todavía no sabía cómo afrontar el tema. Decidí tomar mi bolso pero dejarlo cerca de la puerta de entrada y ver cómo fluía la conversación. Quizás preguntaría casualmente sobre el pueblo en donde me habían encontrado. Quizás ni siquiera mencionaría a Jane Doe.

Mi madre me miró desde la ventana mientras bajaba del auto. Su cara se iluminó. Apenas había entrado y ya estaba abrazándome y preguntándome si quería que guardara mi abrigo.

—¡Pasa! ¡Pasa! Quítate los zapatos, mi amor. Me alegra que hayas venido. ¿Cómo estás? ¿Cómo está Malcolm? ¿Y sus padres?

—¡Una pregunta a la vez, mamá! —me reí. Sospechaba que tenía muchos chismes para contarme sobre amigos de la familia o conocidos lejanos.

—¿Estás disfrutando los temas que estás dando en tus clases? ¿Cómo están tus estudiantes?

La seguí a la cocina. El agua caliente estaba chiflando.

—Este semestre estoy dando tres clases diferentes. Hasta ahora, han sido un poco aburridas, pero todos están emocionados y distraídos por las Olimpíadas. ¿Ya te he hablado sobre los juegos que organizó el consejo estudiantil?

—Le conté de la competencia de construir la escultura de nieve más alta en el patio y de las carreras en patines en las fuentes heladas detrás del edificio de ciencias.

—¿Cómo están Otelo y Desdémona? —pregunté luego. Así había llamado a sus cisnes por su amor a las obras de Shakespeare. Sus ojos se iluminaron.

—Ah, están muy bien. Pasaron muy bien el invierno y creo que tendrán hijos a fines de la primavera. Y justo esta mañana terminé de recrear el monte Baker en acrílicos. Me gusta pintar paisajes, pero creo que quiero comenzar a trabajar con acuarelas o plantearme el desafío de pintar retratos.

—Me encantaría ver tus pinturas más tarde —le ofrecí. Su sonrisa se ensanchó.

—Ah y cuando mejore el tiempo, jugaré al tenis con Trudy dos veces por semana. Jake y Denis nos van a visitar en unas semanas. ¡Por fin conoceremos al bebé! Deberíamos organizar una fiesta, una pequeña reunión. Nada muy ostentoso.

Era una grata sorpresa. No sabía que Jake y su esposa iban a venir cuando hace más de un mes habían pasado las vacaciones aquí. Denise había estado muy embarazada y dio a luz a su segundo bebé, una pequeña, tres semanas después de Navidad. Acepté muy emocionada la invitación de mi madre y dije que Malcolm y yo nos encargaríamos de las botanas.

Mi madre me estudió muy de cerca mientras se sentaba a la mesa conmigo.

—¿En qué piensas, mi amor? ¿Melinda está molestándote de nuevo por los nietos?

La madre de Malcolm había hablado mucho sobre los nietos en nuestros primeros años de casados y, con el paso de los años, su decepción era cada vez más evidente. La pregunta de mi madre me hizo reír y me relajó.

—Me conoces tan bien —bromeé—. No, Melinda está igual de dulce que siempre. No muy discreta con las indirectas, pero no lo hace por maldad. —Respiré hondo—. Tengo que ser honesta, no sé ni por dónde empezar. —Esperó con paciencia hasta que al fin tartamudeé—: Quiero preguntarte sobre el día en que papá y tú me trajeron a casa.

Mamá echó azúcar y leche en mi té. Solo cuando mi té quedó listo dijo:

—Claro, mi amor, ¿por qué surgió esta pregunta?

Sin decir nada tomé el recorte, lo alisé y lo dejé en la mesa enfrente a ella. En cuanto sus ojos se posaron en la imagen, dio un grito ahogado y me miró.

—¡Dios mío! —Apoyó su taza sobre la mesa y se acercó el recorte para poder leer cada palabra—. Debe haber sido muy difícil para ti ver eso —dijo después de un momento. Me miró a los ojos y asentí.

—Quiero que este parecido sea una coincidencia, pero tengo miedo. Nunca antes había sentido curiosidad, pero ahora es como si alguien hubiese levantado un interruptor en mi cabeza y no puedo dejar de pensar en Jane Doe. Tomé mi taza por el asa—. Incluso si no es ella, mi madre biológica está en algún lado y no puedo dejar de preguntarme quién es y dónde está. De verdad quiero poder volver a mi feliz indiferencia, pero no creo que pueda.

Como si entendiera, mi madre asintió mientras yo hablaba. Me apresuré a explicar que no buscaba reemplazarla a ella ni a mi padre, no me interesaba contactarme ni formar un vínculo con la familia que me había abandonado hace décadas. Era historiadora, me interesaban los hechos, me daban curiosidad los nombres, las fechas de nacimientos, los lugares, las fechas de muerte. No quería verme enredada en las emociones que sin duda surgirían de las justificaciones y las explicaciones. Solo quería la comodidad fría que generan las estadísticas lógicas que pueden ser cuantificadas para deducir un significado.

—Claro, mi amor. ¿Qué quieres saber?

—¿Puedes contarme la historia completa? Con todos los detalles que puedas.

Asintió y tomó un trago de té para cobrar fuerzas.

—Como ya sabes, tu padre y yo nos conocimos en la universidad en 1968 y nos casamos al año y poco. Comenzamos a intentar tener un hijo de inmediato. Deseábamos tanto formar una familia, pero los meses pasaban, y luego los años, y se nos rompió el corazón. En 1974 finalmente encontramos un doctor que confirmó lo que temíamos. Por una enfermedad que tuve en la adolescencia, no podría tener hijos. —Le tembló la voz un poco.

Puse mi mano sobre la de ella y apreté. Como si hubiera recordado dónde estaba, pestañeó varias veces, negó un poco con la cabeza y me devolvió el apretón.

—Estábamos devastados. Por un tiempo, pensamos en rendirnos. Pero los dos queríamos tanto un hijo que decidimos comenzar a investigar sobre la adopción. El proceso de aplicar y ser aprobados como padres adoptivos llevó años, pero en 1978 finalmente nos aceptaron. Y luego esperamos. La última semana de noviembre, las lluvias no fueron tan fuertes en Vancouver como suelen serlo en invierno. Una noche, tu padre y yo estábamos envolviendo regalos cuando nos llegó la llamada de Rob, el Dr. Bradley.

»Yo atendí. —Paró de hablar un momento—. Rob dijo que el hospital tenía una bebé en condición estable pero grave y preguntó si podíamos ir de inmediato. Tu padre ya estaba tirando ropa dentro de una maleta antes de que yo cortara. —Se rio—. En el apuro, solo empacó pantalones para él y ninguna playera y nunca terminamos de envolver esos regalos. Llamamos al aeropuerto, pero el próximo vuelo a Prince George había sido cancelado por el clima. No salía otro hasta la mañana siguiente, dentro de catorce o quince horas, así que decidimos manejar las diez horas esa misma noche.

»Nos encontramos con Rob en la entrada de la sala de emergencias y nos llevó directamente al piso de arriba. Conocimos a la trabajadora social y firmamos los papeles que nos convertían en tus tutores temporales. Tuvimos que ponernos batas, guantes y mascarillas antes de conocerte. —Se quebró su voz—. Estabas en algo así como una incubadora, bajo una luz que te daba calor, con un tubo en la nariz y un brazalete en tu tobillo que decía simplemente «niña».

»Una enfermara dijo que, si queríamos, podíamos elegirte un nombre. No tuvimos que pensarlo. Habíamos decidido que, si en algún momento teníamos una hija, le íbamos a poner el mismo nombre que la hermana de papá. No podíamos levantarte todavía, pero la enfermera me dio un bolígrafo y me dejó tachar el «niña» y escribir tu nombre. Me temblaban tanto las manos que no creo que nadie pudiera entender lo que escribí. Más tarde nos dejaron tocarte. Tenías unos cuantos rulos negros en la cabeza. Me tomaste el dedo y me asombró la fuerza con la que lo hiciste. Te contamos historias y te cantamos canciones.

»En un momento, vino la policía. Hablaron con Sherry, la trabajadora social, no logro recordar su apellido, y luego con nosotros. Creo que no paramos de hacer preguntas. Queríamos saberlo todo: de dónde venías y cómo te habían encontrado. Todo lo que nos podían decir era que agentes del destacamento estaban recorriendo el área en medio de toda la nieve en busca de algún rastro de una joven que podría haber dado a luz recientemente, pero había poca información disponible. Prometieron mantenernos informados sobre la búsqueda de tu familia. —Sonrió.

»Más tarde, comenzó a llegar gente, alrededor de una docena, todos de la misma iglesia y el cura también estaba con ellos. Nos dijeron que eran del pueblo en donde te habían encontrado y que se habían enfrentado a las secuelas de la tormenta de nieve para venir a hacer vigilia y rezar con nosotros. Cada uno trajo algo para ti: pañales, ropa, cosas de segunda mano. Todo el tiempo que estuviste en el hospital, tuviste visitas.

—¿Cuánto tiempo estuve? —pregunté.

—Casi tres semanas. —Mamá tomó un sorbo de su té—. Dormimos en sillas y catres al lado de tu incubadora. Papá volvió a casa el primer fin de semana para dejar el auto y arreglar todo en la oficina y luego volvió en avión con ropa limpia y provisiones para los dos. Al fin nos permitieron levantarte y las enfermeras trajeron una mecedora para que pudiéramos mecerte mientras dormías. Estaba claro que eras una luchadora. Llorabas cuando nadie te sostenía. Ganaste peso y toda la sala vitoreó cuando te sacaron la sonda gastronasal. Lloré de alegría cuando te di tu primer biberón.

»Luego de dos semanas, dado que tu familia no fue a reclamarte, nos dieron la custodia legal y te llevamos a casa el día antes de navidad, fue el mejor regalo que podríamos haber recibido.

Las lágrimas que tenía hace mucho rato en los ojos comenzaron a rodar por sus mejillas y me apretó la mano. Intenté mantenerme indiferente, como si la historia fuera sobre el nacimiento de otra persona, pero ya al comienzo tenía un nudo en la garganta y se me hacía muy difícil ignorarlo. Apreté los labios, me tragué mis sentimientos y le sonreí con ojos llorosos. Parecía entender que con ese gesto le quería demostrar mi amor y que era el único agradecimiento que podía darle en ese momento. Al fin, aclaré mi garganta.

—¿En algún momento mis padres biológicos se intentaron contactar con ustedes?

Mi madre negó con la cabeza.

—No, o al menos nunca nos enteramos. Al principio, papá y yo consideramos contratar a un investigador privado, pero la idea fue desapareciendo con el tiempo. Poco después de tu segundo cumpleaños, te adoptamos legalmente. Nos pusimos de acuerdo en que te lo diríamos en algún momento, que esperaríamos a que pudieses comprenderlo. También nos pusimos de acuerdo en juntar plata para un investigador en el caso de que algún día quisieras investigarlos.

—¿Por qué decidiste contarme que era adoptada un miércoles en el medio del año?

Mamá sonrió avergonzada.

—Ya estábamos planeando contarte. Por eso te compramos el libro *Pollyanna* a principio de año. ¿Lo recuerdas?

Lo recordaba y sonreí.

—Estábamos intentando prepararte. Pero un día o dos antes de ese miércoles, habíamos estado hablando con Rich y Trudy sobre tu adopción y Jake nos escuchó. Comenzó a hacer preguntas. Antes de arriesgarnos a que Jake te contara la verdad, preferimos contarte nosotros. —Mamá se encogió de hombros. Tomé aliento, alisé el recorte y señalé uno de los nombres del artículo.

—¿Me encontraron en este pueblo, 100 Mile High?

Para mi sorpresa, mi madre negó con la cabeza. Me inundó una mezcla de alivio y decepción.

—Pasamos por 100 Mile High y Cold Lake para llegar a Prince George. —Se mordió el labio inferior. Miró el recorte en la mesa. Cuando levantó la vista de nuevo, sus ojos estaban húmedos—. Te encontraron en la parroquia San Raimundo Ignacio en el pueblo Tome. —Inhaló hondo—. Tome queda a veinte kilómetros al norte del pueblo Cold Lake, en el lado norte del lago, en la frontera del parque provincial. Tome era el pueblo más cerca de donde encontraron a la mujer.

Con un mal presentimiento y con dificultad para respirar, murmuré:

—Lo que significa que es posible que haya alguna relación entre Jane Doe y yo. Jane Doe podía ser mi madre.

—Déjame servirte más té. —Mi madre tomó mi taza y nos levantamos las dos. Calentó otra tetera y busqué mi bolso en el pasillo de enfrente. Luego de que hirviera el agua, sugerí que fuéramos a la sala de estar. Me acomodé en el suelo al lado de la mesa de centro y ordené los artículos en distintos montones a mi alrededor.

Mi madre me miró y empecé a explicarle.

—Esto es todo lo que encontré sobre el descubrimiento de Jane Doe.

—Qué coincidencia —dijo mi madre—. Tengo mi propia colección para mostrarte. —Subió las escaleras y volvió a los pocos minutos con una caja de zapatos cubierta de polvo, con las esquinas raídas y los colores gastados—. Esta caja tiene la misma edad que tú. —Posó la caja sobre mi falda y aceptó el montón que yo le ofrecía a cambio.

Dentro de la caja había una pila de recortes de periódicos. Mi madre explicó que el doctor Bradley había guardado todo lo que había podido encontrar sobre el bebé, desde los artículos que explicaban mi descubrimiento hasta los esfuerzos por encontrar a mi familia. Por muchos años, después de que me llevaran a casa, les mandó cualquier cosa en donde se me mencionara, aunque nunca me identificaron por mi nombre. El recorte más reciente era de un obituario de 1999 en el que estaba Thomas Lloyd Chance. Chance había sido un voluntario de emergencias en Tome por casi cuarenta años hasta que murió en paz. El obituario estaba en esta caja porque él, junto con otro hombre del que no se mencionaba el nombre, había manejado durante la tormenta de nieve de 1980 para llevar a la bebé al hospital. El artículo mencionaba este incidente con orgullo, como si se tratara de un héroe de guerra que merecía una condecoración.

Se merecía una medalla por el rol que había jugado en mi pasado. Para mí, siempre sería un héroe. Lo único que me entristecía era no haber podido conocerlo antes de que muriera. Debajo de su obituario había otro, de 1986, del Padre Patrick Francis, el cura de la parroquia San Raimundo Ignacio en Tome. Su muerte también había sido por causas naturales y otra vez me mencionaban en relación con su historia y sus servicios. También me entristeció, era como si me hubiese enterado de la muerte de un amigo lejano al que no había visto en años, pero que quería de verdad y al que le tenía mucho cariño.

Estaba eufórica por este descubrimiento y fui extrayendo recorte tras recorte. Me daba curiosidad saber por qué mi madre no me había mostrado nada antes, aunque quizás mi supuesta indiferencia por el tema era lo que la había disuadido de hacerlo. Pasamos toda la tarde tomando té, leyendo y a veces mostrándole algo a la otra. Estábamos muy relajadas a pesar del tema en cuestión, y así fue cómo nos encontró mi padre cuando volvió a casa a la noche.

Me saludó muy contento y luego sonrió confundido al ver lo que habíamos hecho en el piso de la sala de estar. Comprendí su confusión. Un lugar que por lo general estaba inmaculado ahora estaba repleto de papeles, periódicos, polvo y varias plumas y sujetapapeles, que se habían caído de mi bolso. Ordené todo deprisa mientras mi madre comenzaba a preparar la cena y, luego de varios minutos, fui a la cocina con ellos. Preparamos la cena juntos, reímos, bromeamos y compartimos anécdotas de lo que había pasado en el día. Luego de un tiempo, papá preguntó:

—¿Qué eran todos esos papeles que usaron para decorar la sala de estar?

Mi madre me miró, como si me quisiera preguntar de qué manera quería que respondiera. Comencé diciendo:

—Tenía dudas sobre cómo llegaron a adoptarme. Mamá me mostró todos los artículos que guardó en estos años. —Levantó un poco las cejas.

—Ya veo.

Podía ver cómo su mente estaba considerando todo lo que eso implicaba.

—Así que estás buscando a tu familia biológica.

—No exactamente —respondí—. Encontré a alguien que podría formar parte de mi familia. Es una larga historia. —Mis manos estaban metidas en la lechuga que estaba cortando y metiendo en la centrifugadora, por lo que no podía ir a buscar el recorte de Jane Doe—. En resumen, hace unos días salió un artículo sobre la víctima de un homicidio en Tome.

Puso los ojos como platos y miró a mi madre.

—Le dicen Jane Doe. Y el dibujo que publicó la policía de ella es muy similar a mí.

—Idéntica —agregó mi madre.

—Y te preguntas si están relacionadas de alguna forma —dijo mi padre.

—Sí. Hay una línea directa de la policía por si alguien sabe algo.

—Podrías llamar para averiguar si hay más información.

—Todavía no. Quiero saber... Creo que quería ver... —Arrugué la nariz mientras pensaba cómo ponerlo en palabras—. Creí que al hablar con ustedes, me enteraría de algo que haría que la conexión fuese imposible o al menos improbable.

—Pero ocurrió lo contrario —explicó mi madre—. Ahora parece incluso más posible que antes.

—Te puedo mostrar lo que he encontrado —le ofrecí. Mi padre negó con la cabeza.

—No gracias.

Mientras nos sentábamos a comer, mi padre comenzó a contar anécdotas y a recordar momentos familiares. Me reí y compartí mis propios recuerdos y me olvidé por un momento de Jane Doe y mi madre biológica. Más tarde, cuando recordé nuestra conversación, caí en la cuenta de lo nervioso que había estado mi padre y cómo había recurrido a nuestros recuerdos juntos para encontrar consuelo y para lidiar con sus emociones. Quizás hace mucho tiempo había llegado a la conclusión de que nunca me interesaría buscar a mi familia biológica y, si así era, comprendía que lo hubiese tomado por sorpresa.

Nos reímos y bromeamos un tiempo luego de terminar de comer. Solo cuando mi madre se paró para despejar la mesa, noté que mi padre me miraba preocupado.

—Nada va a cambiar, papá —le aseguré rápidamente—. Es una simple duda que debo quitarme. —Se rio—. No me interesa formar un vínculo con nadie con quien pueda llegar a compartir ADN. Tú eres mi familia. Nuestra vida es cómoda y predecible, y así quiero que siga siendo.

Asintió una vez.

—Lo que me interesa es la posibilidad de encontrar nombres, fechas y ubicaciones. Quiero datos duros, fríos y lógicos, que no puedan generar drama o complicaciones en mi vida. No quiero a la gente relacionada con ellos. Tú sabes lo que se siente, amas la historia al igual que yo.

—Así que —se inclinó hacia delante con los codos en la mesa— ¿qué quieres hacer con la información que descubras? ¿Qué quieres que pase de ahora en adelante?

Mi padre, cuando se enfrentaba a algo, restringía el problema, analizaba cada solución y cada posible repercusión de cada posibilidad. Luego, habiendo analizado todo, tomaba una decisión informada y no dudaba de ella. De él había aprendido mi enfoque analítico.

—No es tan simple. —Fruncí el cejo—. No puedo controlar lo que va a suceder. Depende de otras personas a las que todavía no he conocido y quizás nunca logre encontrar. Supongo que el enfoque depende de cuál quiero que sea el resultado y por eso no puedo responderte. No sé lo que quiero. Sé lo que no quiero, pero me obsesiona algo que antes no. No puedo seguir con mi vida sin saber y sin que me importe, necesito encontrar una respuesta satisfactoria que tenga sentido y en la que todo encaje, pero sin esa respuesta no puedo seguir adelante.

Mi padre asentía lentamente mientras yo hablaba.

—¿Tu madre te habló sobre la plata que ahorramos por si querías contratar a un investigador?

—Sí y les agradezco mucho a los dos, pero hasta que no sea totalmente necesario, me gustaría investigar yo misma.

—¿Estás segura?

—Sé que nunca he hecho algo así, pero no puedo aceptar una respuesta que me dé otra persona. Es contradictorio, lo sé, necesito respuestas lo más rápido posible para seguir adelante, pero debo encontrarlas yo misma.

Mi madre volvió al comedor y tomó asiento, justo a tiempo para escuchar la sugerencia de mi padre.

—Quizás deberías comenzar llamando a la línea directa de la policía.

—Es lo más lógico —coincidí—. Estuve a punto de hacerlo, pero antes quería hablar con ustedes. Siempre me ayudan a comprender todo mejor.

—Entonces quizás deberías esperar hasta mañana para tomar una decisión —sugirió mi madre—. Las cosas en general tienen más sentido después de dormir bien.

Podría haberlo imaginado, pero parecía estar vigilándome cuando dijo eso. Lo más probable es que sospechara que la noche anterior no había dormido bien. No podía negar que tenía razón y coincidí en que podíamos volver a pensar en Jane Doe a la mañana siguiente.

Llevamos café descafeinado y galletitas a la sala de estar para ver la ceremonia de apertura de las Olimpíadas de Vancouver. Mi padre se sentó en el lado izquierdo del sillón, mi madre se acurrucó a su lado y yo me senté en el piso a sus pies, con la cabeza en las rodillas de mi madre, así nos sentábamos desde que tenía memoria.

Luego de haberme descargado con mis padres me sentía muy cansada, esa noche dormí de corrido y con la mente libre de preguntas y preocupaciones. Cuando me desperté el sábado a la mañana, me quedé en la cama de mi infancia casi una hora antes de levantarme y bajar las escaleras.

Mi madre me saludó cuando entré a la cocina, estaba comiendo frutas y bebiendo café.

—¡Buenos días, mi amor! El café está recién hecho. —Señaló la cafetera—. Si tienes hambre, pensaba hacer panqueques para el desayuno.

—Me encantaría. ¡Muero de hambre!

Mientras rompía los huevos y batía la banana aplastada, dij:

—Papá se fue temprano a jugar al golf con Rich Mulligan, pero volverá en la tarde. Pensé que podríamos ir de compras por unas horas.

Sospeché que la invitación era en realidad para distraerme y no para comprar cosas de verdad, pero acepté feliz.

Esa tarde, nos reunimos en la sala de estar. Dejé el celular sobre la mesa de la sala, activé el altavoz y marqué el número de la policía. Mientras esperaba a que conectara la llamada, me latía el corazón en los oídos. Un ligero clic hizo que se me acelerara el corazón y una voz automática me pidió que tuviese paciencia. Tragué saliva varias veces para humedecer mi lengua y miré a mis padres a través de la cortina de mis pestañas.

Atendió una señora. Con un tono profesional, apresuró un saludo y me informó que me había contactado con la línea directa del destacamento de la Policía Montada del Canadá de 100 Mile House. Aclaré la garganta, miré a mis padres, tartamudeé mi nombre y dije que llamaba desde Vancouver. Le expliqué que podría llegar a tener información sobre Jane Doe, pero que no estaba totalmente segura.

—Continúa. —No parecía estar muy interesada.

Le expliqué que había sido adoptada de bebé y que mis padres habían confirmado que me habían encontrado cerca de la ciudad Cold Lake. Luego caí en la cuenta de que, sin el contexto adecuado, esta información no tenía sentido para quien no supiera lo que me había ocurrido en las últimas treinta y seis horas. Me disculpé y comencé una vez más a explicar quién era y cómo había encontrado el artículo del periódico, terminé diciendo que el dibujo se veía exactamente igual a mí.

Luego de un breve silencio, la mujer dijo:

—Ya veo... —En un tono prolongado que me hacía saber que solo me estaba siguiendo la corriente.

Por miedo a que no me estuviera tomando en serio, le expliqué que no quería hacerle perder el tiempo, pero que estaba segura de que Jane Doe no solo se parecía a mí, *era* yo. Le dije que había nacido a principios de diciembre de 1980 y que me habían abandonado en las escaleras de la parroquia San Raimundo Ignacio en Tome por esas fechas. No sabía nada de mi familia biológica y le expliqué que creía que había una relación entre Jane Doe y yo.

La mujer me agradeció por haber llamado y me pidió mi nombre y mi número de contacto. Me aseguró que le daría mi información a quienes estuvieran a cargo de la investigación y, si necesitaban algo, un investigador se pondría en contacto. Mientras le decía mi nombre y mi número, caí en la cuenta de que no me llamarían. Se despidió, colgó el teléfono y me dejó sintiéndome algo estúpida.

Mis padres se sentaron uno a cada lado con las manos apretadas. Se relajaron de manera visible cuando volví a guardar el teléfono en el bolsillo, al lado del recorte del artículo. Sonreí e intenté aparentar indiferencia.

—Bueno, listo —dije—. En unos días todo debería volver a la normalidad.

Me quedé a cenar, pero no acepté a quedarme otra vez allí. Mientras volvía a casa esa noche, me avergonzó la forma en la que había manejado todo. ¿Me había dejado llevar por la imaginación? ¿Me había convencido de que era posible que Jane Doe y yo fuésemos familia porque quería que fuese verdad? Nunca me había permitido ser curiosa, pero ¿era realmente porque no me interesaba? ¿O me había convencido de que no me daba curiosidad para protegerme de las dolorosas verdades con las que me podría llegar a encontrar?

No quería pensar más en Jane Doe, estaba emocionalmente abrumada y quería pasar horas haciendo algo divertido y relajante. Mi posible conexión con Jane Doe me había costado mucho tiempo en esos últimos días. Malcolm estaría encantado de poder burlarse cuando se lo contara.

Esa noche antes de meterme en la cama, tomé el recorte arrugado del bolsillo de mi chamarra, lo alisé y me quedé mirando la cara. Su cara. Mi cara. Mis sueños esa noche estuvieron repletos de caminatas por un lago y a través de un monte hasta llegar a un claro en donde había una mujer sin nombre. Los bordes de su cara estaban borrosos, como si la estuviese mirando a través del lente de una cámara sin enfocar. Me llamaba, pero no oía su voz por el viento que movía las ramas de los grandes cedros, que la envolvían en una profunda sombra.

Tenía un nombre. Y lo descubriría.

Capítulo cuatro

Por más de que necesitara desesperadamente conocer el punto de vista de Malcolm y que me aconsejara, estaría cansado y hambriento luego de trabajar el fin de semana y del vuelo. Le gustaba mucho seguir una rutina: se querría tomar una ducha y comer algo rápido antes de descansar, y a las 20:30 se quedaría dormido en el sofá. Así que tomé la decisión de no abrumarlo con toda la información la primera noche en casa.

Su vuelo llegó desde Calgary a la tarde. Puse la comida en la olla de cocción lenta y fui en auto hasta el aeropuerto de Vancouver. En la terminal, Malcolm me dio en beso y una caja de regalo con un envoltorio hermoso, que abrí de inmediato. Pegué un gritito de alegría al ver mis chocolates favoritos y comimos varios mientras esperábamos su bolso. En el camino a casa, me contó cómo había estado su viaje. En la cena, le di su regalo de San Valentín, una botella de su whisky escocés favorito, y le conté de mi visita a la casa de mis padres. Le dije que le enviaban un saludo y hablamos sobre la semana siguiente.

Luego de la cena, Malcolm se sirvió un vaso de whisky y fue a la sala de estar. Coloqué de prisa los platos en el lavaplatos, me senté en el sofá a su lado e intenté relajarme con el programa de televisión que estaba viendo. Me retorcí, me moví, puse los pies para arriba y los bajé al piso. Malcolm me miró de reojo.

—¿En qué estás pensando?

Respiré profundo y lo miré.

—Hay un artículo. En el periódico. Aguarda, te lo mostraré. —Me tropecé cuando intentaba pararme para ir a buscar el recorte a mi mesita de noche.

Malcolm leyó el artículo y estudió la imagen. Cuando terminó, me miró.

—¿Crees que estás relacionada con esta mujer porque se parece a ti?

Sonaba ridículo.

—No puedo parar de pensar en eso. Me obsesiona investigar todo lo que pueda sobre el descubrimiento de Jane Doe.

—Y tus alumnos nunca recibirán sus notas —bromeó. Sabía que iba a hacer bromas y agradecí que reaccionara de esa manera tan predecible.

—Sé que mi interés no tiene sentido. Me estoy dejando llevar por completo por mis sentimientos, algo que no suelo hacer. —Le expliqué que mis padres habían confirmado que me habían encontrado en la misma zona en la que habían encontrado el cuerpo de Jane Doe. Le conté todo lo que mi madre me había dicho sobre cómo terminé en la parroquia, que a decir verdad no era mucho—. Así que sí, es posible que haya alguna conexión con Jane Doe, incluso podría ser mi madre. Por eso llamé a la línea directa.

—Bueno, eso es todo, entonces. Hiciste todo lo que podías y, si hay alguna razón para creer que la idea es posible, se pondrán en contacto. —Luego de una breve pausa agregó—: Recuerdo haber leído algo para una clase de ciencia forense una vez sobre cómo un examinador médico podía determinar si la mujer había estado embarazada o había dado a luz según la posición de los huesos pélvicos. No sé mucho sobre el proceso o la ciencia que lo respalda, pero hay algo sobre el modo en que el abdomen de la mujer se expande que deja marcas en sus huesos. Los forenses podrían determinar si Jane Doe estaba embarazada o si dio a luz. Si la policía no se pone en contacto, podemos suponer que han descartado la posibilidad de que estén conectadas de alguna forma.

Me aliviaba que hablara de nosotros como un conjunto. Siempre agradecería lo comprensivo que era, con mi educación, con mi carrera y ahora con mi descubrimiento de algo tan improbable. Sabía que tenía razón en que yo había hecho todo lo que podía, pero me sentí intranquila cuando caí en la cuenta de que no podría simplemente esperar. Malcolm me dio un empujoncito en el hombro y me desconcentró.

—¿Puedo preguntar por qué ahora? ¿Por qué te da tanta curiosidad tu familia biológica? Quiero decir, nunca habías mostrado curiosidad.

Me encogí de hombros, sin saber cómo poner en palabras mi obsesión. Me tomó la mano y se la llevó a los labios.

—Dime si hay algo en lo que pueda ayudarte.

Ahí terminó la conversación por esa noche, pero no mi obsesión.

A la mañana siguiente, Malcolm se fue a trabajar y yo me quedé en la cama. Al rato me hice una taza de té y, mientras esperaba que se enfriara para tomarlo, busqué una pluma roja y comencé a leer las primeras oraciones de la propuesta de un estudiante. A los pocos minutos corrí el montón de propuestas a la otra esquina de la mesa y abrí mi portátil. Había leído cada artículo sobre Jane Doe varias veces. Había escuchado las entrevistas. Incluso había buscado una foto mía a los veintiuno y la había comparado con el dibujo de Jane Doe. Mis esfuerzos por negarlo todo no estaban surtiendo efecto.

Abrí la caja que mi madre me había dado y ordené los recortes en orden cronológico al mismo tiempo que los leía una vez más. Luego abrí cada archivo de entrevistas y volví a escucharlas una y otra vez, sin poder parar. Las preguntas y las respuestas comenzaron a grabarse a fuego en mi memoria. Memoricé la entonación de cada pregunta y las expresiones faciales que acompañaban cada respuesta. Releí los artículos. Me suscribí a los periódicos de Vancouver, Cold Lake y Prince George y me perdí entre los archivos buscando algún detalle que mi madre y yo pudimos haber pasado por alto.

En esta búsqueda no hice ningún descubrimiento nuevo, pero guardé e imprimí cada artículo y, en cuanto salían de la impresora, fui atacándolos uno por uno con un resaltador.

Tomé un cuaderno del escritorio de Malcolm y comencé a hacer diagramas de flujo, mapas mentales y listas. Tomé unas tijeras y recorté las partes importantes de algunos artículos y los organicé por categorías. Tomé las impresiones, los recortes, el cuaderno, mi libreta y la caja de mi madre y fui a la oficina de Malcolm para volver a dibujar mis diagramas y mis listas en una pizarra.

Así me encontró Malcolm cuando regresó a casa en la tarde. Le daba curiosidad ver a qué conclusiones había llegado a raíz de mi arduo trabajo.

—¿Cuántos trabajos calificaste hoy?

Le saqué la lengua.

El martes pasé todo el día haciendo más borradores de los mismos datos y diagramas. Esa tarde, cuando Malcolm llegó a casa, estaba revolviendo una olla de sopa y escuchando por enésima vez la entrevista de uno de los campistas que había descubierto a Jane Doe. Recuerdo vagamente haber escuchado a Malcolm preguntarme algo mientras yo recitaba las preguntas junto con el reportero.

A los pocos minutos, cuando el video acabó, cerré mi portátil. Malcolm entró a la cocina y dijo:

—¿Qué pasa si no hay ninguna conexión entre ustedes dos?

—Estoy actuando muy raro —admití—. No sé qué hacer con esto. Es algo nuevo y también me da miedo, pero no puedo sacar a esta chica de mi cabeza.

—Si descubres que no estás relacionada con Jane Doe, ¿podrías volver a como estabas antes sin saber nada sobre tu familia biológica? ¿O querrías descubrir todo lo que puedas de todas formas?

Su pregunta hacía que todo fuese blanco y negro, una manera de visualizar las cosas que me había costado poner en práctica. No podría organizar ni superar mis emociones para poder enfocarme en el problema real, lo que significaba que no podía comenzar a pensar y calcular posibles soluciones. En algunos momentos, me inclinaba a pensar que Jane Doe y mi madre eran la misma persona y, en otros, me convencía de que eran personas distintas.

—Dejando de lado la pregunta de si Jane Doe es o no mi madre —comencé—, hay dos posibilidades muy distintas sobre mi familia biológica. La primera es que hay personas en algún lugar que saben que existo y se preguntan qué pasó conmigo. Mis abuelos, tías, tíos, primos y hermanos, que pueden llegar a estar ansiosos por conocerme. También es posible que mi repentina llegada genere preguntas incómodas y hiera sentimientos. Pero, de todas formas, si estoy conectada con Jane Doe, lo más probable es que vengamos de una familia que no sabe qué nos pasó o que no le interesamos. Si no, ¿por qué nadie la buscó cuando desapareció?

Malcolm escuchó todo con una expresión sombría y, cuando dudaba, asentía para animarme.

—¿Y si me encuentro con algo que no quería saber? ¿Y si no quiero saber la verdad? Sé que esto no responde a tu pregunta sobre si puedo volver a como era todo antes sin saber qué paso. Supongo que es porque no sé lo que me espera y no sé si lo quiero descubrir. Es contradictorio y no tiene sentido, pero no puedo evitarlo. No sabré si quiero saberlo hasta que la información esté enfrente de mis narices. No puedo elegir cuál quiero que sea la verdad y es imposible olvidarse de algo que descubriste. —Miré enojada la pizarra en la habitación de al lado—. Odio esto. De verdad. Antes no me daba curiosidad. Nunca me pregunté nada, nunca quise saber nada. Pero ahora estoy decidida a descubrir todo lo que pueda sobre esta mujer y no puedo olvidarme de ella así como si nada. No puedo ser feliz sin descubrir la verdad.

—No puedes cambiar todo lo que hizo que terminaras en este lugar —razonó Malcolm—. Pero el pasado no te define. No llegaste hasta aquí por tus padres biológicos ni por tus padres adoptivos. No del todo, al menos. Llegaste a donde estás por las decisiones que tomaste. Y todavía tendrás que tomar decisiones en el futuro, por más que decidas empezar a investigar o no, y todo depende de lo que descubras.

Luego de la cena, ahondamos en la búsqueda que había hecho en la semana. Me hizo preguntas y anotó cada mínimo detalle. Escuchó con atención cuando le conté la historia sobre cómo me encontraron y me llevaron a casa. Le mostré los artículos que me había dado mi madre y la lista que había hecho yo de todos los detalles pertinentes. Luego le mostré la segunda pila de artículos sobre el descubrimiento de Jane Doe. Recité todo lo que había leído y buscado. Por último, tomé mi portátil y le enseñé las entrevistas de los dos excursionistas y el portavoz de la policía. Cuando acabó la última entrevista, cerré la portátil y Malcolm preguntó:

—¿Te encuentras bien?

Asentí lentamente.

—Sé que es mucho para digerir —dijo—. Iremos paso a paso. Quizás encontremos a alguien que tenga información que ayude a la policía a identificar a la mujer. Quizás conocer su identidad pueda darnos alguna pista sobre tu familia biológica y te ayude a decidir si quieres seguir investigando o no.

No sabía ni cómo comenzar y Malcolm parecía darse cuenta de que yo necesitaba un descanso. Contó una anécdota sobre un amigo en común, que me hizo reír y me relajó. Esa noche, no volvió a mencionar a Jane Doe.

Pasé el tercer día haciendo mapas mentales y diagramas de flujo y escribiendo frenéticamente notas casi ilegibles. A Malcolm le preocupaba tanto mi comportamiento obsesivo que me preguntó:

—¿Has tenido noticias de la línea de atención?

Negué con la cabeza. Luego de pensar por un momento, me preguntó a qué hora comenzaba mi clase el martes de mañana.

—A las once y treinta, ¿por qué?

Malcolm tomó su portátil y comenzó a escribir.

—Ya verás.

Unos minutos más tarde, anunció:

—Nos vamos este fin de semana. Me tomaré mañana y el viernes libre y el lunes es el Día de la Familia, así queno tienes que ir a trabajar. Alquilé una camioneta para ir al norte ya que ninguno de nosotros tiene neumáticos de invierno ni cadenas de nieve. También reservé un hotel en Tome. Podemos partir mañana luego del desayuno.

Me sorprendió este gesto y me ponía ansiosa pensar que la investigación estaba comenzando. Cuando le lancé una mirada inquisitiva, se encogió de hombros.

—No te había visto tan enfocada en algo desde que defendiste tu tesis de doctorado. Es importante para ti, y por eso es importante también para mí.

Quizás no descubriríamos nada en este viaje, pero ya había hecho todo lo que podía desde Vancouver. Un viaje a Tome parecía lo más lógico en este momento, ya que podría comenzar a buscar a mi familia biológica y a Jane Doe. Malcolm sugirió que visitáramos la parroquia en donde me habían encontrado, además de hablar con la policía sobre todo lo que habían descubierto sobre Jane Doe. Lo peor que podía pasar era no conseguir información nueva. Lo único que quedaba por hacer era empacar para el viaje.

Casi no dormí esa noche. El desafío al que me enfrentaba involucraba lazos personales y vínculos afectivos. Caí en la cuenta de que prefería tener que volver a defender mi tesis, sabía que eso había terminado bien. No sabía qué me esperaba al final de este camino.

Malcolm se movía cada vez que yo me movía, a pesar de que intentaba no molestarlo. Me rendí muy temprano en la madrugada y fui al sofá de la sala de estar, a sabiendas de que no dormiría, pero al menos uno de nosotros tenía que dormir bien. A eso de las cuatro de la mañana, Malcolm se levantó e hizo un té. Nos sentamos juntos en el sofá y tomamos la bebida caliente sin decir nada. Mientras se iba la luz gris del alba, Malcolm encendió la televisión para ver las noticias y yo me fui a dar un baño caliente para relajar mis músculos tensos. Regresé al poco tiempo y vi que había tomado la heladera del armario de suministros para acampar y ya la había llenado con botellas de agua y botanas. Tomé las bolsas de hielo del congelador mientras él cortaba vegetales en la tabla. Al mismo tiempo que él ponía los platos en el lavaplatos, puse el pan en la tostadora e hice unos huevos a la sartén.

Terminamos de desayunar, limpiamos la cocina y bajamos para salir temprano. La agencia de alquiler abría a las nueve. A las diez, estábamos rumbo al este, hacia el interior.

Mientras pasábamos lentamente por el valle de la carretera 97, que iba en paralelo con el río Thompson, miramos a través de la escasa nieve las montañas que se erigían a ambos lados de la calle de dos carriles. Más allá de una barrera de hormigón, había hielo duro en los bordes del río, a pocos metros del auto. Reptamos por túneles, doblamos en curvas y pasamos camiones y casas rodantes. Vimos pueblos, casas aisladas y granjas, edificios desiertos y cementerios llenos de lápidas viejas y cubiertas de hierba.

En las afueras de 70 Mile House, paramos a almorzar vegetales con una salsa y un paquete de papas fritas, que bajamos con agua. Luego de almorzar, seguimos al norte y vimos boquiabiertos las consecuencias de los incendios forestales de años anteriores. Por kilómetros y kilómetros, había tocones ennegrecidos que parecían los dientes desiguales de un peine. No conocía los nombres de los pueblos. Lytton. El arroyo Cache. El otero Lone. Fui siguiendo el trayecto en un mapa desdoblado sobre mi falda y marcando los lugares por donde pasábamos.

A medida que nos acercábamos a nuestro destino, la conversación menguaba cada vez más hasta que se extinguió casi por completo. Cuando llegamos a las afueras de la comunidad de Cold Lake, prácticamente apreté mi nariz contra la ventana y miré con atención la ciudad por la que estábamos pasando. Las calles estaban desiertas, era muy probable que los habitantes estuviesen amontonados en sus casas, protegiéndose del clima, y eso hacía que el pueblo pareciese cubierto por un sentimiento de soledad.

La carretera 97 era la carretera norte a sur principal y pasaba a través de la comunidad con el mismo nombre que el lago cercano y el parque provincial. El límite de velocidad bajó a cincuenta kilómetros por hora por esas pocas cuadras. El pueblo Cold Lake se fue quedado atrás y, cada pocos kilómetros, comenzaron a aparecer carteles que anunciaban que nos estábamos acercando a Tome. A veinte minutos de haber dejado Cold Lake y seis horas después de haber dejado Vancouver, llegamos a Tome y la ansiedad que había intentado controlar explotó. Me corrían lágrimas por las mejillas.

Luego de treinta años de haberme ido Tome, había vuelto.

Capítulo cinco

En mi obsesión frenética de los últimos días, había mirado incontables mapas de Tome y los alrededores, incluido el parque provincial Cold Lake. También había buscado el pueblo en internet. Por eso sabía más o menos lo que nos esperaba. Pero, en cuanto comenzó a bajar el límite de velocidad en la carretera 97, las imágenes de mi portátil comenzaron a materializarse ante mí y se me hacía difícil respirar.

Tome lindaba con la costa norte del Cold Lake. Una fila de escaparates dilapidados daban al lago y anunciaban los bienes y servicios en carteles que parecían estar cansados. Había imaginado que en el verano era un tramo popular entre los habitantes. A pesar de ser viejo y estar un poco destartalado, el pueblo tenía un cierto encanto que no había esperado. Lo que más me sorprendió fue la ausencia casi total de nieve. Solo quedaba un polvillo, la mayoría de los copos los había esparcido el viento. El sol que entraba por las ventanas generaba una falsa ilusión de primavera, lo que aumentaba ese sentimiento de una paz idílica.

Malcolm giró en una calle lateral y paró frente a un hotel. El edificio parecía haber sido un depósito que habían renovado. La decoración era un poco anticuada, pero el hotel en sí parecía ordenado y limpio. Antes de darnos la llave de la habitación, el recepcionista fue un poco grosero y nos hizo tantas preguntas que pareció un interrogatorio

—¿Dónde puedo conseguir un mapa del área? —pregunté.

—Tengo uno aquí. —Tomó un mapa doblado de abajo del mostrador—. ¿Están visitando a la familia?

Malcolm sonrió irónicamente y contestó:

—Algo así.

Más tarde descubrí que la curiosidad de los recepcionistas era algo muy común en los pueblos chicos. Luego de mirar con curiosidad la habitación para asegurar que estaba bien,

Malcolm dejó los bolsos sobre la cama, comenzó a leer la carpeta de bienvenida al lado del teléfono, tomó un mapa y una lista de los restaurantes cercanos y los apoyó distraídamente sobre la almohada. Encontró el número del destacamento de la policía más cercano de 100 Mile House, marcó el número y pidió hablar con el oficial al mando de la investigación de Jane Doe.

Jugueteé con mi bolso mientras escuchaba una sola parte de la conversación y analizaba el cuarto: una cama de dos plazas, dos mesitas de noche, un despertador, una lámpara de lectura, un mueble con una televisión, un escritorio, un teléfono y una cafetera.

Malcolm arrugó la frente mientras escuchaba.

—Bien, ¿puede decirme el nombre del investigador? ¿Chilton? ¿Y cuándo volverá a la oficina? Bien, gracias. Adiós.

Malcolm extendió el mapa sobre la cama y encerró en un círculo tres lugares: la iglesia donde me encontraron, el claro donde descubrieron a Jane Doe y al destacamento de la policía que estaba investigando el caso de Jane Doe. Apuntó el nombre de cada uno en un cuaderno y agregó un cuarto lugar: la secundaria.

—¿Por qué la secundaria? —pregunté.

—Supongo que, incluso en áreas tan remotas, las preparatorias toman fotos de sus estudiantes todos los años. Si Jane Doe es de aquí y fue a la secundaria local, podría estar su foto en el anuario. Sí encontramos la foto de una chica que se parezca a ti, podríamos conseguir una pista sobre su identidad.

Tuve que admitir que tenía sentido.

—Tenemos tres días y tres lugares que queremos visitar —siguió—. ¿Por qué no dedicamos un día a cada lugar? Comenzaremos con la policía. Tome cae en la jurisdicción del destacamento de 100 Mile House. El investigador principal es el inspector Doug Chilton y estará allí mañana a la mañana. —Hizo una pausa y me miró. Cuando asentí, prosiguió—. El sábado, visitaremos la parroquia Raimundo Ignacio, que no estará tan llena el sábado y eso nos dará la libertad de estar allí el tiempo que quieras. Y luego el domingo podemos hacer una excursión al campo cerca del Cold Lake. Ya verifiqué el clima para ese día, estará nublado, pero no lloverá ni nevará. ¿Te parece bien comenzar por allí?

Asentí una vez más.

—Claro que podemos adaptar el plan a medida que avanzamos.

Malcolm quería darse una ducha rápida luego del largo viaje. Llamé al recepcionista para preguntarle por los restaurantes de la zona para ir a cenar. Luego llamé a mis padres, hablamos un rato sobre el viaje y nuestros planes para estos días. Nos desearon suerte, sin ocultar del todo su preocupación y mi madre nos rogó que los mantuviéramos al tanto. Después de un rato, puse una excusa y les deseé buenas noches. Cuando Malcolm salió secándose el pelo corto con una toalla, le dije:

—Mis padres te mandan saludos. Y el recepcionista me dio algunas recomendaciones para la cena.

Antes de salir, nos pusimos unas chamarras abrigadas, ya que el sol había bajado mientras nos instalábamos y planificábamos. Cruzando el estacionamiento había una hamburguesería. Nos apuramos, porque queríamos escapar de la temperatura polar de febrero, no tanto por las ganas de comer hamburguesas y papas fritas. Hicimos nuestro pedido, encontramos una mesa y Malcolm comenzó a hablar de cualquier cosa sin importancia. A mitad de la cena, admití que no había escuchado una palabra de todo lo que había dicho. Desde la llegada a Tome, estaba como aturdida. Este podría ser el pueblo en donde mis padres habían crecido. ¿Así se veía cuando ellos vivían aquí? ¿Aquí encontraría a mi familia? ¿Habían caminado por estas calles, jugado en estos parques? ¿Habían venido a esta hamburguesería de jóvenes?

El Nombre de Mi Madre

No protesté cuando Malcolm sugirió ir a la cama temprano. Estaba muy frío y la noche demasiado oscura como para caminar por la zona. Volvimos a nuestra habitación, me puse mis pijamas y encendí la televisión para mirar el partido de hockey sobre hielo masculino de primera ronda; Canadá contra Suiza. El entusiasmo de la siguiente hora y media hizo que me olvidara de todo, en especial cuando el equipo canadiense ganó 3 a 0 en la prórroga. Escuché a otros canadienses celebrar la victoria a través de las paredes finas de la habitación.

Cambiamos de canal y una película vieja estaba comenzando, Malcolm comenzó a dormirse. Yo no me dormí, miraba la televisión, pero no le estaba prestando atención a la trama, los chistes ni los actores. En lugar de eso, me centraba en la imagen de mi familia biológica que se estaba formando en mi mente. No me estaba basando en ninguna evidencia ni en ningún hecho, era una creación que surgía simplemente de lo que yo quería. Con un mal presentimiento, al fin apagué la televisión, me acerqué a mi esposo, que dormía, y sospeché que la verdad no sería nunca tan idílica y perfecta como la que estaba imaginando. Eso no me dejó dormir. Cerca de la medianoche, me rendí, me senté en una silla, leí detenidamente mis notas y garabateé en un cuaderno. Malcolm se despertó y preguntó si podía mirar la televisión. Asentí, volví a la cama con él y pasamos una segunda noche juntos sin dormir.

El viernes amaneció nublado, el cielo estaba lleno de nubes oscuras, que amenazaban con lluvia. Comimos barras de cereal y yogur y tomé una larga ducha caliente para intentar aliviar la tensión en mi cuello y en mis hombros. Después de un largo rato, me vestí y me sequé el pelo. Nos fuimos del hotel un poco después de las nueve.

El trayecto hasta 100 Mile House tomó un poco más de media hora. Todavía un poco dormidos y casi por completo en silencio, en el camino tomamos café tibio, ácido y casi quemado de la estación de servicio. Tomé pequeños sorbos, agradecida de tener algo caliente entre las manos.

Volvimos a hacer el mismo camino de la tarde anterior, siguiendo las direcciones del GPS hasta el destacamento de la policía en 100 Mile House. Cuando entramos al edificio, no podía parar de temblar, pero mis temblores no tenían nada que ver con el sudor que me cubría la cara. Malcolm me apretó la mano y le preguntó amablemente al recepcionista si necesitábamos una cita para ver al investigador Doug Chilton.

El señor cerró sus ojos, gruñó y dijo:

—Chilton está ocupado.

—¿Puedes verificar si está dispuesto a vernos? Es sobre un caso abierto. No tenemos problema en esperar —preguntó Malcolm con su sonrisa más amigable.

El recepcionista nos señaló unas sillas duras y de metal contra la pared antes de desaparecer por la puerta detrás de su escritorio. Estaba inquieta, recorría con la mirada la habitación y me encogía cada vez que las puertas dobles se abrían y se cerraban. Malcolm preguntó si quería cenar algo en especial. Negué con la cabeza.

—Si quieres, podemos ir a un restaurante de sushi que vi cerca del hotel. Tendríamos que ver a qué hora cierra. Hace mucho no comemos sushi. —Se encogió de hombros—. O podemos decidir más tarde.

—Suena bien —dije, sin considerar realmente la sugerencia. Su ligera sonrisa me dio a entender que él lo sabía.

—Todo va a estar bien —dijo—. No eres el asesino al que están buscando.

Logró derrumbar mi ansiedad. Sonreí a pesar de cómo me sentía, le saqué la lengua y jugueteó con mi pelo. Pasó media hora hasta que la puerta se abrió y expulsó a un señor que parecía preocupado. Nos paramos rápidamente porque algo nos decía que se trataba del inspector Chilton. Malcolm le dio la mano y nos presentó. Mientras le daba la mano, me miró.

Abrió mucho los ojos y se aseguró de estar viendo bien. Me intimidó la intensidad de su escrutinio, era evidente que no daba crédito a lo que estaba viendo.

Pude sonreír de manera incómoda y asentí con la cabeza ante la pregunta que no había pronunciado. *Sí, mi cara es igual a la de la víctima del caso de homicidio que está investigando. Por eso estamos aquí.* Nos llevó a la sala de interrogatorios y cerró la puerta tras nosotros.

—Lamento no poder ofrecerles café —se disculpó—. La máquina está rota y el café instantáneo que tenemos deja mucho que desear. —Soltó una risita.

Malcolm se sentó a mi lado, tomó mi mano y aprecié la calma que me transmitía.

—¿En qué puedo ayudarlos?

El inspector me miró expectante. Respiré hondo.

—Me adoptaron de bebé y crecí al norte de Vancouver. Soy profesora de historia de Europa Oriental y Rusia en una universidad allí y la semana pasada en el horario de consulta uno de mis estudiantes me mostró esto. —Tomé el recorte de mi bolsillo y lo puse sobre la mesa, lo abrí y lo alisé para que pudiera ver lo mismo que yo había visto y lo que había comenzado esta aventura. Agregué—: Estaba en un periódico del interior.

El inspector Chilton se inclinó hacia delante para examinarlo. Al asentir me hizo saber que ya conocía el artículo. Escuchó con la frente arrugada lo que le conté sobre las subsecuentes conversaciones con mis padres. Cuando llegué a la parte de la historia en la que me encontraban en la parroquia de Tome, sus ojos se iluminaron y una sonrisa apareció en su rostro.

—Eres tú —dijo con las cejas levantadas—. Eres el bebé.

Mi confusión debió haber sido evidente. Chilton sonrió.

—Todos desde Prince George hasta 70 Mile conocen la historia de la niña que encontraron durante la tormenta de nieve de diciembre de 1980.

No sabía que era tan conocida. Malcolm lo interrumpió.

—Queremos descubrir lo más posible sobre la mujer que abandonó a Nora.

—Así que —concluí, desestabilizada y a sabiendas de lo ridículo que sonaba— mi esposo, que me apoya en todo, reservó un hotel en Tome para venir e investigar mi pasado, con la esperanza de descubrir qué conexión tengo con todo esto. —Señalé el artículo sobre la mesa—. Con Jane Doe. Esperamos que nos pueda ayudar a encontrarle sentido a la situación.

El inspector Chilton había estado tomando notas en un cuaderno, el papel estaba en un ángulo que no me permitía leer lo que escribía. Se recostó en su silla, con los codos en los reposabrazos y las yemas de los dedos tocándose, parecía estar considerando lo que le pedía. Me incliné hacia adelante.

—¿Puedo preguntarle... si a Jane Doe la encontraron hace cinco años, por qué recién ahora hicieron pública la investigación? ¿Simplemente para intentar cerrar el caso?

—Sí y no. —Chilton se encogió de hombros—. La investigación se estancó muy rápido y hasta hace poco tiempo nuestros especialistas pudieron realizar una imagen realista de cómo se veía Jane Doe. Desgraciadamente, el dibujo no llevó a nuevas pistas útiles, solo surgieron pistas que no llevaron a nada.

—No sé si puede decírnoslo, pero ¿no hay ningún registro médico o dental que podría ayudar a identificarla? —pregunté.

—Técnicamente, no puedo decírselos, pero sí puedo decir que los intentos por identificarla por los canales oficiales, incluidos los registros médicos y dentales, no tuvieron éxito.

—Lo que significa que... —Dejé que me inundara lo que eso implicaba—. Si no tiene ningún registro acá en Columbia Británica...

—Ni en ninguna parte de Canadá —agregó Chilton.

—¿Entonces no es de aquí? —Estaba confundida—. ¿Emigró a Canadá? ¿Hay otra explicación?

Chilton se encogió de hombros.

—Lo único que demuestra es que no visitó ningún médico o dentista en el país. De eso se pueden sacar varias conclusiones, pero intentar adivinar no nos ayuda a avanzar en el caso.

No podía entender cómo encajaba este detalle en el rompecabezas e hice una nota mental de volver a esta incógnita más tarde.

—¿Pudieron definir si Jane Doe tuvo un hijo en algún momento? ¿O si estuvo embarazada? —preguntó Malcolm.

Chilton frunció el cejo.

—Me temo que, debido a que la investigación está en curso, no puedo hablar de ciertos aspectos del caso. —Me miró—. Lo lamento mucho, de verdad. Y aprecio que hayan venido desde tan lejos. Agradezco la información.

Sin que se le moviera un pelo por el rechazo, Malcolm preguntó:

—¿Hay algo que nos pueda decir sobre la información que les llegó a través de la línea de atención?

El inspector negó con la cabeza.

—¿Hay algo que nos pueda decir? —pregunté por lo bajo y esperé que no se notara la desesperación en mi voz por habernos estancado.

El inspector me estudió el rostro y negó con la cabeza. Entendía su asombro, yo tampoco podía creer mi parecido con Jane Doe.

—Podrían haber simplemente llamado a la línea. —No había rastro en su voz de irritación ni de burla. Mis mejillas enrojecieron.

—Dejé un mensaje, pero nunca me llamaron.

El investigador refunfuñó.

—No compartimos la información con el público simplemente porque no hay información sobre el caso. Hay muy poco con lo que avanzar y, luego de treinta años, hay muy poco que se pueda descubrir.

Asentí lentamente.

—Supuse que ese sería el caso. La información que yo tengo no sirve para nada y, en realidad, mi supuesta conexión genera más preguntas que respuestas. —Me señalé el rostro—. Mi parecido no da ninguna pista de quién era o qué le pasó.

—Pero tener una conexión concreta de ADN podría ayudarnos —reflexionó el inspector. Garabateó algo abajo en su cuaderno, lo arrancó y me lo entregó—. Es el número y la dirección de la oficina del examinador médico y el número de registro del caso. Llama y haz una cita para una prueba de ADN. Los resultados te darán una respuesta de todas formas.

Nos había ayudado más de lo que esperaba y le agradecí mucho al mismo tiempo que le daba mi contacto.

—Una última cosa —dije, mirando el trozo de papel—. ¿Debo llamar para saber los resultados de la prueba o usted me llamará? ¿Y, si no tengo respuesta, debo asumir que es negativo?

—Te llamaremos de todas formas —me prometió.

Agradecí una vez más y tomé a Malcolm de la mano. Nos estábamos dirigiendo a la puerta cuando Malcolm paró repentinamente y se dio la vuelta.

—Perdóneme, inspector —dijo por arriba de mi cabeza—. ¿En la escuela hacen anuarios?

—Sí.

—¿Qué tan grande es la escuela?

—Tiene primaria y secundaria. Diría que más de cien estudiantes. Vienen niños desde 130 Mile House.

—¿De Tome también? —pregunté. Asintió.

—¿Tenemos acceso a los anuarios? ¿En la escuela, quizás, o en la biblioteca del pueblo? —preguntó Malcolm. Chilton pensó un momento.

—En el pasillo principal de la escuela hay placas con los graduados de cada año. Supongo que tendrán los anuarios. Si no, pueden ir a la biblioteca de aquí.

Malcolm le agradeció, saludó con la mano amablemente y nos fuimos. Apenas noté todo esto. Me preguntaba si el investigador había considerado siquiera examinar los anuarios para la investigación y, si no, por qué no. Me invadieron esperanzas y ansias de que pronto estaría mirando la foto escolar de Jane Doe, que probablemente había sido tomada poco tiempo antes de su muerte.

Capítulo seis

De camino al auto, Malcolm sugirió que llamara a la oficina del examinador médico para reservar una hora para el análisis de ADN. Después de todo, uno de los objetivos de este viaje era descubrir si estaba genéticamente relacionada con esa mujer. Dudé. Tenía miedo. La búsqueda de mi madre biológica, todo este viaje, me había parecido una gran idea. Sabía que la prueba de ADN era la única forma de tener una respuesta definitiva a mis preguntas pero, una vez hecha, la situación se escapaba de mis manos. Una vez que supiera la verdad, no podría olvidarla. ¿Cómo me afectaría esa información?

Malcolm me sonrió con cariño.

—No tenemos que hacer esto, cariño. Podemos volver a casa.

—Quiero hacerlo, pero a la vez no. ¿Tiene sentido?

Claro que no lo tenía, pero asintió de todo corazón y repitió que no teníamos que hacer nada que yo no quisiera. Llegamos al auto y abrió mi puerta. Cuando se dirigía a la puerta del conductor, tomé mi celular del bolsillo y marqué el número. Me respondieron antes de que tuviera tiempo de preparar lo que iba a decir. Balbuceé una presentación incoherente sobre quién era y por qué estaba llamando. La mujer me pidió que fuera a la mañana siguiente, el sábado. Parpadeé, me sorprendió un poco lo rápido que avanzaba todo, acepté y colgué el teléfono.

Malcolm lanzó una mirada al reloj en el tablero. Era casi mediodía.

—¿Qué quieres hacer ahora?

Pensé un momento.

—Ya que estamos aquí, tiene sentido ir a la escuela y a la biblioteca pública para ver los anuarios de principios de los setenta. Sé que no estamos seguros de que Jane Doe sea de aquí, pero es probable.

Diez minutos más tarde llegamos al estacionamiento de la escuela. Estaba repleto de autos y camionetas, la mayoría de los vehículos eran muy viejos y estaban llenos de barro. Me sorprendió lo pequeño que era el edificio a pesar de que allí acudían todos los estudiantes del pueblo. A la izquierda había un patio, a su derecha, una cancha de béisbol, gradas y una cancha de básquetbol en el medio. Frente a nosotros habían unas amplias escaleras de cemento que llevaban a unas puertas dobles debajo de unas letras doradas en forma de arco con el nombre de la escuela.

A medida que subía con Malcolm a mi lado, pensé en las escuelas a las que yo había asistido. Cada una había estado en perfectas condiciones, con equipamiento de último momento y con avances tecnológicos que facilitaban el aprendizaje. El contraste con esta escuela era inmenso. ¿Cómo sería la vida aquí para los estudiantes? Y lo que era más importante: ¿mi madre había estudiado aquí?

Entré en el edificio pensando en una joven similar a mí, con una sonrisa con los dientes separados y una cola de caballo, que caminaba por este mismo pasillo. Me pregunté cómo había sido su infancia y por qué me daba tanta curiosidad, por qué estaba tan decidida a averiguar todo sobre su pasado. La entrada principal estaba vacía salvo por una mujer mayor sentada detrás de un vidrio, que nos miraba como un halcón por encima de sus lentes dorados. Abrió la ventanilla.

—¿Los puedo ayudar en algo? —Por su tono no cabía duda de que nuestra presencia le resultaba extraña y que podría llegar a no dejarnos pasar.

Cuando lo expliqué la razón de nuestra visita, frunció los labios.

—Querían ver los anuarios —repitió, mientras fruncía aún más el cejo.

—Si no es molestia —confirmé. Tenía el presentimiento de que esta mujer nos iba a negar la entrada, pero esperé que respetando su autoridad podríamos ganárnosla. Negó con la cabeza.

—Durante las clases, no está permitido que entren visitantes. E incluso si lo estuviera, no tenemos anuarios tan viejos en nuestra biblioteca.

—¿No tienen *ningún* anuario aquí? —pregunté.

—Conservamos los de los estudiantes actuales. La generación que se gradúa este año es de 1997, por lo que ese es el anuario más antiguo que tenemos. Deberán ir a la biblioteca pública para encontrar los anuarios de años anteriores.

Malcolm dio un paso al frente y habló de la manera más encantadora posible.

—Fue de gran ayuda, gracias. —Pareció derretirse—. Esta mañana hablamos con un oficial de policía que mencionó que la escuela tiene placas de graduación con fotos de todas las generaciones. ¿Están colgadas en este pasillo? —señalo a la derecha.

Asintió.

—¿Podemos verlas?

Al parecer, eso estaba permitido siempre y cuando ella nos acompañara. Las placas de graduación estaban colgadas en el pasillo a la altura de los ojos, las superficies de bronce tenían fotografías de adolescentes sonrientes. La primera era de 1932 y tenía una única fotografía en blanco y negro de una docena de chicos y chicas en los escalones en el frente de un edificio que no era este, cada uno estaba vestido siguiendo la moda de esa época y con sus mejores ropas. Las iniciales y los apellidos de los estudiantes estaban ordenados según dónde se encontraban en la fotografía.

A la izquierda de la placa, había otra con la imagen de los graduados del año siguiente, con una bandera que proclamaba con orgullo «1933». Había docenas de placas a lo largo del pasillo que llevaba a la puerta doble y también en la pared de enfrente. Caminamos despacio por delante de salones y pequeños pasillos adyacentes y estudiamos cada fotografía. Las imágenes reflejaban las distintas décadas y los cambios que se daban. Durante la guerra, vimos amapolas silvestres, banderas de Canadá y hombres en uniforme. Del blanco y negro pasamos al color. El edificio actual remplazó al original. En 1952, los graduados tenían fotos individuales en lugar de una sola para todo el grupo.

Estaba impaciente por llegar a los setenta, pero no dejé ver mi ansiedad. Según mis cálculos, mi madre debía haber tenido por lo menos catorce o quince cuando yo nací, lo que significa que debía haberse graduado como máximo en 1985. Todo esto asumiendo que se había graduado y que lo había hecho en esta escuela. Por supuesto que podía ser más grande, por lo que al llegar a la placa de 1970, me acerqué y estudié cada imagen en búsqueda de una cara similar a la mía.

De los once graduados de 1970, tres eran mujeres. Imaginé cada cara amalgamándose a la mía, pero tuve que admitir a regañadientes que solo se trataba de un producto de mi imaginación. Ninguna de las chicas se parecía a mí. Seguí y estudié a las chicas de 1971, 1972 y 1973. Chicas diferentes. Mismo resultado.

Me fui acercando a la segunda mitad de la década cada vez con mayor aprehensión, ya que sabía que, a medida que pasaban los años, mi madre debía haber sido más y más joven. Ya odiaba la idea de que lo más probable es que hubiese sido una madre joven y además la posibilidad de encontrarla se hacía más baja con cada año.

El año de mi nacimiento pasó sin ninguna señal de alguien que se pareciera a mí y que pudiera haber sido Jane Doe o mi madre. Luego miramos las de 1981 y 1982 y me encontré preguntándome qué había estado haciendo mi madre en esos años en los que yo estaba aprendiendo a caminar y a hablar. ¿Cuántos años tenía? ¿Había crecido, se había casado con una buena persona y había comenzado una nueva familia, muy feliz de poder olvidarse de una indiscreción que cometió en su juventud? En 1980 ella misma debía haber sido solo un bebé.

Y finalmente: 1985. Estudié las caras con impaciencia y esperé que una de ellas me hiciera detenerme. Pero no sucedió. Siete chicas se graduaron en 1985: tres eran trillizas, tres caras que parecían ser una copia y arriba tres apellidos idénticos, la cuarta y la quinta eran de descendencia aborigen, la sexta era rubia y la séptima tenía el pelo rojo y una forma de ojos distinta.

—No está aquí —dije consternada. Por las dudas, miré rápido las placas hasta el año 1990. Luego, con un temor que iba en aumento, volví a mirar las placas de las dos décadas anteriores antes de volver a los sesenta para ver si había pasado algo por alto. Nada.

—No está aquí —dije por segunda vez, sorprendida.

La recepcionista había estado mirándome con la cabeza inclinada hacia un costado, aunque no había dicho nada. Pero, en ese momento, se aclaró la garganta.

—¿Es posible que la chica que estén buscando no se haya graduado?

—¿Eso sucede a menudo? —preguntó Malcolm.

—No es algo raro —dijo—. Por lo general, una persona cada uno o dos años, depende de lo que esté sucediendo afuera de la escuela. Es posible que un estudiante deba comenzar a trabajar a tiempo completo para ayudar a su familia, ayudar en el negocio familiar o en el campo. O a veces alguna chica queda embarazada.

Me estremecí, ya que sabía que era muy probable que mi madre hubiese sido una de esas chicas. La recepcionista no notó mi mueca o decidió ignorarla.

—Algunos estudiantes se van a la ciudad —continuó—, porque están aburridos de la vida del pueblo. En los setenta, no podíamos hacer que los adolescentes se quedaran aquí. Pero, en muchos casos, por el clima u otras complicaciones, para el último año algunos estudiantes han perdido tantas clases que no pueden seguirle el ritmo a las clases y prefieren abandonar antes que reprobar un año.

Así que había muchas razones posibles de por qué mi madre no se había graduado. Nuestra investigación no había avanzado nada. Le agradecí por la información y por su tiempo y comencé a dirigirme a la puerta principal, al mismo tiempo que Malcolm le preguntaba cómo llegar a la biblioteca.

Sabía que quizás no habíamos encontrado a Jane Doe en esta escuela, pero de todas maneras tenía más esperanzas. No podía pretender no estar decepcionada o que nuestra siguiente parada tampoco llevaría nada, pero no estaba lista para darme por vencida. Jane Doe tenía un nombre y lo descubriría.

Capítulo siete

Cuando salí de la escuela, el frío me golpeó el rostro. Crucé encorvada el estacionamiento con Malcolm y entré en el auto. Nos sentamos en silencio unos minutos mientras el motor se calentaba.

—Así que no se graduó —dije.

—No se graduó *aquí* —corrigió Malcolm y añadió—: Quizás se mudó a otro lugar. Quizás se cambió a otra secundaria en otra ciudad. O quizás tuvo que dejarla para trabajar o ayudar en casa.

«O perdió la vida antes de terminar la secundaria», pensé. Sin duda mi esposo también lo había pensado.

Paramos para almorzar hamburguesas y papas fritas una vez más de camino a la librería. El cocinero se olvidó de quitarle los pepinillos a la mía, los quité y se los arrojé en broma a Malcolm, que a modo de venganza me robó mis papas fritas. Después del mediodía, llegamos a la biblioteca. Al igual que la escuela, era muy pequeña. Al principio, pensé que lo más sorprendente de 100 Mile House era la falta de ruidos de una ciudad grande pero, cuando vi la biblioteca, caí en la cuenta de que desde que habíamos salido de Vancouver no había visto un edificio de más de tres pisos.

La biblioteca era el epítome del encanto de un pueblo: un edificio de un solo piso anidado entre un mercado, una estación de servicio y un centro comercial. Unas escaleras de maderas que crujían conducían a un porche viejo con múltiples entradas, donde había una mecedora con una estatuilla de un gato durmiendo enrollado sobre una pila de libros. La puerta estaba rodeada de grandes ventanas.

Una campanilla sonó sobre nuestras cabezas cuando entramos. Los lectores entre los estantes de libros maltrechos nos miraron antes de bajar nuevamente las cabezas hacia sus libros. La biblioteca parecía una librería vieja, o quizás el ático de un familiar anciano, o incluso una tienda de antigüedades.

Había pósteres viejos de estrellas de cine, series y celebridades de hace varias décadas colgados de las paredes y descoloridos por el sol. Había repisas que colgaban del techo con prototipos de juguetes, loncheras y cartas de béisbol de los cuarenta y los cincuenta. Otra repisa tenía radios y cámaras antiguas. Una televisión de los sesenta hacía las veces de repisa para varias lámparas de la misma época. En la esquina más alejada, había un violín sobre un piano al que le faltaban varias teclas y ambos instrumentos estaban cubiertos de polvo. En un rincón al lado de una ventana, había un escritorio con una computadora antigua.

Cuando entramos, un caballero mayor se acercó con una sonrisa triunfante y preguntó si necesitábamos ayuda. También con una sonrisa amigable, Malcolm preguntó si nos podía mostrar dónde estaban los anuarios escolares. El señor hizo una mueca de confusión y curiosidad, pero no preguntó nada.

—Claro. Este lugar es mío y la casa le pertenece a mi familia desde hace generaciones. —Con un guiño, nos señaló las cartas de béisbol y el triciclo en la repisa sobre nuestras cabezas—. Eran míos. Lo demás era de mis hermanos y hermanas. Me interesa mucho la historia. ¿Qué diablos? ¡Yo *soy* historia! —Abrió los brazos y rio.
—Es un lugar muy lindo —dije, sin tener que fingir entusiasmo. Me encantaría tener una colección así, con artefactos de décadas anteriores. Podría pasarme toda la tarde investigando la historia de cada una de las piezas que estaban allí.

Nos llevó a un rincón cerca del fondo de la casa, en donde probablemente había sido la cocina.

—Pueden ver los anuarios todo lo que quieran, pero no se los pueden llevar. —Dejó de sonreír para demostrar lo importante que era esta regla—. No pueden salir de esta casa. Su sonrisa volvió a aparecer y preguntó si nos podía ayudar a buscar algo en específico.

—No, gracias —dijo Malcolm amablemente.

El señor asintió un poco y fue a deslumbrar a otras personas.

Los anuarios estaban en orden cronológico del más antiguo al más reciente sobre una mesa que parecía salida de una sala de estar de los cincuenta. Los anuarios, que eran de varias décadas, reflejaban el paso del tiempo. Los más antiguos estaban gastados, usados y tenían colores sencillos y letras y fotos en blanco y negro. No necesitábamos ir tan lejos en el tiempo. Con los años y las mejoras en la producción gracias a la modernidad, los libros se volvieron más coloridos y de mejor calidad.

Sugerí que fuéramos de adelante para atrás y comenzáramos con los más recientes. Malcolm tomó los años pares y yo los impares para ir más rápido. Como mi madre se podía haber graduado como máximo en 1985 y como no se había graduado, era fácil llegar a la conclusión de que dejó la secundaria en 1984 o antes. Tomé el de 1984 y pasé las hojas hasta que encontré la generación de quinto año. Reconocí algunas de las caras y los nombres que estaban en las fotografías de graduación, pero no vi ninguna que se pareciera a mí. Fui a la generación de cuarto y de tercero. Las caras eran cada vez más jóvenes y seguía sin ver a nadie parecido a mí de pequeña.

Ir de atrás para adelante a través de los años —1983, 1982, 1981— se convirtió en algo así como un juego para relajarnos, vimos cómo de a poco las caras iban retrocediendo en el tiempo, como si envejecieran hacia atrás. Sonreímos por los adorables niños y nos compadecimos por los dientes que faltaban, el acné y los malos cortes de pelo. Malcolm contó una historia graciosa de cuando estaba en tercero de secundaria e intentó dejar crecer su pelo. Había escuchado esa historia muchas veces, la primera vez me la había contado su madre y todavía la disfrutaba.

El Nombre de Mi Madre

Volví a colocar el de 1978 sobre la mesa. A mi lado, Malcolm había tomado el de 1977 y hojeaba los años más lento que yo. Con cada libro, comenzaba por la página que mostraba el último año de la primaria, por la posibilidad de que mi madre me hubiese concebido de muy joven y por eso me hubiese abandonado. Pasaba página tras página.

De repente, paró. Escuché a Malcolm lanzar un gritito ahogado. Se le erizaron los pelos del brazo.

—¿Cariño, qué sucede?

Malcolm me mostró el anuario. Su dedo señalaba una foto, en segunda fila contando desde arriba, la segunda contando desde la derecha, en una fila con cuatro fotos.

En cuarto año de la secundaria, usé frenillos para corregir una ligera sobremordida, que yo creía que me hacía parecer a un perro pug. Me avergonzaba mi sonrisa, por lo que en la fotografía escolar de ese año no abrí la boca y bajé la cabeza por la vergüenza. Tenía el pelo con el camino a la izquierda y suelto, los mechones de adelante detrás de mis orejas.

La de la foto podría haber sido yo. La sobremordida era un poco más pronunciada y su sonrisa más leve. No tenía un hoyuelo. Pero tenía los pómulos igual de pronunciados y el nacimiento del pelo igual de bajo, con el camino a la izquierda y detrás de las orejas. Sus ojos, de la misma forma y color, miraban a la distancia.

No podía hablar. Pasé un dedo por su cara. Había temido que las similitudes que vería si finalmente la encontraba serían tan leves que no podría estar segura de nada. Pero al mirar la foto que tenía enfrente, estaba segura. Quizás esta mujer no era Jane Doe, pero éramos parientes.

Miré conmocionada a Malcolm. Estaba sonriendo, me tomó la mano sobre la página y le dio un apretón. Sin decir una palabra, mi dedo se dirigió al borde de la página en donde estaban los nombres de los estudiantes. Encontré el tercero y articulé su nombre.

Marcia Garvey.

Ahora el rostro tenía un nombre. ¿Podía ser el de mi madre? ¿O el de mi tía? Casi no podía respirar, la conexión parecía tan real, tan tangible. Mis ojos me ardían con lágrimas que todavía no había derramado mientras buscaba más pistas en la página. La parte superior de la hoja anunciaba que se trataba del cuarto año de la generación de 1977. Tenía quince o dieciséis años. Hice las cuentas: Marcia Garvey tendría que haber empezado el jardín de infantes en 1966 o 1967, según su fecha de cumpleaños. Tomé los anuarios de esos diez años de la mesa y trastabillé al sentarme en un pequeño escritorio.

Malcolm tomó la mitad de abajo y comenzó a buscar la clase del jardín de infantes de 1966. Abrí el de 1976 en la página de los alumnos de tercero y me encontré una vez más con la cara de Marcia Garvey, aunque un año más pequeña, que me miraba con la misma sonrisa avergonzada.

—No está en este —dijo Malcolm dejando de lado el de 1966.

Continuó buscando hacia adelante y yo hacia atrás, fui hasta la página de los alumnos de segundo de 1975. Su cara tampoco estaba en este ni en el resto de los años. Parecía que Marcia Garvey aparecía de repente en tercer año en 1976 en la escuela de 100 Mile High, pero no había rastro de ella ni antes de 1976 ni después de 1977. Mientras cerraba el último anuario, ya se iban formando explicaciones en mi mente.

—Se mudó por esta zona por 1976 —supuse.

—Quizás. O quizás estuvo otros años, pero se perdió el día de la foto. Se enfermó, quizás, o había mal tiempo —señaló Malcolm.

—No aparece en ninguna de las listas de los estudiantes ausentes. —Había visto muchas páginas en todos los anuarios con listas de los estudiantes que habían estado ausentes, con la aclaración «No aparece en la fotografía» entre paréntesis al lado del nombre. Su nombre no estaba en ninguna de esas listas, su primera aparición había sido en 1976 en tercero y la última en cuarto en 1977.

—Entonces fue a otra escuela —dijo Malcolm—. Quizás en 150 Mile House, si vivía más al norte. Es el único otro pueblo grande entre aquí y Prince George.

—O la educaban en casa —dije y tomé mi cuaderno, que contenía todo sobre la investigación. Tenía tres listas distintas en la primera página. La primera contenía los datos ya confirmados, la segunda, las posibilidades y la tercera, las preguntas sin responder.

—¿Quieres ir a 150 Mile House para ver si hay rastros de ella en la escuela de allí? —preguntó Malcolm mientras miraba su reloj.

—Creo que sí.

—Mejor vayamos hoy, entonces. El fin de semana estará cerrada y el lunes es feriado.Buscamos en la página web del distrito escolar y encontramos que en 150 Mile House había solo dos escuelas: una primaria y una escuela privada católica. Malcolm dijo que podría haber ido a la primaria en 150 Mile y que valía la pena averiguarlo.

Tenía el anuario de 1977 abierto en la página de los estudiantes de cuarto y estaba copiando los nombres de los doce compañeros de Marcia de ese año. Abrió el del año anterior en la página de la misma generación y las comparó.

—La clase se mantuvo más o menos igual desde 1966 —dijo.

Miré sobre su hombro y leí los doce nombres: Chad, Kenny, Tammy, Shelly, Kacie, Mary, Joe, Albert, Reggie, Leslie, Jackie y Will. Cualquiera de ellos podría llegar a poder responder preguntas sobre quién era Marcia Garvey, dónde había estado antes de llegar a esta escuela y por qué no estaba en quinto ni sexto. Guardé la lista de Malcolm en mi cuaderno y tomé fotos de las páginas con mi celular, incluidas varias fotos en primer plano de Marcia Garvey en los dos anuarios y los nombres y las fotografías de sus compañeros.

Teníamos toda la información que podíamos sacar de los libros. A regañadientes los tomé para volver a colocarlos sobre la mesa con un extraño sentimiento de apego a cada uno de ellos, pero en especial a los dos en los que aparecía Marcia Garvey. Sabía que estaba sacando conclusiones demasiado rápido y que solo me estaba basando en mis sentimientos y en lo que deseaba. Sabía que me estaba encariñando con esta señora sin estar segura de que estábamos relacionadas de algún modo, solo porque se parecía mucho a mí y porque ahora tenía un nombre. Había una posibilidad, por más pequeña que fuera, de que Marcia Garvey fuera solo una distracción. Por más de que su conexión conmigo encajaba perfectamente, tardaría un poco en probar la relación que había entre nosotras y quién sabe con qué me encontraría cuando investigáramos más a fondo.

Dejé de lado mi melancolía y mi nostalgia y me recordé que no tenía que tener tantas esperanzas. Dejamos los anuarios en la mesa. Si quería volver, sabría dónde estaban.

El viaje a 150 Mile House nos tomó menos de una hora. Fuimos por las sinuosas curvas de la carretera 97 que rodeaban Cold Lake, a través de varios pueblos, entre ellos Tome e incluso comunidades aún más pequeñas, que no tenían mucho más que un par de casas, una estación de servicio y un puesto de frutas destartalado. También pasamos por un cementerio rodeado con un cerco de hierro, que parecía abandonado. El pequeño terreno tenía alrededor de una docena de cruces de madera desgastadas, que en algún momento podrían haber llegado a ser blancas. Me pregunté si Marcia Garvey —si es que Marcia era, en efecto, Jane Doe— podría ser enterrada en un cementerio así, una vez que la identificaran.

Finalmente hice la pregunta que me estaba carcomiendo desde la primera vez que vi el artículo en el periódico la semana pasada.

—¿Por qué su familia no sabe que desapareció?

Malcolm se sobresaltó cuando mi voz rompió el silencio y me miró confundido.

—Piénsalo —dije—. Si tú o yo desapareciéramos, nuestras familias harían algo de inmediato, estarían buscándonos ellos mismos, harían un alboroto, no pararían hasta encontrarnos. Pero su familia no ha aparecido. Quizás la única que está buscando a Jane Doe soy yo, la hija biológica a la que abandonó. Nadie se ha puesto en contacto para avisar que su hija desapareció por esas fechas.

—Que nosotros sepamos —corrigió Malcolm—. Quizás el inspector Chilton encontró a alguien que le pueda dar más información. Quizás ya la identificó.

—Si es así, ¿por qué no nos ha dicho nada?

Malcolm me miró de costado.

—¿Y por qué no los has llamado tú para contarle lo que hemos averiguado hoy? —me desafió.

No sabía qué responderle. Estaba dudando entre querer sacar a la luz mi pasado y quedarme en la seguridad de la ignorancia. Necesitaba más tiempo antes de lanzarme de lleno en la búsqueda de la verdad. Decirle el nombre de Marcia Garvey al inspector Chilton y a la policía me obligaría a saltar antes de estar preparada. En lugar de responder la pregunta, le pregunté:

—Si saben quién es Jane Doe, ¿por qué me dijeron que me haga una prueba de ADN?

—¿Para asegurarse?

Me tomó unos minutos entender esto antes de volver a mis primeras preguntas.

—Pero supongamos que nadie ha aparecido. ¿Por qué no? —Había estado pensando en esto, analizando y descartando varias posibilidades y me había quedado con tres. Ninguna era muy linda.

—Quizás no queda nadie —dijo Malcolm—. Murió hace treinta años. Si era hija única y sus padres ya murieron, no quedaría nadie de su familia inmediata.

Había adivinado una de ellas. Me deprimía pensar en unos padres que morían sin saber nunca qué le había ocurrido a su hija. Su pérdida habría dejado una soledad y una herida constante, que nunca pudieron sanar. Pensé en mis propios padres, pero de inmediato alejé esos pensamientos de mi cabeza.

—Seguro las autoridades comenzaron la investigación buscando los informes sobre las personas desaparecidas cerca de cuando se estima que murió Jane Doe.

—Cierto. Y lo más probable es que, si sus padres la querían lo suficiente como para reportar que había desaparecido...

—No crees que la hayan reportado —me interrumpió. Negué con la cabeza.

—La recepcionista de la escuela dijo que no era raro que los que no terminaban la escuela quisieran irse del pueblo. Si Jane Doe se fue a Prince George o a Vancouver, quizás sus padres nunca supieron que había desaparecido. —Esta era la segunda posibilidad que no había podido descartar.

Malcolm me miró como si quisiera disculparse.

—O quizás no les importaba.

Esta era para mí la opción más probable.

—A alguien le tiene que haber importado —dije por lo bajo.

—Si no a sus padres, entonces un amigo u otro pariente.

—Quizás no —dijo con gentileza—. Si no la querían, si había muchos niños en su familia o si eran pobres y no podían mantenerla, quizás la abandonaron y se las tuvo que arreglar sola. Quizás su familia estaba envuelta en actividades ilegales y no querían ponerse en contacto con la policía. O quizás tenía solo un padre o una madre, que murió, y los hermanos se habían ido a otros lugares. Hasta que no demos con la verdad, las posibilidades son infinitas.

¿Qué le pasó a Jane Doe? Sabíamos cómo terminaba su historia, pero ¿cómo había terminado enterrada en un claro, desconocida y olvidada, por treinta años? ¿Su familia simplemente había muerto o no sabían que había desaparecido? ¿O no les interesaba?

Los carteles verdes de los kilómetros eran cada vez más escasos. Llegamos a las afueras de 150 Mile House, un pueblo un poco más grande que 100 Mile House. Los carteles llenaban la carretera antes de que dobláramos para entrar a la calle principal, que llevaba a la primaria.

En la escuela, nos echó severamente una mujer en la oficina principal, que nos informó que no tenían placas con fotos de graduación ni los anuarios en la biblioteca. Y que, si los tuvieran, no tendrían anuarios tan antiguos. Además, no daban información sobre los alumnos que podrían haber atendido a la escuela en las últimas décadas. También dijo que 150 Mile House no tenía una biblioteca pública. Tenían un sistema de distribución conectado con la de 100 Mile House, todos los libros físicos estaban allí y nos recomendaba buscar los anuarios allí. Sin nada más que agregar, le agradecimos y nos fuimos.

En la primaria católica en el otro lado del pueblo, la respuesta fue muy similar. No tenían anuarios y, como se trataba de una institución privada, sus anuarios no estaban en el sistema de distribución conectado con 100 Mile House. A no ser que pudiéramos contactarnos con alguien que hubiese ido al colegio en el momento que nos interesaba, no tendríamos acceso a ellos.

No podíamos avanzar con la investigación por este ángulo, así que nos fuimos de 150 Mile House al poco tiempo de haber llegado. Malcolm sugirió dejarlo por hoy y yo estaba tan cansada que acepté sin dudarlo. Ya era tarde cuando nos fuimos de 150 Mile House y parecía una buena idea descansar un par de horas en el hotel y repasar los planes del día siguiente. En el camino de vuelta a Tome, tomé mi cuaderno del bolsillo y fui a la página con los nombres de los compañeros de Marcia Garvey.

—¿Crees que es posible que alguna de estas personas esté en la guía telefónica? —pregunté.

—Podemos buscarlos —respondió Malcolm.

Cuando entramos al vestíbulo del hotel, paré en la recepción y pregunté si tenían una guía telefónica que pudiéramos consultar. El recepcionista tomó un libro amarillo de un cajón de abajo del escritorio y nos dijo que nos podíamos quedar con él, ya que tenían varios. Era la edición más reciente y cubría la zona de la carretera 97 desde 70 Mile House a 130 Mile House, quizás cincuenta kilómetros para cada lado. Cubría lugares como el otero Lone, Cold Lake, Interlakes, Tome, el lago Horse y el bosque Grove. A pesar de que cubría tanto territorio, el libro medía alrededor de cinco centímetros.

Tuve una idea. Me volví hacia el recepcionista y le pregunté si tenían ediciones más viejas. Luego de buscar entre las cajas detrás del escritorio, tomó un volumen con manchas de agua y arrugado. Le agradecí una vez más y seguí a Malcolm por la escalera hasta nuestra habitación en el segundo piso. Malcolm colapsó sobre la cama y se estiró. Unos minutos más tarde, sugirió pedir una pizza y mirar los mejores momentos de lo que había pasado en las Olimpíadas hoy.

Más tarde, sin poder dormir, coloqué la lista de los compañeros sobre la mesa del hotel y comencé a buscar en la guía más antigua. Si los nombres de los estudiantes no estaban en esta edición, lo más probable es que no aparecieran en ediciones más recientes.

Encontré a varios. A pesar de mi entusiasmo por haberlos encontrado, recordé que quizás no eran las mismas personas y que las personas con las que pudiese llegar a ponerme en contacto, quizás no responderían mis preguntas. Tomé la nueva edición, anoté todas las direcciones correspondientes que pude encontrar y me alegré de ver que solo una de las direcciones había cambiado con los años. Una vez que terminé de recorrer la lista, impulsivamente busqué entre las ges hasta que encontré a Garvey, había una sola entrada en la guía antigua: Todd y Louise Garvey. Escribí también su dirección e ignoré el entusiasmo generado por la posibilidad de que se tratara de mis abuelos o mis tíos.

Necesitaba descansar, pero estaba demasiado inquieta como para dormir. Como no tenía nada mejor que hacer, busqué una hoja blanca en mi cuaderno y comencé a escribir una carta para todas las personas de mi lista. Comencé por presentarme y explicar quién era. Luego titubeé.

Cuando llegó el momento de explicar por qué me estaba poniendo en contacto y de dónde había sacado sus números, no supe qué decir. También era muy consciente de que no sabía todo y que me estaba metiendo en la vida y el pasado de extraños que no tenían la obligación de responderme. Después de todo, quizás no sabían nada sobre Marcia o, si lo sabían, quizás preferían guardárselo, en especial si los hacía quedar mal a ellos o a Marcia. Dejé el bolígrafo y el cuaderno de lado. Luego tomé mi portátil y busqué todo lo que pude sobre el hospital al que iría al día siguiente, sobre el destacamento de policía de 100 Mile House y sobre la parroquia San Raimundo Ignacio en Tome.

A pesar de la euforia que me generaba nuestra productividad, caí en la cuenta de que estas tareas me estaban distrayendo de los secretos enterrados y de la tragedia de mi pasado. No podía soportar otra noche más sin dormir llena de los mismos pensamientos macabros y esperé estar lo suficientemente exhausta como para poder dormir sin soñar nada.

A la mañana siguiente, teníamos la hora reservada para la prueba de ADN en 100 Mile House y luego planeábamos visitar la parroquia.

Capítulo ocho

A la mañana siguiente, Malcolm manejó hasta 100 Mile House con un café en la mano. A mitad del camino, tomé mi cuaderno y revisé todo lo que habíamos descubierto el día anterior, a pesar de haber pasado la noche en vela, procesando toda la información nuevamente. También memoricé el número de registro que nos había dado el inspector Chilton y dejé de repetirlos cuando entramos al estacionamiento del hospital.

Por lo que había investigado en la noche, sabía que el hospital había sido construido en los setenta, luego de que demolieran el complejo médico que había antes. El edificio blanco y de cuatro pisos tenía detalles en marrón y azul marino típicos de la arquitectura de la época. Bajamos del auto y seguimos los carteles que indicaban la entrada principal.

Una vez dentro, fuimos en elevador a la oficina del sótano, en donde completé los formularios que me pedían. Una asistente de laboratorio nos condujo a la sala de exámenes. Me dio dos hisopos y me explicó cómo tomar las muestras de mi boca.

—Siempre tomamos dos —explicó—. Por si acaso.

Hice lo que me había explicado y dejé los hisopos mojados en viales de plástico con mi nombre, fecha de nacimiento y número de registro. Cerró las tapas y dijo:

—Eso es todo. Nos pondremos en contacto con los resultados en siete a diez semanas.

Después de tanta anticipación y tantos nervios, todo había sido muy rápido. Parpadeé varias veces.

—¿Se pondrán en contacto incluso si el resultado es negativo?

Mi pregunta pareció sorprenderle, pero asintió y nos abrió la puerta. Era una señal para que nos fuéramos. Le agradecí rápidamente, cruzamos las puertas de vidrio y nos fuimos.

Listo. Ya había pasado. Ahora ya no dependía de mí. Esto me aliviaba, pero me ponía ansiosa. Una vez en el auto, Malcolm me sonrió para reconfortarme.

—¿Estás lista?

Asentí. Habíamos conseguido todo lo que podíamos en 100 Mile House. Malcolm salió del estacionamiento y se dirigió hacia Tome. Cuando llegamos era casi el mediodía y me pregunté si alguien estaría en la parroquia a esa hora.

La parroquia San Raimundo Ignacio era blanca, tenía un solo piso, detalles en verde y una larga rampa que llevaba a la entrada principal. El revestimiento era viejo pero estaba limpio, al igual que el pasto estaba prolijo y corto, pero con algunas zonas áridas. Los fieles sin duda amaban este lugar.

Me pregunté qué tenía esta iglesia como para que una madre —mi madre— decidiera dejar a su bebé allí, con la seguridad de que rápidamente lo encontrarían y cuidarían de él. ¿Habían luces que brillaban a través de la ventana esa noche? ¿Se veía a pesar de la tormenta de nieve?

Malcolm estacionó y apagó el motor.

—¿Estás lista?

Sonreí de manera irónica.

—¿Es un poco dramático, no lo crees?

—No tiene por qué serlo si no quieres. —Miró a la iglesia—. Ya es algo estar aquí. Solo espero que no te decepciones si no es exactamente lo que esperabas.

Con esas palabras, junté coraje, me bajé del auto e inhalé el aire helado para estabilizarme. Nos quedamos mirando las puertas a los pies de la larga e inclinada rampa. El viento hacía traquetear las ramas, me volaba el pelo y me acariciaba el cuello mientras intentaba ponerme en el lugar de la mujer que me había traído aquí hace treinta años. ¿Esa joven era Marcia Garvey? ¿Qué había deseado, qué había temido cuando estuvo parada en este mismo lugar hace casi treinta años?

Imaginé su silueta oscura delante de nosotros, que se acercaba cada vez más a la escalera a través de la nieve, al mismo tiempo que lanzaba miradas furtivas a su derecha y a su izquierda. ¿Sacó la nieve de la entrada antes de dejar al bebé ahí? ¿Yo lloraba o dormía envuelta por el calor de las mantas que me cubrían? Quizás no fue mi madre quien me dejó ahí. Quizás fue mi padre, o uno de mis abuelos, o un amigo cercano, que ayudó y apoyó a mi madre en su embarazo y parto secretos.

Comencé a subir. Había diez escalones para llegar a la puerta. Cinco. Tres. Malcolm me seguía un paso por detrás. Cuando estuve lo suficientemente cerca como para tocar la puerta, paré, miré hacia atrás, me imaginé a un bebé llorando a mis pies y me pregunté qué podría haber pensado y sentido esa mujer desconocida cuando se alejó de mí.

Aquí me habían dejado y me habían encontrado. Estaba en el mismo lugar en el que había estado acostada, la nieve cayendo a mi alrededor. Estaba incómoda y me sentía vulnerable. Luché contra las ganas de hacer una broma para esconder lo inquieta que me sentía en realidad. Miré a Malcolm con incertidumbre. Llegó a mi lado y me tomó del brazo.

—¿Te encuentras bien? —preguntó.

Me encogí de hombros.

—No estoy segura.

No sé qué había esperado o qué había querido que sucediera, sin duda no había esperado esta indiferencia. Solo podía mirar hacia atrás a la distancia y preguntarme a dónde se había ido ella, él o ellos después de dejarme aquí. ¿Cuánto tiempo había estado aquí hasta que alguien me encontró? ¿En qué pensaba la persona que me dejó cuando se estaba yendo?

En ese momento, deseé nunca haber visto ese artículo. Deseé estar en mi casa en Vancouver disfrutando del receso, estar leyendo, en pijamas, tomando té y calificando trabajos con las Olimpíadas de fondo en la televisión. ¿Por qué había venido?

Malcolm se movió a mi lado, como si hubiese sentido el cambio en mi humor.

—No nos tenemos que quedar —murmuró—. Podemos volver al auto e irnos a casa.

Negué con la cabeza, habíamos llegado tan lejos. Parecía tonto no terminar todo ahora que ya estábamos aquí. Me volví, tomé el picaporte y abrí la pesada puerta de metal.

Entramos a un pasillo angosto y desierto en donde había un escritorio de recepción y varias puertas cerradas. Había un par de sillas contra la pared y un cartel colgado marcaba el camino hacia el santuario. Un murmullo de voces a lo lejos indicaba que había otras personas.

Fuimos al santuario. Dentro había varias personas sentadas en los bancos alineados a cada lado del largo pasillo. El pasillo llevaba al altar y a un podio sobre un estrado. El piso de baldosas y las paredes con paneles eran blancos y contrastaban con la madera oscura de los bancos y el confesionario a la derecha del altar. En la otra pared había varias mesas plegables con velas. Algunas estaban encendidas y otras no. Analicé mis alrededores y levanté la vista hacia el techo, que estaba adornado con pinturas que parecían vitrales. Era muy reconfortante.

Malcolm me soltó la mano, se acercó a un pequeño cuenco con agua cerca de la puerta, mojó los dedos, se santiguó (sus padres eran muy creyentes) y volvió su atención a la fila de mesas. No podía ver qué estaba observando, pero lo seguí. Se acercó a la mesa y señaló una vela alta prendida sobre un candelabro de plata, que se elevaba sobre las otras. Delante de la vela había una placa de plata con una escritura elegante y un bolígrafo al lado de un libro de visitas. La plata brillaba como si hubiese sido pulida recientemente y la vela parecía ser nueva.

—Alguien enciende una nueva vela todos los días —se asombró malcolm.

Asentí, me acerqué y leí el grabado.

Bebé judea - 2 de diciembre de 1980

—su cumpleaños es el mismo día que el mío —murmuré. No entendí lo que eso significaba hasta que lo volví a leer. Quedé boquiabierta. Se me puso la piel de gallina.

Cumplíamos el mismo día... Porque ese bebé era yo.

—soy yo. Malcolm, este homenaje es para mí. Me dieron un nombre —De repente, se me llenaron los ojos de lágrimas. Para distraerme, abrí la tapa de cuero del libro y leí la oración impresa con cuidado en la primera página.

Santísimo Judas, mártir y apóstol, compañía y siervo obstinado de Jesucristo, intercesor para todo aquel que busca refugio en ti en tiempos difíciles, te rogamos tu intervención como patrón de la santa esperanza. Rogamos que reces por la bebé Judea, ahora y en sus momentos de necesidad. Dale consuelo en momentos de desesperanza, valentía en momentos difíciles y entereza en su sufrimiento. Rendimos homenaje a tu promesa a todos aquellos que creen y alabamos a Dios Todopoderoso a tu lado. Prometemos nuestra lealtad y devoción a ti, el santo patrono de la esperanza de la bebé Judea. Amén.

A mi lado, Malcolm murmuró:

—El santo patrono de las causas perdidas.

Apreté la mandíbula y respiré hondo para reprimir los sollozos que amenazaban con salir. Me pusieron un nombre en su honor. Al leer las entradas en las páginas siguientes —eran treinta años de oraciones, buenos deseos, esperanzas y pensamientos—, caí en la cuenta de que la iglesia entera me había adoptado. Cada una de ellas tenía fecha. Los miembros de la congregación rezaban por mi salud y mi bienestar. Rezaban por mis padres. Todos los años me deseaban un feliz cumpleaños el 2 de diciembre. Hace pocos meses, varias manos me desearon un feliz cumpleaños número veintinueve y rezaron por mi felicidad y mi bienestar.

Miré la llama de la vela un largo rato. Un gesto así significaba más para mí de lo que nunca había imaginado. ¿De verdad mi cumpleaños significaba tanto para tantas personas? ¿De verdad les importaba a tanta gente? ¿De verdad estas personas habían rezado por mí, por que me recuperara? La entrada más reciente era de hace nueve días y rezaba por mi salud y mi bienestar.

Nunca fui de mostrar mis emociones y sentimientos, fui más de un estoicismo que aprendí de mi padre. Pero ahora, me largué a llorar de manera histérica y sollocé durante varios minutos, me abrumaba la compasión y el amor por parte de extraños que, cuando no tenía nombre, me dieron uno para nunca olvidarme. Malcolm me envolvió con el brazo y me llevó al banco más cercano. Podía imaginar a la gente en el santuario lanzándome miradas.

A través de las lágrimas, intenté explicarle a Malcolm que no estaba enojada ni triste, simplemente estaba abrumada por la cantidad de gente que me deseaba lo mejor. Por más de veintinueve años, los miembros de esta iglesia me habían estado esperando, habían estado esperando que regrese a casa.

No esperaba romper en llanto, por lo que no traía conmigo nada para limpiarme el rostro. Malcolm sugirió salir un momento para tomar aire y accedí con la esperanza de que el aire frío me ayudara a tranquilizarme. En el escritorio de la recepción, ahora había una mujer que se sobresaltó cuando nos acercamos.

—¡Bienvenidos a nuestra humilde parroquia! No los había visto nunca por aquí. —Me observó más de cerca—. ¿Se encuentra bien?

Malcolm, mi sostén siempre, le explicó que me había emocionado un poco con la vela para el bebé. La mujer asintió y nos sorprendió al decir:

—Era tan hermosa. Recuerdo el día en que la encontraron como si fuera ayer.

Me dejó helada.

—¿Estaba aquí cuando encontraron al bebé?

—¡Claro que sí! La tuve en brazos y todo —dijo, orgullosa. Salió de atrás del escritorio y nos tendió la mano—. Soy Una Braithwaite.

Reconocí su nombre. Luego de que me encontraran, varios periódicos la habían entrevistado. Habló de parte de toda la congregación y se dirigió directamente a la mujer que había dado a luz a la recién nacida. Me había tenido en brazos.

Malcolm estrechó su mano y nos presentó.

—Usted debe ser la secretaria del Padre —dijo con respeto.

La cara de la señora Braithwaite se iluminó.

—Así es, ayudo aquí en la parroquia desde hace casi cuarenta años. —Inclinó la cabeza—. No son de por aquí. Todos los que viven aquí saben la historia de la bebé que descubrieron en Tome en la tormenta de 1980.

Claro, pensé. El libro de visitas era la evidencia.

—Me encantaría contarles la historia —se ofreció. Nos dirigió a una fila de sillas contra la pared y, mientras comenzaba la historia, nos sentamos, Malcolm en medio de las dos.

—No puedo creer que han pasado treinta años.

—¿El padre de la parroquia era el mismo que ahora?

—¿El Padre Clemente? Oh, no. Está aquí hace tan solo... —Miró al techo, entrecerró los ojos y frunció el ceño—. Ocho o nueve años. En 1980, nuestro sacerdote era el Padre Patrick, Dios lo tenga en su gloria. No estaba aquí esa noche.

—¿Y usted sí?

Se mordió el labio y negó con la cabeza, parecía casi decepcionada.

—Cuando la encontraron, no. Pobre criatura. Si hubiese estado aquí, quizás la hubiésemos descubierto antes. —Se inclinó hacia delante con complicidad—. Pero ese día había una tormenta de nieve y el Padre Patrick, Dios lo tenga en su seno, envió a todos a casa más temprano. Me fui casi al mediodía y el Padre Patrick canceló el ensayo del coro de esa tarde antes de irse a la rectoría. —Señaló a través de la ventana más lejana un edificio deteriorado al borde del terreno.

—Esa era la rectoría antes. No la han utilizado desde que murió, Dios lo tenga en su seno. El Padre Jessup, quien tomó el lugar del Padre Patrick, comenzó a vivir en la nueva rectoría sobre la Primera Calle. La rectoría original la construyeron en 1876, al mismo tiempo que la iglesia. Pero, claro, la iglesia se incendió por una tormenta eléctrica en... creo que 1973 o 1974.

Asentí amablemente.

—Pero bueno, volvamos a 1980. El único que se encontraba en la iglesia esa noche era Bernard, el conserje. Su hijo tomó su trabajo hace algunos años, y fue él quien descubrió a la bebé. Llegó justo cuando yo me iba y encontró a la bebé entrada la tarde, por lo que no sabemos exactamente cuánto tiempo estuvo ahí o cuándo la dejaron. La nieve había cubierto todas las pisadas. Era martes. Y, según contó Bernard, había cerrado la iglesia y comenzaba a irse cuando escuchó los llantos a lo lejos, casi inaudibles a causa del viento. Al principio, pensó que se trataba de un gato y le llevó un tiempo encontrarla. Pero luego vio el bulto y cayó en la cuenta de que no era un gato. La tomó en brazos y la llevó para adentro rápidamente, la abrazó contra su pecho para calentarla y reconfortarla. Él y su esposa, la señora Beardsley, tenían siete hijos. Lo primero que hizo fue llamarme. La rectoría no tenía teléfono —explicó—. Mi esposo manejó lo más rápido que pudo en la nieve hasta llegar. Tomé a la pobre niña y la mecí mientras los hombres comenzaron a hacer llamadas. ¡Se corrió la voz de inmediato! A pesar de la nieve, vinieron el doctor Wilby y la señora Bain, una enfermera, hasta aquí. Llamaron a la policía antes de que la tormenta cortara los teléfonos.

»No tenemos un hospital en el pueblo —dijo, casi como si quisiera disculparse— y en ese momento no teníamos ningún centro médico que pudiera cuidar a un bebé, para nada. Dos voluntarios de emergencia decidieron llevarla esa misma noche a través de la tormenta al hospital de Prince George. Nos dijeron que llegaron justo a tiempo. Era tan dulce y tan pequeña y estaba tan enferma. Pensaban que era prematura y que estaba deshidratada y quizás congelada. Teníamos tanto miedo de que no sobreviviera —nos contó con tristeza.

«Sobrevivió y está sentada aquí», pensé, pero no tuve el coraje para decírselo. No estaba lista para revelar que esa historia era mía.

—Nos quedamos aquí casi toda la noche y parte de la mañana. El Padre Patrick abrió el santuario para hacer vigilia y rezarle al Señor y a la Santa Madre y a todos los Santos para que la ayudaran.

Creí ver lágrimas en sus ojos.

—A la mañana siguiente, nos enteramos de que habían llegado. La policía ya estaba haciendo todo lo que podía para buscar a la madre, pero debían esperar al día siguiente hasta que pasara la tormenta. Para ese entonces, todo rastro se había borrado y nunca pudimos encontrarla. De todas formas, nos enteramos que la bebé ahora tenía unos padres maravillosos y se había mudado, pero nunca supimos nada de ella.

Quedó en silencio y nos miró expectante.

—Qué historia —le respondí de manera gutural. Todo el tiempo que había estado hablando, el nombre y la cara de Marcia Garvey habían estado flotado delante de mí. Recordé lo rápido que había reconocido mis rasgos el día anterior el inspector Chilton. Me pregunté si alguien de la comunidad también podía llegar a reconocerme. Todavía no habíamos descartado la posibilidad de que mi madre fuera de Tome o de esa zona—. ¿Recuerdas lo que llevaba puesto la bebé cuando la encontraron? ¿O las mantas en las que estaba envuelta?

—¡Pero claro que sí! —exclamó la señora Braithwaite—. Lo recuerdo porque en realidad casi no llevaba abrigo. Tenía una toalla a modo de pañal y estaba envuelta en una playera y una chamarra de chica. Siempre creímos que la madre debía haber sido joven y pobre, pero nadie pudo encontrarla. No creemos que haya sido de la zona, pero no sabemos de dónde era ni a dónde fue.

Empecé a encajar las piezas del rompecabezas que ya había comenzado a armar. Mi madre era joven y pobre y no estaba preparada para tenerme.

—El señor Braithwaite y yo queríamos quedarnos con ella —agregó—. Nunca tuvimos hijos. Pero de alguna forma le pertenecía a todo el pueblo. Todos la adoptamos y todavía rezamos por ella. Todas las mañanas, cambio la vela, enciendo una nueva, limpio la cera y pulo la placa con el nombre. El Padre Patrick, que en paz descanse, comenzó a hacerlo el día en que la encontraron y el Padre Jessup siguió con la tradición.

—¿Por qué Judea? —pregunté luego de un momento de silenciosa introspección.

—¿Encaja a la perfección, no lo crees? El Padre Patrick afirmó que ningún hijo de Dios es una causa perdida.

Sentí de repente un gran afecto por el sacerdote anterior, que me amaba tanto, por los paramédicos que me llevaron en la noche, por el conserje que me encontró, por esta mujer que me había tomado en brazos, me había reconfortado y me había calentado. Sin previo aviso, comencé a llorar una vez más y me limpié las mejillas desesperada.

—Ay, querida, no llores —pidió la señora Braithwaite—. Estoy segura que la bebé Judea tuvo una vida hermosa y llena de amor.

Podría haber admitido que era yo la bebé, pequeña y sin esperanzas de vida, que había tenido en brazos hace treinta años. Podría haber confirmado que había sido criada por dos personas que me amaban y que me dieron un hogar feliz y un gran futuro. Pero no pude decir nada ni revelarle mi secreto a esta mujer. En vez, me levanté de repente y la abracé.

—No sé qué es lo que me pasa —le dije al ver la evidente preocupación en su cara—. Perdón por ser tan indiscreta, pero agradezco que se haya tomado el tiempo para contarnos la historia. —Luego me dirigí a Malcolm con una sonrisa humedecida—. Quiero dejar una nota en el libro de visitas del santuario. Vuelvo en unos minutos.

Cuando me estaba alejando, me surgió una duda y me di media vuelta.

—¿Cuál es el nombre del señor Braithwaite?

—John —dijo sorprendida.

—¿Y recuerda los nombres de los que llevaron a la bebé al hospital? —Había leído el nombre Thomas Chance en los artículos que mi madre me había dado, pero no sabía el del otro hombre. Esta parecía la forma más segura de consultarlo sin generar preguntas que no estaba lista para responder.

Pensó un momento.

—Thomas Chance y Michael Plummer.

Le agradecí nuevamente. Dejé a Malcolm con ella y volví al santuario, pasé los bancos y dudé antes de dirigirme hacia la vela encendida para la bebé Judea. Tomé el bolígrafo al lado del libro, busqué una página en blanco y garabateé un mensaje para la familia que no sabía que tenía aquí.

Vine a investigar y recibí la bienvenida más amorosa y atenta. Me abruma y me llena de humildad su preocupación y sus amorosas oraciones por mi salud, mi felicidad y mi bienestar. Quiero darle mis gracias más sinceras a todos y cada uno de ustedes, que me han cuidado en todo sentido desde el día en que me encontraron. Me gustaría agradecer especialmente al Padre Patrick, Bernard Beardsley y a John y Una Braithwaite por rescatarme y asegurarse de que nunca me olvidaran. También me gustaría agradecerle al doctor Wilby y a la señora Bain y a Michael y a Thomas por llevarme a través de la tormenta, a pesar del riesgo, al hospital para asegurarse de que me pudieran salvar la vida. Gracias al equipo médico del hospital de Prince George por darme la vida y al doctor Bradley por darme un futuro. Nunca los olvidaré. Con el mayor de los respetos y el aprecio más sincero.

Firmé como «bebé Judea» y agregué «Febrero de 2010».

En la esquina de la mesa había una pila de velas nuevas y una caja para las donaciones. Dejé todo el cambio que tenía en la billetera, encendí una vela y la coloqué al lado de la vela de la bebé Judea. Luego escribí un nombre en la tarjeta: Jane Doe. Prometí en silencio nunca olvidarme de ella, incluso si resultaba que no éramos familia. En algún lugar tenía una familia, alguien que se preocupaba por ella y que debía haberse preguntado qué le sucedió.

Nadie quiere ser olvidado. Todos quieren ser recordados. Eso era algo que nos unía.

Capítulo nueve

No esperaba poder dormir esa noche, pensaba que me quedaría reflexionando sobre lo que habíamos descubierto, pero tanto Malcolm como yo dormimos profundamente hasta después del amanecer. Desperté con la sensación de haber descansado más en una noche que en los últimos días.

Malcolm ya estaba sentándose en la cama a mi lado, ojeando mi cuaderno y mirando de vez en cuando la televisión. En su regazo tenía un mapa con varias marcas hechas a lápiz de una ruta de senderismo que se dirigía hacia una equis gigante: el lugar en donde habían encontrado a Jane Doe. Nos llevaría quizás tres horas llegar hasta allí, pero los dos solíamos hacer senderismo, estábamos en buenas condiciones físicas, teníamos buenas botas para caminar, ropa adecuada para el clima y mochilas. Se suponía que no llovería, pero en el cielo había varias nubes oscuras. Por las dudas, guardé un impermeable en la mochila, junto a las barras de cereales, las botellas de agua y el mapa de Malcolm.

Mientras comíamos cereal, yogur y jugo, Malcolm mencionó la carta que había comenzado a escribir hace dos días.

—¿Y si incluyes algo así como: «respeto su privacidad y entiendo si no quieren hablar conmigo, pero agradecería mucho cualquier información que puedan tener sobre Marcia Garvey»? —sugirió—. Deja abierta la puerta para hablar sobre su infancia, su familia, la vida en su casa y dónde terminó después de la secundaria, pero sigue siendo respetuoso. Si no quieren hablar, no responderán.

Su sugerencia era todo lo que yo quería decir, pero no había podido poner en palabras. Antes de dejar la habitación, lo escribí rápidamente en el cuaderno debajo de mis notas.

Durante el viaje al lago, hablé sobre cosas sin importancia, no podía pensar sobre el lugar a donde estábamos yendo, opor qué estábamos yendo a ese lugar. Me aterrorizaba pensar que estaba en Tome, en donde había nacido, en busca de información sobre mi familia biológica. Esta aventura estaba muy lejos de la vida cómoda y predecible que habíamos creado juntos. Como con la visita a la iglesia del día anterior, no me sentía preparada para enfrentarme al hecho de que en poco tiempo estaría sobre la tumba improvisada de Jane Doe, pero era demasiado tarde como para irnos sin ver el lugar con nuestros propios ojos. Por más difícil que fuera, este era el siguiente paso a seguir.

Necesitaba con desesperación resolver este rompecabezas para poder volver a casa y a nuestra cómoda rutina. Con ese objetivo en mente, opté por la solución más fácil: Jane Doe era Marcia Garvey y Marcia Garvey era mi madre. Lo único que faltaba era probarlo y, en mi cabeza, ese era solo un detalle menor. Por supuesto, no tenía razón para sentirme tan confiada, me estaba basando en un presentimiento y en mis deseos. Me aferré mucho a esta solución porque era la que requería menos esfuerzo y porque explicaba de manera ordenada todo lo que habíamos descubierto. La prueba de ADN probaría que Jane Doe era mi madre y luego encontraríamos la forma de probar que Jane Doe era Marcia Garvey. Hasta obtener respuestas, no podía dejar mi obsesión de lado y volver a la vida que había puesto en pausa por Jane Doe.

Ansiaba el esfuerzo físico de la caminata. Dejamos el auto en el estacionamiento de gravilla cerca del campamento en el lado norte del lago. La ruta nos llevaría a través de los campamentos al monte.

El parque provincial era igual a cualquier otro bosque en febrero. Había nieve en montones congelados, rodeados de restos vegetales y huellas de animales. La entrada del campamento estaba cerrada debido a la estación del año, pero bordeamos las barras de metal y cruzamos el campamento desierto. Había cabañas a nuestra derecha en el camino de gravilla y, a la izquierda, se podía divisar el lago a través de los árboles sin hojas. Podía imaginarme lo magnífico que era este lugar en verano.

Malcolm asumió el mando y caminó a buen ritmo por el sendero gastado. Lo sequí, sintiéndome cada vez más impaciente y deseando que caminara más rápido. Me recordó en más de una ocasión que no se trataba de una carrera pero, si no me hubiera obligado, no habríamos parado ni para tomar agua. Caminamos por el terreno abandonado hacia un camino sin pavimento. Malcolm trepó la barrera y esperó, estaba listo para ayudarme si lo necesitaba, pero subí sola y caí al piso. Mientras caminábamos, busqué señales de vida. De vez en cuando, un pájaro cantaba y el viento hacía traquetear las ramas sin hojas, pero apenas los escuchábamos debido al ruido de nuestras botas contra la nieve. Podríamos haber estado solos en el mundo.

Luego de caminar alrededor de una hora, dejamos atrás el camino y atravesamos el monte hasta llegar a otro sendero. Después de otra hora, Malcolm consultó el mapa una vez más y nos dirigió a través de un claro entre los árboles a la costa sur del lago.

Me reconfortaba pensar que Jane Doe había reposado en un lugar tan sereno y hermoso. A pesar de que el paisaje era gris y lúgubre en invierno, el lago estaba rodeado a lo lejos por montañas púrpuras cubiertas de nieve blanca. La superficie serena del lago, que parecía un espejo, era muy relajante. Malcolm se detuvo a tomar agua. El ruido ocasional de los autos se arrastraba a través del silencio que nos rodeaba. Vi pedazos de hielo en la superficie del lago, cerca de la orilla. De no ser por el motivo de la caminata, quizás habría disfrutado mucho del paisaje.

—¿Cómo estás? —preguntó.

—Me gustaría poder apagar mi cerebro —admití—. No puedo parar de pensar.

—Al menos es un lugar hermoso.

Agradecí su intento por tranquilizarme. Miró su reloj.

—Hicimos casi dos tercios de la caminata, más o menos. ¿Quieres continuar? —El brillo del sol apenas lograba atravesar las nubes, que le daban un tono cansado y pálido al paisaje.

Asentí y deslicé hacia arriba la mochila en mi espalda. El último tramo de la caminata se salía del camino. Mientras luchábamos por atravesar el denso monte, fueron apareciendo ronchas rojas y arañazos en nuestras caras y en la piel expuesta de nuestros cuellos. Me dolería más tarde, pero ahora agradecía el esfuerzo de esquivar y evitar las ramas, porque me distraía de los pensamientos oscuros que se formaban en mi mente. De todos modos, me alivió mucho llegar al claro. Cansados, sudados y jadeando, nos sentamos y descansamos unos minutos antes de orientarnos

—Es aquí —dijo Malcolm suavemente, mientras observaba el mapa—. Este es *el* claro.

La afirmación me sorprendió. No esperaba llegar tan repentinamente. Analicé el lugar. El claro de la fotografía de 2005 no tenía pastos tan altos.

—¿Dónde? —pregunté por lo bajo.

Malcolm señaló un lugar a nuestra derecha. Habían talado los cedros. Los tocones tenían pocos metros de diámetro y casi un metro de alto. Los árboles que ya no estaban debían haber estado ahí por siglos antes de que descubrieran a Jane Doe. ¿Por qué los habían talado? La superficie expuesta de los tocones estaba gastada, lo que significaba que la tala no era reciente. De hecho, con solo mirar rápidamente los alrededores caí en la cuenta de que era muy probable que fuéramos los primeros en venir aquí en mucho tiempo. Quizás los últimos que lo habían visitado habían sido las autoridades hace cinco años, cuando se llevaron sus pistas, sus evidencias y los restos.

¿Cómo había encontrado el asesino este lugar tan alejado de cualquier calle o camino transitado regularmente? ¿Estaba viva Jane Doe cuando la trajo aquí? Un escalofrío me puso los pelos de los brazos y el cuello de punta. Me paré de manera repentina. Quería irme, pero me acerqué despacio a los tocones. Miré al piso en donde había un agujero que formaba una zanja poco profunda.

Busqué a Malcolm con la mirada. Estaba lo suficientemente cerca como para hacerme saber que estaba ahí si lo necesitaba, pero dándome espacio y un momento para contemplar con respeto y en silencio.

Miré la zanja. Además del ligero surco, no quedaba rastro alguno de que alguien hubiera estado allí: ni la chica que habían enterrado, ni los hombres que la habían encontrado, ni las autoridades que recuperaron sus restos y buscaron pistas sobre su identidad, sobre lo que le había sucedido. Quité las hojas enmohecidas y mojadas y las ramas desparramadas en el agujero y revisé el claro con las plantas crecidas. Me invadió la urgencia de hacer algo para marcar este momento y la importancia de este lugar. Comencé a recolectar las piedras que estaban cerca y las apilé.

—¿Qué estás haciendo? —preguntó Malcolm.

Mis acciones deben haber respondido su pregunta, porque se agachó y comenzó a juntar piedras grises, planas y gastadas del suelo. Sabía que era un gesto tonto y sentimental. El mojón quedaría expuesto al clima y a los animales y eventualmente se caería. Pero de todos modos necesitaba hacer algo para demostrar que todavía recordábamos a Jane Doe. Su vida había sido tan corta y había terminado de manera tan abrupta; nadie parecía recordarla o extrañarla, o siquiera saber quién era, pero ninguna persona quería creer que nuestras vidas eran tan insignificantes que, si moríamos, nadie lo notaría.

Hicimos una base en la zanja en donde Jane Doe había estado tanto tiempo y donde quizás pasó sus últimos momentos de vida. Coloqué la última piedra y le hice un gesto a Malcolm para señalar que había terminado. La estructura irregular medía un poco menos de miedo metro. Al igual que en los alrededores, el mojón era frío y duro, pero no inhóspito. Su significado le daba una calidez y un consuelo a la estructura y deseaba que Jane Doe lo apreciara.

Me quedé mirándolo en silencio unos minutos. No quería pensar en los últimos momentos de su vida. En la oscuridad de las mañanas de los últimos días, cuando no podía dormir, me había imaginado cientos de veces este claro. Me imaginaba la noche oscura en la que la habían traído aquí. En mi cabeza, esa noche había sido siniestra, aterradora, fría, lluviosa. En mis pesadillas una figura enorme entraba en silencio, abandonaba a la chica, borraba las evidencias del crimen y desaparecía en la oscuridad.

Ahora no podía dejar de pensar en eso.

Sentí de repente una ráfaga de viento que hizo que me temblara todo el cuerpo y me devolvió al presente. Varias ramitas y hojas se volaron. Una hoja quedó atorada entre dos piedras. Miré hacia arriba. Una nube de tormenta bloqueaba la débil luz del sol. El lugar perdió cualquier sentimiento de belleza y de paz. Debido a la desolación gris y a los restos de hojas que flotaban por ahí, el claro se convirtió en el lugar de mis pesadillas: siniestro, y aterrador, aislado y repleto de desesperación.

Malcolm dio un paso adelante, me abrazó por atrás y colocó sus brazos firmemente en mi cintura. Inhalé su aroma tan familiar y pensé en nuestra casa en Vancouver, con su decoración que me tranquilizaba y muebles familiares, lo habíamos escogido todo juntos. Pensé en los libros de cocina y las copas de vino en los estantes de la cocina. Pensé en las fotos en las paredes. Nuestra casa, pacífica y acogedora. En donde me sentía segura, con mi pareja a mi lado y mis padres cerca.

—Quiero irme a casa —murmuré, incluso a mis oídos soné como una niña.

Malcolm me dio la vuelta para verme a la cara y me estudió el rostro. No podía evitar que rodaran las lágrimas.

—Quiero irme a casa —repetí.

Asintió.

—Podemos dejar el hotel esta tarde y llegar a Vancouver en la noche, si quieres. —Sabía que estaba dispuesto a hacerlo por mí, pero en realidad no quería manejar seis horas luego de haber caminado tanto.

—Mañana está bien —dije mientras me secaba los ojos con la manga. Me rehusé a mirar el claro por última vez cuando nos fuimos. Concentré la mirada en el piso del bosque hasta que llegamos al camino. Ahí tomé la mano que me ofrecía Malcolm, me tomó con fuerza y no me soltó hasta que llegamos al estacionamiento.

Dejamos el hotel temprano a la mañana siguiente. No miré hacia atrás cuando nos fuimos de Tome y apenas miré hacia afuera cuando pasamos por Cold Lake y luego por 100 Mile House. Ansiaba volver a la vida que habíamos construido, una vida en la que todo tenía sentido y en donde todo encajaba. Quería volver a todo lo que era parte de mi rutina, normal y cómodo. Quería olvidarme de Jane Doe y de Marcia Garvey y de todo lo que habíamos descubierto y de que había visto ese artículo en el periódico. Sabía que no era posible, pero por lo menos por algunas horas necesitaba no pensar en eso.

Cuando llegamos a casa, recibí de buena gana el olor familiar a pintura fresca, alfombras gruesas y un poco de olor a aromatizante que nos abrazó cuando subimos los tres pisos de escalera y cruzamos el pasillo hasta llegar a nuestro apartamento. Los olores eran más reconfortantes de lo que había imaginado. En cuanto entramos, encontré una reserva interior de energía. Tomé una bolsa de sopa del congelador y la descongelé para la cena, tomé la ropa sucia de nuestros bolsos, prendí la lavadora y busqué otras tareas mundanas para evitar pensar en el viaje.

Malcolm me había apoyado y motivado tanto, pero era evidente que estaba muy cansado. Necesitaba estar un tiempo solo, más aún luego del largo viaje. No me molestó cuando se acostó en el sofá para ver una película vieja. Me serví una copa de vino y tomé un libro de mi mesa de noche, una novela romántica que me había prestado una amiga que se estaba divorciando. Me acurruqué al lado de Malcolm e intenté perderme en la lectura. Cuando mi mente se iba a otro lado, susurraba las palabras del libro para alejar los pensamientos que estaban intentando inmiscuirse. No iba a pensar en Jane Doe en toda la noche.

Poco antes de la cena, caí en la cuenta de que a mis padres les gustaría saber que habíamos llegado bien a casa, así que los llamé y hablé con ellos. Mi padre quería saber qué habíamos descubierto. Les conté todo, incluidas nuestras sospechas y lo que todavía teníamos que averiguar. A mi madre le preocupaba más cómo estaba yo y admití sin ganas que estaba muy cansada emocionalmente y que necesitaba alejarme un tiempo del rompecabezas que era Jane Doe, al menos por esa noche. A mi madre le hubiera encantado poder hacer sugerencias e intercambiar teorías toda la noche pero, por suerte, mi padre se percató de mi reticencia y dio fin a la conversación.

Me dije que mañana comenzaría de nuevo. Comenzaría a buscar a los individuos a quienes les pertenecían los nombres que había encontrado y me tomaría el tiempo de escribir y mandar la carta que había comenzado. No podía hacer otra cosa y quizás eso resultaba ser algo bueno.

Pero, por esa noche, solo quería la seguridad de los brazos de Malcolm y un plato de sopa caliente.

Capítulo diez

Malcolm se fue a trabajar tarde el martes en la mañana, ya que se había tomado las primeras horas del día luego de un fin de semana tan agotador. Me desperté por un momento para despedirlo y, aunque seguía adormilada, me quedé una hora más en la cama intentando dormir hasta que me rendí. Luego de una ducha que se suponía que debía animarme, me serví una taza de café y la llevé a la isla de la cocina, donde estaba enchufada mi computadora al lado del cuaderno.

Ayer en la noche, mientras intentaba dormirme, había empezado a trazar un nuevo plan. Lo más lógico era investigar a Marcia Garvey primero. Si podía encontrarla viva o encontrar alguna pista sobre ella, podía eliminar la posibilidad de que fuese Jane Doe. Eso también podría responder a la pregunta de si me había dado a luz hace treinta años. Salvo que mi búsqueda fuese exitosa, seguiría con el segundo paso. Tenía trece contactos; sus doce compañeros y los Garvey que había encontrado en la guía telefónica. Intentaría encontrar la dirección física y de correo electrónico de todos los nombres para enviarles cartas. Había copiado algunas direcciones de la guía y eso me animó a seguir.

Busqué a Marcia Garvey en redes sociales y encontré a una señora con su mismo nombre en una pequeña ciudad en Inglaterra. Su foto de perfil era una señora de pelo blanco con un perrito. Su avanzada edad y ubicación eliminaba toda duda de que esta no era la mujer que buscaba. Puse su nombre en varios buscadores. Los resultados no daban ninguna pista o rastro de la Marcia Garvey que se parecía a mí, ningún anuncio de compromiso, censo ni obituario. Me recordé que su ausencia en internet no significaba algo, necesariamente. Si Marcia Garvey seguía viva, estaría por cumplir cincuenta y esa podía ser razón suficiente como para que no tuviera ninguna red social.

Solo para asegurarme, busqué en periódicos viejos de Prince George hasta Vancouver, incluidos 150 Mile House, Tome, Cold Lake y 100 Mile House. Esperaba encontrar un anuncio de nacimiento o una transferencia de propiedad que la mencionara, pero su nombre no aparecía en ningún lado.

Taché su nombre de la lista de contactos y repetí el mismo proceso con la siguiente entrada: Todd y Louise Garvey. Sus nombres aparecían juntos en la guía y tenían la misma dirección, por lo que era fácil llegar a la conclusión de que se trataba de marido y mujer. Descubrí rápidamente que ni Todd ni Louise Garvey tenían cuentas en ninguna red social ni correos electrónicos. Por su ausencia en internet y por el hecho de que estuvieran en una guía telefónica tan vieja, asumí que eran mayores. Quizás los padres de Marcia —o mis abuelos—. De ser así, ya serían bastante más mayores.

Los busqué en varios archivos y encontré a Louise Garvey en el obituario de una publicación de 150 Mile House. El artículo decía que había nacido en 1915 en 100 Mile House, había vivido allí toda su vida y había muerto en 1970 por una insuficiencia cardíaca. Su familia que seguía viva consistía en Todd, su esposo desde hace treinta y cinco años y sus dos hijos, Allan y Eleanor Garvey. Los incluí en mi lista y taché el nombre de la madre. Louise había muerto hace más de cuarenta años y además era demasiado grande como para ser la madre de Marcia, si Marcia realmente había nacido en 1960.

Todd Garvey aparecía en el obituario de la misma publicación en 1986. Vivió ochenta y un años en 100 Mile House y murió por complicaciones a causa de su diabetes. Era un ciudadano destacado, sus logros y contribuciones a la comunidad estaban debajo de una fotografía en blanco y negro de un hombre con una sonrisa que le daba un aire un poco severo. Allí también mencionaban a Allan y Eleanor, aunque decía que Allan había muerto antes que su padre en 1974. Taché el nombre de Todd y anoté que Eleanor se había casado entre 1970 y 1986 y agregué su apellido de casada a la lista: Reinhardt.

Volví mi atención al hijo, Allan Garvey. A sabiendas de que había muerto en 1974, busqué información sobre su corta vida. ¿Se había casado y había tenido hijos? ¿Dónde había vivido? ¿Por qué había muerto y dónde? No lo encontré en el obituario ni mencionado en ningún otro sitio. Aparte del anuncio de su nacimiento en 1939, su nombre no estaba en ningún lado, ni tampoco información sobre su familia o sus descendientes.

Me frustraba estancarme luego de haber encontrado una pista tan fuerte. Estaba trabajando sobre la premisa de que Marcia era la hija de Allan o de Eleanor. En 1960, cuando nació Marcia, Allan tenía veintiuno y Eleanor dieciséis. Quería que Allan fuera su padre y no su tío, no me gustaba pensar que Eleanor había estado embarazada con dieciséis años. Tampoco tenía sentido por qué, si Marcia era la hija de Eleanor, llevaba su apellido. Si había sido concebida por fuera del matrimonio, habrían intentado esconder las circunstancias de su nacimiento. A pesar de que ahora esas cosas ya no importaban tanto, sí acarreaban un gran estigma en los sesenta y setenta.

Tomé la guía y fui a la letra "R". Había tres Reinhardt distintos, pero ninguno venía acompañado de nombres o iniciales. Copié las tres direcciones bajo el nombre de Eleanor e introduje su nombre en el buscador. A pesar de su avanzada edad, era posible que tuviera alguna red social. Aparecía una Eleanor Reinhardt, pero estaba estudiando en una universidad en el campo. Una publicación de 100 Mile House anunciaba su compromiso con George Reinhardt en julio de 1971 y en la misma publicación se anunciaba el nacimiento de tres hijos en 1973, 1975 y 1979.

Eleanor Garvey Reinhardt recibiría únicamente una carta, no un correo ni una solicitud de amistad en una red social.

Pensé que quizás ella era la fuente más prometedora para obtener información sobre Marcia.

Me tomé una pausa para almorzar y dormir un poco. Luego devolví mi atención a los nombres y las fotografías de los compañeros de Marcia en el anuario. No podía dejar de pensar que esto podía ser en vano. Después de todo, habían interactuado con ella hace más de treinta años. ¿Qué tanto recordarían? ¿Podrían darme información sobre dónde venía? ¿Qué posibilidad había de que supieran qué le había pasado a Marcia luego de que desapareciera del anuario después de 1977?

La generación de cuarto año de 1977 consistía en seis hombres y siete mujeres, incluida Marcia. Tenía las direcciones de siete compañeros: Chad, Shelly, Mary, Albert, Reggie, Leslie y Will. Tras una búsqueda rápida en las redes sociales, logré encontrar las direcciones de correo de Chad, Albert, Will y Leslie. Copié esta información en mi cuaderno y resalté esos cuatro nombres, lo que indicaba que tenía toda la información que necesitaba. Encontré las direcciones de correo de Tammy y Joe, pero no encontré nada de los otros tres compañeros, Kenny, Kacie y Jackie.

Volví a buscar noticias sobre casamientos, muertes, nacimientos o ventas de propiedad. Encontré un anuncio de compromiso de Jackie con su compañero de clase Will, quienes se casaron en el verano de 1979, justo después de graduarse. Tenía la dirección física y el correo de Will y junté sus nombres en mi lista.

Mi siguiente descubrimiento fue Kenny en el obituario de 1983. El corto artículo solo mencionaba que había tenido veintitrés años y se había mudado a Vancouver en el verano de 1977, pero no se mencionaba la causa de muerte. Parecía que Kenny había sido uno de esos jóvenes imprudentes que se había mudado a la lejana gran ciudad con una valija repleta de sueños. Taché su nombre, pero me quedé observando la frase «verano de 1977». Ese era el último rastro que tenía de

Marcia. ¿Era posible que se hubiera ido con él? ¿Habían sido pareja y se habían mudado a Vancouver y por eso les había perdido el rastro? Escribí rápidamente esta posibilidad con la intención de seguir indagando después de terminar la investigación actual.

¿Era posible que Kenny y Marcia hubiesen planeado mudarse a Vancouver, pero Marcia nunca había llegado? ¿Kenny la había matado? Alejé ese pensamiento y no me molesté en anotarlo.

Estudié el rostro de cada compañero en las fotografías en mi celular mientras intentaba rastrearlos. Memoricé sus rasgos y les creé vidas imaginarias. La última, Kacie, era una niña hermosa y taciturna de pelo negro, que estaba mirando a la cámara. Su expresión melancólica hacía que su belleza fuese incluso más devastadora. Pero, si había rastros de esa chica después de 1977, no logré encontrarlos. De los trece compañeros, había confirmado que diez seguían vivos y tenía la información suficiente como para contactarme con todos. Busqué mi carta y comencé a escribirla en la computadora.

Mi nombre es Nora (Quinn) Devrey. Vivo en Vancouver, Columbia Británica, pero nací en Tome en diciembre de 1980. Me adoptaron de bebé y ahora estoy buscando a mis padres biológicos. Al comenzar mi búsqueda, surgió el nombre de su compañera Marcia Garvey y me quiero poner en contacto con ella, ya que tengo razones para creer que tiene información sobre mis padres. Encontré su nombre y foto en el anuario de la secundaria de 1977 y vi que estaban en la misma clase. Espero que recuerde a Marcia, tenga información sobre su pasado o sepa dónde está ahora.

Respeto su privacidad y no quiero entrometerme si no se siente cómodo hablando conmigo. Agradecería enormemente cualquier ayuda que me pueda brindar.

Agregué mi nombre, número de teléfono y dirección de correo electrónico, imprimí ocho cartas, copié el texto en seis correos electrónicos y antes de que pudiera cambiar de opinión, los envié. Luego firmé cada carta, las doblé y las puse en sobres con los nombres y direcciones. La última carta, la copia para las tres direcciones de Reinhardt, estaba dirigida específicamente a Eleanor. Usé la misma introducción, pero cambié el cuerpo del texto.

Encontré su nombre al buscar el apellido de su familia. Logré encontrar a sus padres en el obituario, así como a su hermano Allan, y me gustaría ofrecerle mis condolencias por su pérdida. Respeto su privacidad y no quiero molestarla si no se siente cómoda hablando conmigo. Me pregunto si sabe quién es Marcia Garvey y dónde está hoy o si tiene información que pueda ayudarme en mi búsqueda. Agradezco enormemente cualquier ayuda que me pueda brindar.

Incluí mi información de contacto, imprimí tres copias y puse estampitas en los once sobres. Bostecé, me estiré y miré el reloj. A pesar de que no recogerían el correo hasta mañana a la mañana, bajé las escaleras y fui al vestíbulo. Una vez en el rincón en donde estaban los buzones, mi determinación se tambaleó. Antes de que pudiera convencerme de no hacerlo, coloqué los sobres en la ranura del Correo de Canadá. A pesar de que estarían allí toda la noche, no podría acceder a ellos.

Subí despacio las escaleras y pensé que, una vez más, no podía hacer nada. Malcolm haría alguna broma acerca de no tener más excusas para posponer calificar los trabajos. Como tenía clases mañana en la mañana, tenía que hacerlo de todos modos. Pero incluso si retomaba mi rutina, esperar podía terminar siendo más difícil que estar haciendo algo.

En los próximos días, Malcolm comparó mi comportamiento con el de un cachorro emocionado, que no para de correr hacia la ventana para ver si su humano ha llegado. Admití de mala gana que tenía razón. Revisaba de manera obsesiva mi correo electrónico y miraba mi teléfono, esperando que llegara una notificación. A pesar de que recibíamos el correo una vez al día, bajaba las escaleras todas las mañanas y todas las noches para ver si había llegado algo.

Era mi forma de controlar algo que en realidad no tenía manera de controlar.

La primera semana de marzo, menos de diez días después de haber enviado las cartas, llegó la primera respuesta. Era un correo electrónico de Will y su esposa, Jackie. Estaba eufórica, pero me aterraba la respuesta. En el peor de los casos, me pedirían que no me pusiera en contacto nunca más. O quizás el peor de los casos sería que no se acordaran de nada y no me pudieran ayudar. El correo parecía haberlo escrito Will. Ninguno recordaba mucho a Marcia ni sabía de dónde era, a dónde fue o por qué había dejado la escuela. Mencionó que Marcia había vivido con una de sus compañeras, Shelly u otra chica llamada Terry (asumí que en realidad quería decir Tammy), y había salido con un compañero llamado Chad por un tiempo. Agregaba el correo de Chad y me deseaba buena suerte.

¿Podía ser Chad quien había dejado embarazada a Marcia? En las fotografías del anuario, Chad era un joven bajo y fornido con ojos, piel y pelo claro y una sonrisa arrogante. Si Marcia era mi madre y él, mi padre, yo no me veía como él en lo absoluto.

La siguiente respuesta que recibí fue de Chad, también un correo y a los pocos días de recibir la respuesta de Will y Jackie. Por lo juntas que habían llegado sus respuestas, me pregunté si se habían puesto en contacto con él y lo habían animado a responderme. Con poco preámbulo, advirtió que creía no saber nada, pero que, si le hacía preguntas, iba a intentar responderme.

Mi corazón latía al pulsar «Responder» y me preguntaba si este iba a ser el primero de muchos intercambios con mi padre biológico. También me hizo pensar en los resultados inminentes de la prueba de ADN, pero alejé estos pensamientos de mi cabeza.

No me tomé el trabajo de corregir palabras mal escritas ni errores gramaticales al escribir las preguntas. ¿Sabía de dónde era Marcia o algo sobre su familia y su infancia? ¿Era cierto que había vivido con una amiga? ¿Sabía por qué y con quién se había quedado? ¿Cuánto tiempo había estado con Marcia? ¿Sabía por qué había dejado la escuela? ¿Sabía a dónde había ido?

Luego de enviarlo, caí en la cuenta de lo brusca que había sido. Rápidamente envié otro correo en el que agradecía que estuviera dispuesto a hablar conmigo y me disculpaba por la insolente que había sido. Como había respondido tan rápido, esperé que siguiera en línea y que me respondiera en el momento. No lo hizo.

Casi una semana después, me llegó su segundo correo. A pesar de que el primer correo había sido corto y preciso y hacía pensar que se trataba de un hombre de pocas palabras, este era más largo. Explicaba que Marcia y él habían salido un par de meses antes de que ella comenzara a salir con otro chico, Kenny. Le había perdido el rastro poco después del verano del 77 y no había escuchado su nombre en treinta años.

Mientras salían, Marcia había dicho que deseaba irse de 100 Mile House, pero no hablaba mucho sobre su vida o su familia. Al poco tiempo de que su padre muriera, se había mudado con una de sus compañeras, una chica llamada Shelly. A los dos años, Marcia, Kenny y otra amiga, Tammy, habían desaparecido. Había escuchado rumores de que se habían ido a Vancouver, pero no estaba del todo seguro. Unos años más tarde, la noticia de que Kenny había muerto por una sobredosis en Vancouver sorprendió a todo el pueblo, pero no sabía qué había pasado con Tammy o con Marcia.

Leí su correo varias veces. Había tantas piezas del rompecabezas que comenzaban a encajar, pero a su vez iban surgiendo más misterios. A pesar de que me basaba en especulaciones y conjeturas para llegar a varias conclusiones, todavía seguía sin saber mucho sobre Marcia antes de 1976. Si Allan Garvey era su padre, coincidía con la fecha de su muerte.

También tenía razones para creer que Marcia se había ido de 100 Mile House en 1977 a Vancouver con Kenny. Lo que recordaba Chad encajaba con la información en el obituario de 1983 en su obituario. Además, parecía poco probable que Chad fuese mi padre biológico. Kenny no podía ayudarme, pero Tammy podría resultar ser una gran fuente de información si se había ido con ellos a Vancouver. *Siempre y cuando* estuviera dispuesta a hablar conmigo.

Le agradecí profundamente a Chad por su ayuda. Solo tenía dos preguntas más, aunque sabía que era poco probable que pudiera responderlas: ¿sabía dónde había vivido Marcia antes de mudarse a 100 Mile House? y ¿sabía si había alguna razón por la que pudiera haber viajado a Tome o a esa zona al rededor del año de 1980?

En su último correo, Chad había dicho que no sabía exactamente dónde había nacido. Sabía que en un pueblo más pequeño, al norte, cerca de 150 Mile House. En cuanto a si había ido a Tome o esa zona, no lo sabía, pero no se imaginaba qué razón tendría para hacerlo. Lo que quería era irse de los pueblos en los que había crecido, no regresar.

Estudié las notas en el pizarrón de Malcolm y cambié algunos datos de las columnas de hechos confirmados, sospechados y desconocidos. Organicé la información por color para poder encontrar todo más fácilmente y di un paso hacia atrás para pensar.

¿Marcia había llegado a Vancouver en 1977? Si todo lo que había descubierto era real, aunque en realidad todo se basaba en sospechas, entonces Marcia se había ido de 100 Mile House a Vancouver en el verano de 1977 con su novio, Kenny, y su amiga cercana, Tammy. Asumiendo que Marcia era mi madre, había vuelto al norte del interior en el invierno de 1980 para dejarme en una parroquia en Tome.

¿Qué pasaba con el pueblo que había querido abandonar? Jane Doe había terminado enterrada cerca de Cold Lake en algún momento antes de 1985. Si la cronología estaba bien, volvió al norte en 1980 o antes, dio a luz y me abandonó en la iglesia en diciembre de 1980. ¿Se había quedado en el interior hasta que la mataron o se fue y luego volvió una vez más? Y, si así era, ¿por qué?

Quizás Marcia había vuelto con la esperanza de encontrar a su hija. A pesar de que eso me reconfortaba, no creía ser capaz de soportar pensar que su último acto en la tierra había sido encontrarme y que eso era lo que la había llevado a su muerte.

¿O Marcia había muerto al poco tiempo de mi nacimiento? ¿En 1980 Marcia y Kenny todavía estaban juntos? ¿Kenny era mi padre biológico? No me gustaba pensar que mi padre podría haber muerto de una sobredosis tres años después de mi nacimiento, pero tenía que enfrentarme a la gran posibilidad de que encontraría cosas desalentadoras sobre mi pasado.

El correo de Shelly que había esperado con tantas ansias llegó la tercera semana de marzo, con el solsticio de verano y con los exámenes de mitad de curso. En mi oficina, entre las clases y las consultas de mis estudiantes, leí la larga carta.

En ella, Shelly explicaba que Marcia era de un pequeño pueblo llamado Lachlan, al noreste de 100 Mile House. Las chicas se conocieron en el salón de baile de 150 Mile House cuando tenían once o doce años. Marcia pedía aventones al oeste y Shelley, al norte desde 100 Mile House, ya que allí no había salones de baile decentes en ese entonces. Se vestían de manera provocadora, se maquillaban, se peinaban y bailaban con extraños hasta que el salón cerraba en la mañana. Así funcionaban las cosas en la época de las drogas, el sexo y el rock ′n′ roll, incluso de tan jóvenes.

Las dos estaban en contacto lo más que podían, pero la familia de Marcia no tenía teléfono y, debido a lo aislado que estaba Lachlan, a veces las cartas tardaban semanas en llegar. Una o dos veces al mes, se encontraban en el salón de baile, habían generado un vínculo a partir de los peinados y la moda del momento y fumaban marihuana juntas en el callejón detrás del salón. Marcia le contó que su padre había muerto cuando era chica, pero que de todas formas nunca había estado muy presente.

La madre de Marcia se había vuelto a casar a las pocas semanas de la muerte de su esposo. Cuando Marcia tenía doce, ya se escapaba seguido de casa, pedía aventones hasta 100 Mile House y se quedaba unos días en la casa de Shelly, con la excusa de que necesitaba escaparse un poco. Llegaba a la noche, de mal humor, y se dormía llorando o fumaba marihuana en el patio con Shelly, pero siempre volvía a Lachlan. Decía que tenía hermanos que la necesitaban. Tenía un presentimiento de que la vida en la casa de Marcia era horrible, pero nunca hablaba sobre eso. De lo poco que se le escapaba de vez en cuando, Shelly sabía que Marcia no se llevaba bien con su padrastro y su madre parecía no quererla porque le hacía acordar a su esposo muerto.

Marcia se escapó de casa por última vez a los 14, llegó a casa de Shelly en mitad de la noche y le rogó a los padres que le permitieran quedarse. La dejaron. Vivió con Shelly los próximos dos años. Eran inseparables: iban a la secundaria juntas, a pesar de que Marcia muchas veces estaba muy atrasada con los estudios, fumaban marihuana, iban a bailes, se emborrachaban, coqueteaban con chicos, tenían citas dobles y salían a escondidas para encontrarse con sus amantes. Todo ese tiempo, Marcia hablaba sobre escaparse con mucha determinación y, en varias ocasiones, había dicho que quería «dejar atrás esta mierda» y «salir de este infierno en el medio de la nada».

En cuarto año, Marcia comenzó a salir con Kenny, que la idolatraba, y Shelly salía con un chico más grande, que luego se convirtió en su esposo. Marcia y Kenny hicieron planes para irse a Vancouver cuando acabara el año escolar. Le rogó a Shelly que fuera con ellos, pero Shelly no quería abandonar a su enamorado, así que las chicas se separaron de manera amigable y se despidieron en una estación de servicio cerca de la autopista de 100 Mile House en junio de 1977.

A pesar de que prometieron seguir en contacto, Marcia mandó una sola carta ese verano y la respuesta de Shelly había sido devuelta sin abrir y decía «El destinatario no vive en esa dirección», por lo que nunca más hablaron. Debido a que Shelly se había casado, supuso que Marcia también, que se había asentado, había tenido hijos y no tenía tiempo para mantener relaciones a distancia. Shelly pensaba en ella a menudo.

Imprimí el correo, subrayé las fechas y encerré en un círculo los nombres, los lugares y los hechos para poder procesar todo mejor. Le respondí y le agradecí por estar dispuesta a compartir su historia de vida conmigo y por la información. Le pregunté si había alguna razón por la que Marcia podría haber vuelto a Lachlan, Tome o 100 Mile House. ¿Sabía si Marcia había estado embarazada en 1980? Era muy poco probable que supiera esto último, ya que para cuando yo fui concebida no hablaban desde hace tres años. Además, estaba casi segura de que Shelly le habría insistido a Marcia que fuera a buscarla si volvía al interior. Pero quería confirmarlo.

Luego comencé a investigar sobre Lachlan en internet. El pueblo estaba a dos horas de 100 Mile House, se accedía a él a través de una única carretera que iba al este desde 150 Mile House y estaba rodeado de naturaleza. Allí vivían menos de dos mil personas. ¿Cuántas habían vivido allí en los sesenta? En un pueblo chico seguro recordaban a sus antiguos habitantes.

Que Marcia viniera de Lachlan explicaba por qué no había podido encontrar a los Garvey en la guía telefónica de Tome. Quizás la mayoría de los Garvey que dejaban Lachlan se instalaban más al norte, en 150 Mile House. Quizás Eleanor era una prima lejana y tenía una conexión muy remota con Marcia. Todavía esperaba que las cartas que le había enviado dieran sus frutos. Mientras tanto, tenía un segundo lugar para investigar y más piezas del rompecabezas para agregar a la pizarra.

Mi búsqueda en internet reveló que Lachlan no tenía ni periódico ni una escuela, y que estaba en el dominio de 150 Mile House. A pesar de que Malcolm y yo no encontramos registros de ella en los archivos de la escuela, debía haber ido a la primaria en 100 Mile House. Según lo que Shelly había dicho, sospechaba que, si Marcia había recibido una educación, sus estudios habían estado en un segundo plano por el trabajo del campo y las obligaciones familiares. Sospechaba que los dos años en la secundaria de 100 Mile habían sido los años más estables de su vida y a esa edad estaba atrasada en relación con sus compañeros y le costaban los estudios. Fue difícil no enojarme por lo que le había pasado a esa chica joven, que parecía no tener suerte en ningún lado.

¿De qué estaba intentando escapar con tantas ansias? Todas las pistas llevaban a una conclusión a la que no quería llegar.

Coloqué una copia del correo de Shelly en mi cuaderno para leerla más tarde. Como con todos los que me habían respondido, Shelly había perdido contacto con Marcia después de 1977. Solo Tammy podría decirme qué había sucedido en ese momento de la vida de Marcia. Por eso estaba tan ansiosa por obtener una respuesta, pero el siguiente correo fue de Joe, a la tercera semana de marzo y su respuesta fue similar a la de Will y Jackie. No sabía mucho y no había hablado con ella ni había escuchado nada sobre ella en treinta años, lamentaba no poder ayudar más y me deseaba suerte.

Cuando no estaba revisando el correo, nuestro buzón o pensando obsesivamente en Marcia, pude mantener algo parecido a una rutina. En las noches o los fines de semana, Malcolm y yo íbamos a caminar en la nieve a las montañas North Shore. En los fines de semana preparaba las clases y los apuntes para las tres clases que daba, respondía correos, respondía preguntas de los estudiantes en la universidad y calificaba trabajos. Como quedaban sólo tres semanas para los exámenes finales, mis estudiantes estaban cada vez más nerviosos por los trabajos que tenían que entregar a fines de marzo. Cuando terminaron las clases de verano, comencé a ser muy consciente del paso del tiempo: cada semana estaba un paso más cerca de los resultados de la prueba de ADN.

Tenía dos semanas libres a finales de abril antes de que comenzara el nuevo semestre el tres de mayo. Comencé a preparar y planear mis nuevas clases, eso me mantenía ocupada y además me preparaba para los meses siguientes. A la noche, cuando no estaba distraída por el trabajo, trataba de evitar pensar en la prueba de ADN y en las respuestas que todavía no había recibido. Habían pasado cinco semanas desde la prueba. No podía avanzar con mi investigación hasta tener más información y estaba cada vez más impaciente gracias a Tammy, a Eleanor y al examinador médico.

Cuando tomé la decisión de contactarme con los amigos y los posibles familiares de Marcia, prometí enviar una única carta inicial a cada persona para respetar su privacidad. No quería molestar. Tomé esta decisión con el optimismo de que todos estarían felices de hablar conmigo y me responderían rápidamente. La realidad estaba poniendo mi paciencia al límite. Quería mandar más cartas, a pesar de que sabía que no era justo para ellos.

Llegó la última semana de marzo sin ningún correo o carta más. El silencio era ensordecedor. Me preguntaba si habían recibido mis cartas o si simplemente las habían ignorado. ¿Alguna de las personas con las que estaba intentando contactarme había muerto y ya no tenía acceso a información esencial?

El martes en la mañana, el treinta de marzo, estaba dando una clase en la mañana para estudiantes de primero cuando vibró mi teléfono. Estaba segura de que era Malcolm o alguno de mis padres el que me llamaba, por lo que tomé mi teléfono del bolsillo, me bajé del podio y miré a la pantalla. Era un número de larga distancia y tenía las siglas de la policía. La llamada que tanto había esperado y que temía en secreto había llegado, aunque un poco antes de lo esperado. No sabía si eso era bueno o malo.

No podía atender con sesenta pares de ojos mirándome y con los lápices preparados para escribir todo lo que saliera de mi boca. Ya había hecho una pausa y faltaba todavía una hora para que terminara. Las noticias tendrían que esperar. Con el corazón en la garganta y las palmas de las manos sudorosas, recité torpemente los datos, las fechas y los nombres importantes de la Revolución de Octubre del Imperio ruso. Expliqué cómo sería el examen final, les recordé que debían entregar los trabajos finales el martes siguiente y terminé la clase lo antes que pude. Luego de que se fueran los últimos rezagados, prácticamente corrí a mi oficina.

Cuando al fin estuve sola, escuché el mensaje de voz del Inspector Chilton. Me pidió que lo llamara lo antes posible y dijo un número de teléfono que escribí deprisa en el libro sobre mi escritorio. Su voz no daba rastros de cuáles eran las noticias. Tan indeterminadamente vago e indefectiblemente amable que podría haber estado preguntándome por el clima de Vancouver. Faltaban dos semanas para los resultados.

Marqué el número.

Sentía el corazón latiendo en mi cabeza cuando el inspector atendió luego de que sonara dos veces. Le dije quién era y pregunté de manera amable cómo estaba, quizás me reí demasiado fuerte por su respuesta y no escuché una palabra de lo que me dijo. Me contó una anécdota y respondí lo que debía en los momentos correctos.

Por fin, dijo que ya estaban los resultados de la prueba de ADN y que mostraron una compatibilidad de 99,9 por ciento con Jane Doe, lo que probaba que éramos familiares.

—Y es incluso más concluyente —siguió— por la presencia de un genoma mitocondrial. Es el ADN que se pasa de madre a hijo a través de los genes de la madre. Y el tuyo es totalmente compatible con el de Jane Doe.

Casi se me cae el celular de las manos. A pesar de no saber su nombre, a pesar de no poder conectarla todavía con Marcia Garvey, ahora tenía las pruebas que tanto había esperado.

Jane Doe era mi madre.

Parte dos - La búsqueda

Capítulo once

Una estación de Marcia

Abril de 2010 fue un torbellino de entrevistas, conversaciones y preguntas. La investigación de la policía sobre la identidad de Jane Doe tomó una nueva dirección. Yo seguía creyendo que Marcia Garvey y Jane Doe eran la misma persona, todavía no podía probarlo, pero la confirmación sobre mi madre biológica había prendido algo en mi interior.

La mayoría de mis conversaciones con los investigadores de la policía eran por teléfono o por videoconferencia. Ahora la policía tenía el mismo interés que yo en encontrar a mis padres y a mi familia biológica, sino más interés. Tomaron el mando de nuestra investigación de principiantes con fervor. A pesar de que no me podían revelar todo lo que descubrían, el inspector Chilton y su equipo se tomaban el tiempo de mantenerme lo más informada posible.

Debido a los concluyentes resultados de ADN, Malcolm y yo habíamos planificado un segundo viaje al interior en la tercera semana de abril, luego de que terminara el período de exámenes.

Me enteré de algo crucial a través del inspector al poco tiempo de la llamada en marzo. Explicó que la policía había tenido una teoría distinta sobre la identidad de Jane Doe con la poca información que tenían disponible. Al principio, el inspector creía que se trataba de otra víctima de quienes se hacían llamar los Asesinos de la Carretera de las Lágrimas, un capítulo oscuro en la historia de nuestra provincia. Al norte de Columbia Británica hay una carretera que atraviesa las comunidades remotas y aisladas que están entre Prince George y Prince Rupert y, en las décadas anteriores, los asesinos seriales levantaban a las personas que estaban pidiendo aventones en esa ruta. Las víctimas eran siempre mujeres, por lo general jóvenes y a menudo de ascendencia indígena. Por la ausencia de otras pruebas, el inspector creía que Jane Doe era una de esas víctimas y que, por la falta de confianza en las autoridades, su desaparición nunca había sido reportada. Era trágico, pero la mayoría de las veces estas mujeres o jóvenes habían sido destituidas, se habían escapado, o ambas, y el sistema les fallaba por completo.

Su equipo había cambiado esa teoría y quería cualquier información que yo pudiera tener sobre dónde venía y todo lo que había descubierto. Ese era el objetivo de la entrevista por videoconferencia con los investigadores el cuatro de abril. Malcolm estaba sentado y tomaba té conmigo en el sofá de nuestra sala de estar. Cuando se conectó la llamada, el inspector Chilton nos saludó como si fuéramos viejos amigos y me agradeció por tomarme el tiempo.

Asumí que la entrevista sería similar a la primera conversación que tuvimos con él a principios de febrero. A diferencia de esa reunión, esta incluía a varios miembros de su equipo, que estaban sentados en una mesa de conferencias frente a la cámara, con los lápices sobre sus cuadernos. Pensaba que iba a estar nerviosa o ansiosa, o que me costaría pensar de manera coherente, pero estaba extrañamente tranquila. Recibir los resultados de ADN había calmado mi compulsión obsesiva de los últimos meses y, cuando comencé a hablar, estaba segura de mi misma y firme.

Presenté a mi esposo y hablé sobre mi profesión para hacerles saber que era una investigadora confiable y capaz. Lo que me permitió llegar a cómo conocí la historia de Jane Doe. Expliqué los detalles de mi investigación y cómo había compilado todo lo que pude encontrar sobre ella. Hablé en detalle sobre la conversación con mis padres y la caja de recortes de periódicos que me había dado mi madre. Añadí que había sido encontrada en los escalones de una parroquia en Tome y que luego había sido adoptada. Y terminé mi historia con un resumen de mi infancia en Vancouver.

Para ese entonces había estado hablando casi una hora. Me hicieron varias preguntas, pero luego de hacer preguntas que no eran pertinentes, parecían no tener nada más para añadir a esa parte de la historia, por lo que les conté sobre mi viaje a Tome en febrero: por qué habíamos ido, los lugares que habíamos visitado, las personas con las que habíamos hablado y cómo habíamos encontrado las fotografías de Marcia Garvey en los anuarios de 1976 y 1977. —Tomé las fotos de mi teléfono—. Esta es Marcia Garvey. —Les mostré mi celular y sus reacciones de sorpresa lo decían todo. No podían negar el asombroso parecido físico.

Leí en voz alta los correos y las cartas de sus compañeros y les di tiempo a los investigadores para que pudieron tomar nota de los nombres, las fechas y los hechos. Prometí enviarle la correspondencia al inspector Chilton.

Estaba mentalmente agotada y con hambre, quería que acabara la llamada, pero por sobre todo quería más información.

—¿Tienes alguna pregunta, Nora? —preguntó el inspector Chilton.

No dudé.

—Sé que no pueden hablar sobre todos los detalles, pero ¿pueden decirme si ha habido alguna otra llamada a la línea de atención?

Los investigadores se miraron entre ellos. El inspector Chilton pareció pensar su respuesta antes de decir cuidadosamente:

—Hasta ahora, no nos hemos enterado de nada que valga la pena seguir investigando.

Me alegraba que hubiera dado tanta información.

—Bien, gracias. Mi próxima pregunta es sobre la falta de registros de Jane Doe. Claro está, no pueden estar seguros porque no la han identificado aún, así que no sabemos nada de su situación en específico. Pero ¿qué tan seguido ocurre esto? En los casos que investigan, que alguien no tenga registros oficiales en ninguna parte del país debe ser extraño, ¿no?

El inspector inclinó su cabeza y pensó.

—No diría extraño. En realidad, la falta de registros era una de las razones por las que sospechábamos que se trataba de una víctima de la Carretera de las Lágrimas. La autopsia probó que tiene ascendencia caucásica, pero antes de eso creíamos que venía de una comunidad lejana debido a dónde había sido encontrada y las circunstancias que parecían rodear su muerte. Muchas veces, en especial en pueblos aislados, los registros están incompletos, no son precisos o simplemente no están. Así que no, me temo que no es necesariamente raro. Por qué no tiene registros no es algo de lo que pueda hablar ahora.

Me tomé un momento para procesar lo que había dicho. Luego asentí y respiré hondo.

—¿Qué me pueden decir sobre cómo murió Jane Doe?

—Compartiremos esta información, pero es información confidencial, que no se puede compartir con nadie —dijo—. ¿Estamos de acuerdo?

Malcolm y yo aceptamos.

Un miembro del equipo de Chilton explicó que Jane Doe había muerto entre los diecisiete y veintiún años. Habían podido reducir la fecha de muerte a un período de tres años entre 1980 y 1983, según la ropa y otros factores forenses, que yo no lograría comprender. Mencionó que la ropa indicaba una temperatura templada de fines de primavera o principios de otoño. Los restos de la chamarra azul coincidían con la productora de ropa genérica que vendía productos al mercado masivo a través de grandes almacenes, lo que hacía difícil seguir esa pista.

—Puede ser difícil para ti escuchar lo que te vamos a decir a continuación—me advirtió el inspector, sonaba como si esperara poder saltearse esa parte.

Tenía que escuchar esos detalles.

—Desde que me enteré que Jane Doe era mi madre, me han atormentado imágenes de lo que le pudo haber pasado. La verdad no puede ser peor de lo que me he imaginado —murmuré.

—A Jane Doe la estrangularon y luego la transportaron al lugar en donde la enterraron —dijo un colega de Chilton—. Hay evidencia de actividad sexual antes de la muerte. Las muestras de ADN se habían deteriorado demasiado y no concuerdan con ninguna persona registrada, pero seguimos investigando algunas pistas. Dañaron sus restos luego de su muerte, lo más probable es que hayan sido animales y eso que explica por qué faltan ciertos huesos.

Mientras el oficial hablaba, Malcolm apoyó discretamente su mano sobre la mía.

—Sabemos que Marcia solía pedir aventones —dijo—. Si es Jane Doe, tiene sentido que la hayan levantado por la carretera.

—¿Pero por qué estaba en Tome en 1980 en primer lugar? —Estaba frustrada, pero no con Malcolm. No estaba manejando mis emociones tan bien como me hubiera gustado—. Se mudó a Vancouver en 1977 y no podemos encontrar ninguna razón por la que habría vuelto al interior por voluntad propia.

El mismo oficial continuó hablando.

—El examinador médico descubrió evidencias de heridas en la infancia. Se fracturó la pierna y es muy probable que rengueara un poco. Además, tenía la clavícula derecha quebrada y sin curar.

Esta información me dio escalofríos. Quería creer que mi madre biológica, al igual que yo, había sido simplemente una niña poco femenina y torpe. Me pregunté qué diría un examinador si viera la quebradura en el brazo que me hice a los diez. ¿Cómo habían sido los padres de Jane Doe, mis abuelos?

—Esta es toda la información que tenemos sobre la muerte de Jane Doe —concluyó el colega de Chilton.

Esta afirmación fue recibida con silencio por parte mía y de Malcolm. Estaba agotada. No sabía qué más podían decir y todo indicaba que la conversación estaba por llegar a su fin. Les agradecí de todo corazón y añadí:

—Planeo seguir investigando.

—Por favor, les pido que nos mantengan al tanto si descubren algo nuevo —pidió Chilton—. Nosotros haremos lo mismo.

Esperaba que volviéramos a hablar, y pronto.

Al día siguiente, el inspector llamó a mis padres y fijaron una entrevista para el próximo sábado en la tarde. Para esta videoconferencia fui a la casa de mis padres a petición de mi madre y porque quería formar parte de cada etapa del proceso de investigación.

Mis padres estaban sentados uno al lado del otro en el sofá de dos plazas de la sala de estar mirando la computadora abierta sobre la mesa. Me senté en la alfombra con la mejilla en la mano de mi madre que había puesto sobre mi hombro. El inspector Chilton conocía la historia de la bebé Judea desde antes de conocerme y los detalles de mi estadía en el hospital no eran pertinentes, por lo que sus preguntas se centraron en mi adopción.

—Nos dieron la tutela temporal de Nora esa misma mañana en cuanto llegamos al hospital —explicó mi padre—. Fue el tres de diciembre de 1980.

—A las seis aproximadamente —agregó mi madre.

—Lo arregló la trabajadora social del hospital, Sherry Keegan —siguió mi padre.

—Tengo copias de todos los documentos —dijo mi madre y tomó unos papeles de la mesa al lado de la portátil—. ¿Los necesitan?

—Gracias, pero por ahora no —respondió el inspector—. De todos modos, aprecio que los haya preparado y, si en un futuro son necesarios, se lo haré saber. —Miró las notas que tenía enfrente—. ¿Y la orden de la custodia legal?

—La firmamos dos semanas después, el diecisiete de diciembre —dijo mi padre de inmediato.

—¿Necesitan el nombre del juez que firmó la orden? —preguntó mi madre y estiró la mano hacia los papeles.

—Cariño, si lo necesita, te lo pedirá —la calmó mi padre con una sonrisa burlona. Mi madre miró a la pantalla como pidiendo perdón, mientras el inspector negaba con la cabeza con una sonrisa paciente.

—Ahora no, gracias. ¿Y la fecha de la adopción?

—El once de abril de 1983. Temprano en la mañana de un lunes —dijo mi padre, se le entrecortó un poco la voz.

—Le hice coletas para la audiencia. —Mi madre me dio una palmadita en el hombro—. Y le puse un vestido violeta hermoso. Pero estaba un poco de mal humor esa mañana y, cuando el juez la vio, comenzó a llorar. Mis padres rieron.

No había escuchado eso antes. Me imaginé la escena en mi mente y sonreí, pero me avergoncé cuando mi padre agregó:

—Para celebrar, fuimos a comer helado y se manchó toda la parte de adelante de su vestido.

Esta anécdota llevó a otras historias de mi infancia, que me hicieron sonrojar y poner los ojos en blanco. Mi madre contó historias sobre cómo dibujaba en las paredes con plumones y cómo me ponía la crema de afeitar de mi padre en la cara para poder afeitarme como lo hacía él. Luego llegó el momento del incidente infame que ocurrió cuando tenía cinco.

—Había prendido unas velas en la sala de estar mientras Nora jugaba —comenzó a contar mi madre y gruñí al reconocer el comienzo de la historia que le contaban a mis amigos y a mis familiares desde hace años—. Nora dejó sus muñecas y salió de la habitación. Le pregunté a dónde iba y me dijo que a la cocina a tomar algo, así que no tuve por qué molestarme en seguirla. Bueno, en menos de diez minutos, llega un camión de bomberos gigante con las sirenas prendidas y se detiene en nuestra casa. Nora tenía la cara pegada contra la ventana y yo salí a ver qué era lo que pasaba. —Me revolvió el cabello—. Lo que sucedió fue que esta mona había llamado a los bomberos para decirles que había encendido un fuego dentro de la casa y planeaba quemarla por completo.

—En mi defensa —bromeé—, sí habías encendido un fuego. ¡Por lo menos era una niña responsable!

—Hablamos seriamente sobre fuegos supervisados y no supervisados y sobre no llamar al 911 por cosas que no eran importantes. —Mi madre me miró con cariño.

Sonreí y negué con la cabeza. El inspector sonrió con indulgencia y creí que mi madre iba a continuar contando historias embarazosas de mi infancia, pero mi padre le dio un empujoncito con el codo.

—Estoy seguro de que el inspector Chilton tiene más preguntas.

—Sí, gracias —dijo—. Me imagino que querían saber todo lo posible sobre la familia biológica de Nora. Obviamente, no había información que se pudiera encontrar a través de los canales oficiales. ¿Ustedes intentaron investigar la familia?

Mis padres se miraron y mi padre dijo:

—Lo pensamos varias veces, pero nunca fue necesario. Así que no lo hicimos.

—No era nuestra responsabilidad —agregó mi madre, un poco a la defensiva. Estaba tomando la mano de mi padre con tanta fuerza que sus nudillos estaban blancos.

—No —concedió el inspector—. Las investigaciones las lleva a cabo el Ministerio de Familia, Infancia y Desarrollo Social. Son los responsables de identificar y contactarse con los miembros de la familia del niño y determinar si tienen una demanda legal.

Luego de que terminara la entrevista, los ojos de mi madre se llenaron de lágrimas, pero impidió que se derramaran con los dedos.

—Estoy bien. Solo que es... es abrumador. ¿Cómo estás, mi amor?

Su preocupación quedaba plasmada en las profundas arrugas de su rostro. En ese momento, caí en la cuenta de lo mucho que ella y mi padre habían envejecido. Me senté con ellos en el sofá.

—Esto no cambia nada —dije—. Ustedes son mi familia. Soy la persona más afortunada del mundo.

En la segunda y tercera semana de abril, hablé con Chilton en varias ocasiones. Al reabrir la investigación, se había enfocado en rastrear lo que había hecho Jane Doe el tiempo antes de morir. La policía estaba buscando a alguien que recordara haberla visto en el período que se estimaba que había estado en el área de Tome, Lachlan o Cold Lake. También buscaban información sobre lo que había hecho antes de morir, lo que incluía información sobre las personas que se sabía que frecuentaban la carretera 97 entre Vancouver y Prince George.

Sabía por mi madre que, a las pocas horas de haber sido encontrada, la policía había comenzado a buscar a cualquier mujer que hubiera dado a luz recientemente y, por mis conexiones con Jane Doe, Doug decidió buscar en esos archivos alguna pista. Decidí continuar mi investigación buscando de dónde venía Marcia Garvey. Malcolm estuvo de acuerdo en que averiguar de dónde venía era igual de importante que averiguar a dónde había ido luego de abandonar 100 Mile House en 1977. La carta de Shelly me había brindado un nuevo lugar para investigar: Lachlan.

Malcolm y yo planificamos viajar a Prince George el jueves 22 de abril y alquilar un auto para ir al sur, primero a 150 Mile House y luego al este, a Lachlan. Quería encontrar algún familiar. También quería conocer al doctor Bradley en persona y llamé para acordar una fecha, una hora y un lugar para encontrarme con él.

La noche antes de irnos a Prince George, estábamos a punto de dormirnos en el sofá frente a la televisión cuando sonó mi teléfono. No reconocí el número y no sabía quién podía estar llamando tan tarde. Estaba adormilada y decidí no atender.

Luego recordé que había incluido mi teléfono en mis cartas a los compañeros de Marcia y atendí justo a tiempo.

—Habla Nora.

La mujer se aclaró la garganta nerviosa.

—Soy Tammy. Tammy Robbins. ¿Me escribió una carta?

Mi somnolencia por la pequeña siesta desapareció al instante.

—¡Sí, Tammy, hola! Gracias por llamarme. —Me levanté del sofá y corrí a la habitación para no despertar a Malcolm. No sabía cuánto iba a durar la conversación ni cuán intensa sería.

—¿Por qué está buscando a Marcia Garvey?

—Estoy intentando encontrar a mi madre biológica. —Cerré la puerta y me senté en el borde de la cama—. Creo que sabe algo sobre mis padres, pero no he podido encontrarla. Esperaba que tuviera más información.

—No lo sé. No la he visto en años.

Una persona más que no había sabido nada de ella por un largo tiempo y también otro indicador de que podría ser Jane Doe.

—Nos fuimos a Vancouver en 1977 —prosiguió Tammy—. El día después de que terminaran las clases.

—¿Marcia, Kenny y tú? —pregunté.

Vaciló como si le sorprendiera que supiera eso, luego subió el tono de voz.

—Queríamos irnos de 100 Mile House para siempre. Yo quería ser cantante o actriz, o quizás incluso modelo. Kenny quería llevar una vida emocionante, soñaba con una vida agitada y con el entretenimiento sin fin de la gran ciudad. Había probado un poco cómo era esa vida en los salones de baile de 150 Mile House y quería más. —Quedó en silencio, como si estuviera intentando recordar.

—¿Y Marcia? —La animé a seguir con gentileza.

—Solo quería irse —dijo de manera monótona—. Quería desaparecer en una ciudad llena de caras, donde nadie la conociera a ella ni a su familia. Solo quería irse. El tío de Kenny nos dio un aventón, era un granjero que transportaba ganado de 70 Mile a 100 Mile. Hay una tienda al sur de 70 Mile y ahí nos bajamos de la parte de atrás de su camión para despedirnos. Pasamos el resto de la mañana y una parte de la tarde a un lado de la calle. Toqué la guitarra y canté mientras Marcia bailaba y fumaba un porro y Kenny se ponía cómodo para dormir la siesta. —Su voz tenía un indicio de nostalgia, como si deseara volver a los buenos tiempos.

»Nos llevó casi dos días —siguió—, pero conseguimos recorrer los 400 kilómetros hasta Vancouver por aventones. Terminamos en el corazón del centro sin trabajo ni dinero, pero sabíamos que estaríamos bien. Esa primera noche, dormimos en la playa en la Bahía Inglesa, a pocos metros del agua. Nos despertamos al sol y fue hermoso. Estábamos muy ilusionados.

El filo de su voz hizo que me invadiera un mal presentimiento. Sabía cómo terminaba la historia de Kenny y adivinaba la de Marcia. Solo quedaba averiguar la dirección que tomaría la historia de Tammy.

—Llegamos a una pensión en donde podíamos comenzar nuestra nueva vida. Encontramos una regadera y un lugar para lavar la ropa. Vagamos sin rumbo un par de días hasta que llegamos a la Cuarta Avenida Oeste, entre Burrard y MacDonald.

Conocía el vecindario, era el corazón de la cultura hippie y de las comunas en Vancouver en los setenta y los ochenta.

—Nos unimos a una comuna y perdimos dos años allí gracias a la marihuana y al amor libre. Compartíamos todo con todos y nunca queríamos nada que no necesitáramos. Ganaba dinero tocando música en las esquinas, en parques y en las paradas de autobús. Kenny se unió a una banda y tocaba un par de veces al mes. Marcia... estaba sin rumbo. Estaba perdida. No prosperó, para nada. La ciudad la aplastó. Pasó de la marihuana y el alcohol al éxtasis y al LSD y luego a la heroína, se despertaba en casas en cualquier parte de la ciudad, desaparecía a veces por varios días, siempre en busca del próximo subidón.

»A los pocos meses, la arrestaron por cargos menores, que luego retiraron. Probablemente por beber en público o fumar o algo así, pero luego la arrestaron una vez más y otra vez y la policía siempre la llevaba devuelta a la comuna y eso atraía la atención de los policías. Odiaban el movimiento hippie y comenzaron a acosar a los miembros, por lo que la comuna votó que Marcia se fuera. Se fue muy enojada y Kenny la siguió.

¿Por qué no aparecían los antecedentes penales de Marcia en internet? Estaba segura de que los documentos legales formaban parte del dominio público.

—Yo me quedé. —Parecía casi sentir nostalgia—. No los vi por casi un año. Luego me enteré que Kenny estaba en prisión y Marcia en la calle. La vi por última vez quizás dos años después de que dejara la comuna. Estaba trabajando en varios antros y clubes nocturnos, yo solo cantaba, nunca hice nada más. Era temprano en la mañana, estaba caminando a casa, pasé por la Primera Iglesia Unida entre Gore y Hastings en el este del centro y en ese momento la vi. Sentada en la banqueta, inconsciente, muy drogada. Me llevó unos minutos despertarla, pero me saludó como si nada hubiera pasado.

»Negó estar en problemas, pero al final se quebró y admitió que había tocado fondo. Era adicta a la heroína, tenía denuncias por prostitución y tenía órdenes de la corte de rehabilitarse. Maldijo a los policías, insistió que la habían engañado. Maldijo por un buen rato al juez, al supervisor de libertad condicional y a los del centro de rehabilitación, que intentaban decirle cómo tenía que vivir su vida. Al final, comenzó a llorar y nunca olvidaré lo que dijo. —Tammy estaba ronca por la emoción—. Dijo que debía irse. Dejar las drogas y comenzar de cero. Dijo que cambiaría su nombre y empezaría de nuevo en algún otro lado. Que tenía miedo que, si no dejaba la ciudad, las drogas la matarían… y que no estaba del todo segura de que eso fuese algo malo.

»Nunca más la vi. Quiero creer que logró mejorar su vida. De verdad. Quiero creer que está en algún lugar alejado de la ciudad, que dejó las drogas y que vive en paz. Deseo que se haya enfrentado a sus demonios y haya triunfado. Eso es lo que quiero y es lo que me digo para hacerme sentir mejor. En realidad, que yo sepa, podría haber muerto de una sobredosis, como Kenny, o un cliente podría haberla matado a golpes y tirado de un puente. Creo que nunca lo sabré, pero trato de convencerme de que está feliz, donde sea que esté.

Consideré contarle mis sospechas para que pudiera cerrar ese capítulo de su vida, pero la información no le traería nada de paz, así que no dije nada. No estaba segura de que Jane Doe y Marcia Garvey fueran la misma persona.

—¿Sabe cuándo ocurrió este encuentro? —pregunté—. ¿Recuerda la fecha aproximada?

—Estaba trabajando en el centro en Leo y todavía no había conocido a mi segundo esposo, así que quizás en el 82. ¿En el 83?

El corazón me dio un salto. Era la primera señal de que Marcia había estado viva después de 1980. Estaba encajando las piezas de la historia en mi mente cuando Tammy se corrigió.

—No, espera. Mi hijo nació en 1981 y fue el verano antes, justo antes de que quedara embarazada. Así que fue a principios del verano de 1980. ¿Mayo o junio?

Esas palabras pincharon la esperanza que se estaba formando en mi interior. En ese momento caí en la cuenta de que creía firmemente que Marcia Garvey y Jane Doe eran la misma persona. Si era verdad, quería que Marcia hubiera estado viva esos años y hubiera tenido tiempo de dejar las drogas y encontrar el amor y la paz. No podía cambiar el hecho de que había muerto joven, pero quizás sería más fácil procesar todo si sus últimos años habían sido felices. Repasé rápido todo lo que había dicho Tammy.

—¿Sabe de qué estaba escapando Marcia cuando dejó Lachlan?

—¿Puntualmente? No hablaba mucho de su vida antes de la secundaria. Así que no. Era muy infeliz.

Otra persona que mencionaba que Marcia no hablaba sobre su pasado. Me pregunté si había alguien que supiera algo de su infancia, pero una parte de mí se preguntaba si realmente quería saber. Caí en la cuenta de que había estado mucho tiempo en silencio y balbuceé mi última pregunta.

—¿Sabe si Marcia podría haber estado embarazada cuando la vio por última vez?

La pausa de Tammy fue pesada.

—En tu carta, decías que tenías que hablar con Marcia. ¿Crees que puede ser tu madre?

Ninguno de los otros compañeros me había preguntado esto y respondí con cautela.

—Creo que de alguna forma estamos relacionadas, ya sea por mi madre o mi padre biológico.

—Si Marcia estaba embarazada, no lo noté. Se le veían las costillas, sus piernas eran tan flacas que parecía enferma y llevaba puesta muy poca ropa. Es muy probable que no comiera hace mucho. O quizás eran las drogas. Parecía estar consumiéndose. —Tammy terminó de hablar con un pequeño sollozo. —Si en algún momento la encuentras, ¿me puedes avisar? —preguntó en cuanto se calmó.

—Sí, claro —dije—. Si tengo más preguntas, ¿le molestaría volver a hablar conmigo?

—No lo sé. Quizás sí. Perdón, niña, es muy difícil.

No podía pedirle nada más. Había sido muy valiente al ponerse en contacto cuando podría haber ignorado mi carta. Le agradecí, corté la llamada, me senté en la cama y me quedé mirando mi teléfono en la oscuridad. Marcia había sido tan joven. ¿Había conocido el amor, la alegría, la felicidad, la paz? ¿O siempre había estado escapando?

Y ¿contra qué peleó por tanto tiempo?

Capítulo doce

Esa noche, me costó mucho dormir. Me desperté la mañana siguiente de mal humor luego de haber soñado con figuras sombrías en las calles oscuras de Vancouver, en noches frías y de lluvia. Mi humor no mejoró con la rutina de la mañana; desayuné una taza de café amargo, ya que me olvidé de agregarle azúcar y no tenía tiempo de arreglarlo. Ayudé a Malcolm a cargar los bolsos al auto. En el aeropuerto, di mi pasaje y caminé atrás de Malcolm con mi maletín en la mano.

Todo ese tiempo, estaba cargando con el peso de las implicaciones no deseadas de lo que había descubierto. Marcia había llegado a Vancouver, su tierra prometida, solo para caer en las profundidades de la drogadicción. Se había prostituido para poder seguir consumiendo heroína y había perdido a su novio, que había estado en la cárcel y que luego murió de sobredosis. Como Tammy, quería creer que había dejado las drogas, cambiado su nombre y había comenzado de nuevo en otra ciudad, pero sabía que no era muy probable y eso me deprimía.

También me preguntaba si Marcia se había drogado durante el embarazo. Si ella era mi madre, ¿yo había estado expuesta a la heroína en el útero? Descarté ese pensamiento en ese instante. Si ese hubiera sido el caso, el doctor Bradley lo hubiera sabido y se lo hubiera informado a mis padres. Pero surgió otro pensamiento igual de desagradable: Marcia había sido una prostituta. Podría no llegar a saber nunca quién era mi padre biológico. Quizás ni ella lo sabía.

Caí en la cuenta de que no me importaba tanto encontrar a mi padre, no parecía tan relevante. En vez, mis pensamientos se centraban en Marcia, una adolescente con una vida trágica, que había vivido y posiblemente muerto hace décadas.

Jane Doe podía no ser Marcia Garvey, me reprendí. Marcia podría haber vuelto a construir su vida y no tener conexión alguna con la joven que me dio a luz y que murió a los pocos años. Quizás este viaje a Lachlan ayudaría a sacar a la luz la verdad. Quizás Malcolm y yo encontraríamos a un familiar de Marcia, que nos podría decir qué le sucedió y nos daría una muestra de ADN que revelaría que era familiar de Jane Doe.

Mientras Malcolm dormía en el asiento de al lado, me incliné sobre la ventanilla del avión, observé las nubes que pasaban sin mirarlas realmente y repetí la conversación con Tammy en mi cabeza. ¿Qué le había pasado a Marcia después de su último encuentro? ¿A dónde había ido? ¿Encontraría respuestas en algún momento? ¿Cómo podía buscarlas? ¿Cuál era el siguiente paso a seguir? Luego de un tiempo, terminé durmiendo un sueño interrumpido.

Me desperté sobresaltada cuando Malcolm me sacudió el hombro. Los pasajeros a nuestro alrededor se estaban parando, estirando y tomando el equipaje de los compartimientos sobre nuestras cabezas. Me moví muy despacio, habíamos estado en el avión por más de una hora. Sentía que tenía resaca y no podía pensar.

Malcolm fue al mostrador de los autos de alquiler mientras yo buscaba un café, que tanto necesitaba. Antes de irnos de Prince George para ir al sur a 150 Mile House, almorzaríamos con el doctor Bradley, el amigo de mis padres que me había salvado la vida.

Llegamos antes al pequeño café que había recomendado el doctor Bradley. El menú prometía sopas caseras, estofados y emparedados caseros increíbles. Inhalé el aroma cálido y miré a través del vidrio las flores muertas en las macetas del patio desierto.

Nunca había visto al doctor en persona, pero había escuchado anécdotas sobre sus días de universidad de mis padres. Cada año, me obligaban a firmar una carta de Navidad para él. Me habían dicho que era alto y tenía una gran personalidad, pero no estaba preparada para el gigante con un vozarrón estruendoso que entró y saludó a todos los trabajadores por su nombre.

Malcolm se rio por mi expresión de sorpresa y se paró cuando el doctor Bradley, con la cara medio tapada por su barba abundante, se acercó a nosotros, los únicos extraños en el café. La mano de Malcolm desapareció dentro de la del doctor, pero él quería un abrazo. Abrazó a Malcolm con un brazo y le dio una palmada en la espalda. Luego se giró hacia mí, con los ojos verdes bien abiertos y sus mejillas rojas.

—Nora —bramó y sus brazos me aplastaron. Mi cara terminó en alguna parte de su torso. No me daban los brazos para devolver el abrazo. Me soltó y me miró a la cara con los ojos brillantes—. Querida niña, ¡ya eres una adulta! ¡La última vez que te vi entrabas en la palma de mi mano! —Levantó una mano casi del tamaño de un plato.

Estaba maravillada, su increíble energía me abrumaba.

—Es... es un placer al fin conocerlo, doctor Bradley —tartamudeé.

Me dio una palmada juguetona en la espalda.

—Llámame doctor Pequeño, así me dicen todos. A los niños les encanta.

—Gracias por reunirse con nosotros, doctor Pequeño. —Malcolm y yo nos apretamos en el mismo lado de la mesa. No creo que hubiera cabido al lado de ese hombre y seguro Malcolm tampoco.

—No puedo creer que esta joven hermosa es la pequeña bebé que tuve en mis brazos hace treinta años —bramó.

Me avergoncé cuando varias personas nos miraron.

—¿Cómo están tus padres? —continuó en el mismo volumen mientras le hacía una seña a la mesera para que trajera café.

—Muy bien. Mi madre está disfrutando de su jubilación. Tiene cisnes, pinta y juega al tenis. Mi padre dice que se aburriría mucho si se retirara y que planea trabajar hasta el

día en que muera. Incluso bromea con que quiere tener tiempo para escribir su propio mensaje para el obituario.
—Dan siempre tuvo un sentido del humor oscuro —dijo secamente.
Me reí por lo precisa que era su descripción.
—¿Cuándo fue la última vez que viste a mis padres? —pregunté.
Llegó la mesera para tomar nuestro pedido.
—¿Quieren emparedados de carne? —preguntó el doctor Pequeño.
Asentimos.
—Tres emparedados de carne, Dot —le dijo a la mesera—, y sopa de mariscos para comenzar. —Nos miró nuevamente—. ¿Dónde estábamos? Ah, sí, cuándo había visto a tus padres. Hace dos o tres años. Estaba yendo a San Diego para una conferencia y fui a su casa en la escala. Creo que estabas de viaje, si no hubiese insistido para conocerte. Tu madre dijo eras profesora de la universidad.
Tomé un trago del café caliente y asentí.
—Enseño historia.
Rio.
—Claro, eres hija de tu padre. Él habría estudiado historia de haber podido. Pero le picó el bicho de la investigación periodística. Eran los sesenta, claro. En ese momento los que se escapaban de la guerra se mezclaban con los hippies y los que protestaban por la guerra de Vietnam. Y fue el escándalo de Watergate. Lo que más quería tu padre era meterse en medio de todo.
Cuando Dot trajo tres tazones calientes, el doctor Pequeño nos estaba contando sobre una broma bastante juvenil que mi padre había planeado en el segundo año de la universidad.
—Es la mejor sopa de mariscos de la costa —prometió—. Es como la de Boston.
Estaba muy rica y era el antídoto perfecto para las ráfagas de aire frío que entraban cada vez que abrían la puerta.

El Nombre de Mi Madre

—¿Por qué decidiste mudarte al norte? —pregunté.

El doctor Pequeño explicó que lo habían aceptado en un programa prestigioso en Prince George. Planeaba pasar aquí unos años para ganar experiencia y luego buscar un trabajo más cerca de casa. Pero había conocido a una chica, Beth, y se casaron en 1978. Tenían tres hijos y dos nietos.

—Mi hija más joven, Kristen, nació más o menos seis meses antes que tú.

Dot llegó con tres emparedados abiertos con cebollas calientes por arriba. Los hombres atacaron la carne con ganas, pero yo tomé y solté mis cubiertos varias veces.

Finalmente, respiré hondo.

—¿Mi madre te explicó...

—¿Por qué vinieron a Prince George? Sí, me puso al tanto. —Dejó su cuchillo y me miró preocupado y solemne—. Lamento mucho lo que le pasó a tu madre biológica.

—Gracias —murmuré—. Lo aprecio. Pero descubrir sobre ella fue más impactante que nada. Dan y Maureen son mis verdaderos padres y no los cambiaría por nada.

El doctor Pequeño me miró con cariño y dio un gran mordisco.

—¿Te molestaría contarme un poco sobre la noche en que me encontraron? —pregunté, mientras me llevaba un bocado a la boca.

El doctor Pequeño paró de masticar y miró al techo.

—Para nada. El 2 de diciembre, ¿no? —Cuando asentí, prosiguió—. Esa noche estaba trabajando en la sala de emergencias. Recién comenzaba mi turno cuando llegó una llamada de Tome; habían encontrado a una recién nacida. Las autoridades no podían aterrizar un helicóptero durante la tormenta de nieve, por lo que dos hombres te trajeron en auto. Dame un minuto para que recuerde sus nombres.

—Michael Plummer y Thomas Chance —lo ayudé.

—Eso, gracias, querida. Se turnaron para manejar mientras el otro te sostenía y te mantenía caliente. Apenas lloraste y un par de veces pensaron que habías dejado de respirar y pararon para reanimarte. —Sonrió con gentileza—. Estuvieron increíble. Si tenemos en cuenta las condiciones, te trajeron en tiempo récord.

Mi cara debió haber reflejado lo emocionada que estaba, ya que me cubrió la mano con la suya por arriba de la mesa.

—Los tres nos quedamos contigo esa noche, vigilamos tus signos vitales y nos cercioramos de que estuvieras hidratada. Teníamos miedo de que no sobrevivieras. Eras tan pequeña. No queríamos dejarte sola. Te tuve en brazos varias horas y me imaginaba que eras Kristen. Finalmente abriste los ojos y comenzaste a llorar, un llanto fuerte, y no paraste de chillar hasta que te dimos de comer. —Su cara se frunció para formar una amplia sonrisa y los ojos se le iluminaron de la alegría—. Así supe que ibas a ser una luchadora. Tomé tu brazo de abajo de la cobija y envolví tu pequeña mano alrededor de mi dedo. —Sacudió su índice derecho—. Eras muy fuerte y tu piel al fin estaba caliente y rosada. Te estabilizaste, tus signos vitales se veían bien y te administramos esteroides para ayudar a que tus pulmones se desarrollaran. Pero estabas a salvo y eso parecía un milagro.

»La trabajadora social del hospital, Sherry se llamaba, Sherry Keegan, tenía una lista de posibles padres adoptivos, pero le dije que conocía a la pareja perfecta. Te dejé con Michael y fui a la estación de las enfermeras para llamar a tus padres. —Se echó hacia atrás con el plato vacío y me sonrió—. Estuve toda la noche caminando contigo en brazos —se jactó.

Aprecié su actitud juguetona.

—No querías que te dejara. Michael y Thomas estaban exhaustos y dormían en las sillas, pero tú querías estar en los brazos de alguien y, si me sentaba, comenzabas a llorar. Me hiciste trabajar duro toda la noche.

Sonreí.

—¿Cuándo llegaron mis padres?

Lo pensó.

—Cerca del desayuno, creo. Mi turno había terminado, pero me quedé hasta que llegaron. Esa mañana, un poco más tarde, la gente de la iglesia de Tome comenzó a llegar para visitarte y para rezar por ti. Esas señoras estaban muy decepcionadas porque no podían tomarte en brazos. Eras el centro de atención y todos quedaron embobados. Cuando por fin te conocieron tus padres, tu madre comenzó a llorar. Tú también. Fue un momento perfecto, me habría gustado haber tomado una foto. Y de tu padre sosteniéndote por primera vez.

Había terminado de comer mientras hablaba.

—Es todo tan abrumador. —Lo miré a los ojos y sonreí a pesar de las lágrimas—. Gracias. De verdad. Por quedarte conmigo y por salvarme la vida.

El doctor Pequeño se avergonzó.

—Fue un placer. Estoy muy contento de haber ayudado. Te has convertido en una gran mujer. —Miró a Malcolm—. Me enoja un poco que tú la hayas encontrado primero, mi hijo necesita una buena pareja.

—No es una muy buena recomendación —bromeé y el doctor Pequeño soltó una carcajada.

Luego de una hora repleta de café, anécdotas y fotos de sus nietos, nos despedimos. No quería irme. El contraste entre los días que nos esperaban y la presencia cálida y reconfortante del doctor Pequeño era muy grande. Por un par de horas, había podido olvidar mis fatídicos y oscuros pensamientos y me había divertido. Fuera del café, lo abracé por última vez.

—Buena suerte, niña —bramó al abrirme la puerta del auto—. Cuídense en el camino. Hay nieve en la ruta hacia 150 Mile, incluso en abril. Vengan cuando quieran. Me encantaría que conocieran a mi esposa. Escríbeme de vez en cuando, para ver cómo estás.

Se lo prometí y lo saludé desde la ventana mientras Malcolm dirigía el auto a la carretera 97.

Malcolm había reservado una cabaña en 150 Mile House, en una finca ganadera que hacía también las veces de hotel. Brad, el dueño, llevó nuestros bolsos al frente de la cabaña, abrió la puerta y nos dijo que su esposa servía el desayuno en la casa principal. Luego metió sus manos bien adentro de los bolsillos de su overol y nos preguntó si nos podía ayudar en algo.

—Sí. —Dejé de admirar las vigas doradas y marrones del techo alto para sonreírle—. Estamos intentando encontrar a algunos de mis ancestros.

—¿Es un pasatiempo?

Me quedé mirándolo a los ojos.

—Tengo razones para creer que mi abuelo podría ser de la zona. ¿Le suena el apellido Garvey?

Brad se tocó la barbilla y entrecerró los ojos.

—No lo creo, pero le puedo preguntar a mi esposa. ¿Sabes a qué se dedicaban? ¿Tenían tierras por aquí o...?

Negué con la cabeza.

—Me temo que no sabemos mucho sobre ellos.

—¿De casualidad tienen una guía telefónica? —interrumpió Malcolm.

Brad extrajo una de un cajón de la cocina y nos deseó buenas noches de buena gana.

—Si necesitan algo, toquen a la puerta de la cocina. Estamos despiertos hasta las diez y nos despertamos cuando sale el sol.

Después de un almuerzo tan abundante, no teníamos mucha hambre. Comimos maní y vegetales y revisamos la guía, una edición reciente y, para nuestra sorpresa, en excelentes condiciones. La lista incluía el rancho Big Lake, Lachlan, el arroyo Soda, Toosey, el arroyo Dog y la agrupación india Williams Lake. No había ningún Garvey.

Me pregunté si los padres de Marcia Garvey seguían vivos o si los hermanos que había mencionado Shelly seguían allí. La falta de información en la guía indicaba únicamente que ningún Garvey seguía viviendo en la región de Williams Lake, o se habían casado o habían muerto. Eso complicaba todo.

Quizás sus padres tenían otro apellido, pero no tenía sentido. Quizás no querían aparecer en las páginas amarillas. Dado que en Vancouver las guías telefónicas eran casi obsoletas, no sabía exactamente qué significaba aparecer en una. Pero acá en el interior, vecinos vivían separados por grandes distancias, los pueblos eran chicos y la conexión a internet era mala, tenía sentido que las siguieran usando. Miré a Malcolm como pidiendo ayuda. Había contado con tener una dirección en Lachlan a la cual poder ir. Sin ella, no sabía ni por dónde empezar.

—No sé qué hacer —admití.

Malcolm se desplomó boca abajo al lado mío en la cama y me hizo reír.

—Bueno, si las películas y los libros sobre pequeños pueblos dicen la verdad, Lachlan tiene que tener algún lugar en el centro donde se reúne la gente: un bar, un grupo de la iglesia, un café, una biblioteca. Así que podríamos desayunar con Brad y su esposa mañana, y después manejar media hora al pueblo. Si no tenemos nada mejor para hacer, tomamos un café en algún restaurante y preguntamos ahí. —Luego, con una sonrisa irónica bromeó—: Tienen que tener al menos un restaurante de comida rápida.

Encantar a los locales para que nos cuenten chismes sobre los Garvey era un buen plan, pero no podía pretender estar emocionada por lo que podríamos llegar a descubrir de esa forma sobre la familia. Una familia que quizás era la mía.

Capítulo trece

A la mañana siguiente, Malcolm y yo comimos un abundante desayuno de campo antes de irnos a Lachlan; carne, huevos revueltos y papas fritas. Lachlan era un pueblo tan pequeño que solo había encontrado tres fotos en internet. Manejé para que Malcolm pudiera dormir y recuperarse del letargo que había causado el desayuno.

Luego de media hora, tomé la Chesamore Way, una calle de tierra con pozos y rodeada de guardaganados, bosques y nieve derritiéndose. Según el GPS, esta calle llena de barro era la única forma de acceder a Lachlan. No podía imaginar lo aislados que se sentían los habitantes de una comunidad tan remota. Nuestro auto era el único en la calle, aunque nos cruzamos con hombres y mujeres caminando en la otra dirección.

Sacudí a Malcolm para que se despertara cuando llegamos a una estación de servicio con surtidores de los setentas.

—Creo que llegamos al centro de Lachlan.

Pasé por dos puestos de frutas y verduras abandonados y eché un vistazo a las angostas entradas para autos. Las casas parecían depósitos de chatarra, estaban repletas de carrocería, ruedas y equipamiento de granja viejo, rodeadas de alambres de púas y cercas de mallas ciclónicas. Más allá de las casas había campo. Pasando una iglesia blanca con una cruz sobre sus puertas, había un bar sin ventanas y el estacionamiento vacío. Un vagón de tren convertido en un restaurante al estilo de los cincuenta llamado Thelma´s delimitaba el final del distrito comercial. Lachlan tenía todo lo que sus habitantes necesitaban y nada más. Malcolm y yo nos miramos. Sabía que estábamos pensando lo mismo, no cabía duda de por qué Marcia había escapado de un lugar así.

—Deberíamos seguir manejando —dije. Pero volví para atrás, aparqué frente al restaurante y abandonamos el calor del auto.

Los que habían nacido y se habían criado en Lachlan quizás no notaban el viento penetrante, pero el frío no ayudaba al sentimiento de desesperación que se respiraba en el aire. Me costaba imaginarme que este lugar fuese acogedor, incluso con un clima idílico.

La flecha neón de Thelma´s estaba apagada o no funcionaba. Los asientos de afuera estaban cubiertos de nieve vieja. El único indicio de que estaba abierto era el movimiento que se veía a través del vidrio: una mesera yendo de mesa en mesa y charlando con los clientes.

Vacilé. Me sobrecogía un mal presentimiento cuando Malcolm abrió la puerta y me señaló que entrara. Hubiera preferido volver al auto y manejar hasta el café del día anterior donde comimos con el doctor Pequeño. La atmósfera cálida y alegre de Dot´s era lo opuesto a la solemnidad tenue y oscura de Thelma´s. La mesera se giró cuando escuchó la campanilla de la entrada y frunció las cejas, confundida a pesar de que su boca intentaba formar una sonrisa de bienvenida. Señaló con la cabeza una mesa con varias sillas en el rincón más lejano del vagón. Malcolm asintió y le sonrió.

Cada ojo en el lugar nos estaba mirando. No hicimos contacto visual con nadie y dejé que Malcolm se sentara de espaldas a la pared para que pudiera investigar el lugar. La mesera cruzó por detrás del mostrador, desapareció por la puerta y regresó con dos platos que no humeaban como uno hubiese esperado. Dejó la comida en una de las mesas, volvió al mostrador y desde ahí gritó:

—¿Qué quieren?

Lancé una mirada furtiva a mi alrededor.

—Café —dijo Malcolm y ella asintió como si fuese la respuesta correcta.

Al poco rato, dejó dos tazas de café sobre nuestra mesa. Las tazas estaban manchadas y rotas. El café apenas estaba caliente cuando lo atraje hacia mí.

—Ustedes no son de aquí —dijo.

—Estamos pasando solamente —murmuré.

Resopló.

—Nadie *pasa solamente* por Lachlan, querida. —Sus uñas rojas y largas combinaban con su color de pintalabios—. ¿De dónde son?

—Somos de Vancouver —dijo Malcolm.

—Están lejos de casa. —Dio unos golpecitos en su libreta con un lápiz.

Malcolm pidió tostadas para los dos, a pesar de que luego del desayuno de Brad y Penny dudaba que pudiera comer nada.

—¿Blanco o de trigo?

—Trigo.

—¡Kitty! ¡Dos trigos! —Gritó sobre su hombro y apoyó una mano sobre su cadera—. ¿Qué hacen en Lachlan?

—Mi esposa y yo tenemos familia que estamos intentando encontrar.

—¿Ah, sí?

Forcé una sonrisa.

—Así es. ¿Supongo que no conoce a nadie de apellido Garvey?

Frunció la nariz.

—¿Garvey? No, no hay ningún Garvey por aquí.

¿Era posible que se hubiesen olvidado de los Garvey?

—¿Está segura?

Puso los ojos en blanco.

—He vivido en Lachlan toda mi vida y jamás he conocido a nadie de apellido Garvey.

Decidí intentar halagarla para conseguir lo que quería.

—Mis abuelos habrían vivido aquí antes de los ochenta. Seguro eres muy joven como para recordarlo.

Su cara se iluminó, su sonrisa mostraba todos sus dientes manchados por fumar tabaco tantos años.

—Muchas gracias, querida, eres muy dulce. Pero soy abuela, ¿sabes?

El Nombre de Mi Madre

—¡No puede ser! —Actué sorprendida—. Pero si tenemos la misma edad.

Seguía sonriendo mientras gritó sobre su hombro.

—¡Jack!

Tres mesas más allá, un hombre encorvado, de pelo gris, arrugas profundas y con venas azules en la nariz pronunciadas por tomar mucho alcohol por tanto tiempo, miró hacia arriba.

—¿Qué? —Tanto él como quien lo acompañaba, que parecía ser otro señor del pueblo, nos miraron con los cigarrillos colgando de sus labios.

La mesera me señaló.

—Está buscando a su familia. ¿Conocen a algún Garvey?

Jack se encogió de hombros, negó con la cabeza y tomó su taza de café. El otro hombre pegó una calada de su cigarrillo antes de quitárselo de la boca y toser.

—¿Garvey... no era el primer esposo de la esposa de Belham?

—Ese era Garver, Frank —dijo Jack.

Frank se encogió de hombros.

—¿Misma mierda, no?

—Perdón, ¿Belham? —Repitió Malcolm.

Todos, incluso Kitty con su delantal manchado desde el fondo de la cocina, estaban prestando atención a la conversación, parecían haberse olvidado de fingir que no estaban escuchando.

—Gordie Belham —dijo una mujer más anciana en la otra esquina. Por cómo arrastraba las palabras, sospeché que la noche anterior había tomado demasiado o que seguía borracha—. Gordon. El viejo loco Gordon.

—¿Te acuerdas, Jack? —preguntó Frank—. Se volvió loco en 1981.

—Se pegó un tiro a él y a su mujer, Renee. —La mujer arrastró las palabras.

La mesera interrumpió.

—Yo escuché que *ella* tenía el arma y que lo mató a él y a los hijos antes de matarse ella.

Me estremecí, por los detalles y por la manera en que hablaban de la familia. Kitty entrecerró los ojos.

—¿Por qué están buscando a los Belham? ¿No son tus abuelos o sí?

Negué con la cabeza.

—No lo creo. El apellido de mi padre sería Garvey —No estaba segura, pero supuse que una pequeña mentirita no le haría mal a nadie.

—¿El apellido de la mujer de Gordie de soltera no era Garvey? —preguntó Kitty—. ¿Cómo se llamaba? ¿Rena?

—Renee. —La anciana estaba vertiendo el contenido de una botella deslustrada en su café—. Llegó aquí en los sesenta con su hombre.

Nuestra mesera negó con la cabeza con vehemencia.

—Nadie se *muda* a Lachlan. Naces aquí y mueres aquí, así es la vida.

—Ellos se mudaron —insistió Frank—. Por un par de años, trabajó para mi tío. Compró la pequeña choza cerca de la propiedad de los Bennett.

—¿La que se quemó en el 83?

—Esa misma.

—Me acuerdo de Renee —dijo Kitty dejando entrever un pasado oscuro—. Era muy rara. Si me preguntan a mí, estaba ocultando algo.

Malcolm y yo no teníamos que hacer ninguna pregunta. Sabían cómo contar una historia con lujo de detalles, a pesar de que yo no podía diferenciar entre los rumores y lo que había sucedido de verdad. Antes de que uno se detuviera a tomar aire, algún otro ya estaba terminando la oración.

Kitty frunció el cejo.

—Ese tal Garvey, él se fue, ¿no?

—Un par de años después de que llegaran. Y con una esposa así, no me sorprende.

Malcolm intervino rápidamente.

—¿Cómo se llamaba Garvey?

—Alvin o Allan o algo así —sugirió uno.

—Allan —confirmó Frank.

Quedé boquiabierta. Durante mi investigación, había encontrado el nombre Allan Garvey en el obituario. Murió hace varias décadas, pero no podía recordar bien la fecha. Lo buscaría más tarde.

—Allan y Renee no hablaban mucho, ¿no? —preguntó Frank.

—No decían ni dos palabras, salvo que él estuviera borracho. Pero se creía demasiado buena para nosotros. —Kitty resopló—. Nadie le pidió que se mudara aquí.

—¿Saben *por qué* lo hicieron, o cuándo? —pregunté.

Todos negaron con la cabeza y murmuraron que no lo sabían.

—No estaban aquí y de repente aquí estaban —dijo la anciana—. Llegaron a mitad de la noche, compraron la choza de los Bennett y armaron su casa.

—Allan se fue en el 66 o el 67. Al fin se cansó de esa perra y se fue a la mierda —dijo Frank.

—Qué mujer tan horrible —refunfuñó Kitty—. Una arpía mala y rencorosa. Decía y hacía lo que quería. Beber, tomar pastillas y armar escándalos.

—No me sorprende que no pudiera quedarse con él —coincidió Frank—. Era un buen hombre.

—¿Qué le pasó a Allan? —preguntó Malcolm.

Frank se encogió de hombros.

—Supongo que volvió de donde venía. Seguro esperó a que Renee estuviera borracha como una cuba para irse.

—¿Qué tan bueno podía ser si se escapó de esa manera? —preguntó la mesera.

—Jesús mismo la hubiera abofeteado, se lo merecía —dijo Frank muy enojado.

Quería preguntarles si Allan y Renee tenían hijos, pero Jack intervino.

—Al poco tiempo se acostó con el Loco Gordie, ¿no?

—¿Por qué lo llaman así? —pregunté.

—Porque no estaba bien de la cabeza —dijo Kitty—. Entendió mal la religión y se volvía loco y despotricaba. Se unió a una secta. No creía en el gobierno ni en el agua potable ni en la electricidad, decía que eran herramientas del diablo.

—Tuvo un episodio a fines de los cincuenta. Llevó un hacha a la iglesia. —La mujer de la esquina negó con la cabeza—. Daba hachazos en la pared del frente mientras gritaba que el pastor era el anticristo o alguna otra mierda. Necesitaron cinco hombres para arrestarlo. Las autoridades intentaron meterlo en un manicomio, pero solo lo pudieron acusar de destrucción de propiedad y retiraron los cargos. Al fiscal no le importaba. Entonces volvió a su agujero como una rata.

—Un loco de atar.

—Los dos —gruñó Frank—. Gordie llega al pueblo un día y anuncia que él y Renee se habían casado. Quería que lo tomaran en serio, pero nadie lo hacía. Ella y las chicas se mudaron a su choza en el bosque.

—No se casaron de verdad —dijo Kitty—. Seguro una noche se emborracharon y nada más. Era muy rencorosa. Controladora y dominante. No sé quién comenzaba las peleas, pero se pegaban y gritaban y causaban un escándalo. Más de una vez tuvieron que llamar a la policía.

—También le quitaron a los niños, ¿no? —preguntó Jack.

La mujer de la esquina negó con la cabeza.

—Nah, lo intentaron, pero Renee amenazó con envenenar a los niños, así nadie podría llevárselos. Gordie echó a la policía con una pistola.

Frank sonrió y negó con la cabeza.

—Nunca estuvo bien de la cabeza. Ella lo único que hizo fue ponerlo al límite.

—¿No están más por aquí? —Quería creer que todos estaban exagerando, pero algo en la forma en que hablaban me convencía de que lo que estaban diciendo era verdad y no tan exagerado.

Jack negó con la cabeza.

—No, estiraron la pata hace años.

La mesera se sentó en la silla de al lado.

—Un día, en pleno invierno, en el 81 o por ahí, uno de sus hijos llegó corriendo al pueblo, uno de los pocos que quedaban, el resto se había ido en cuanto pudo. No tenía zapatos, ni una chamarra, ni siquiera una playera. Pero estaba llorando y decía que estaban muertos.

—Le pegó un tiro a Renee y después se mató —dijo la señora borracha.

—No-o, ella los mató a los dos —dijo Frank.

—No importa, la cosa es que la policía dijo que era un pacto suicida. A los dos los enterraron en las afueras del pueblo y que les vaya bien.

Intercambiaron más historias sobre el loco Gordie y su mujer más loca todavía, pero dejé de escuchar. Necesitaba tiempo para procesar las vidas de Allan, Renee y Gordie. Si era la familia de Marcia, podía comprender mejor por qué se había escapado.

—¿Quién vive ahí ahora? —le pregunté a la mesera. Parecía sorprendida.

—¿Dónde?

—En la casa en donde vivían Gordon y Renee.

—No era una casa —murmuró Frank—. Era más bien una choza.

—Ya no está. En la primavera del 83, unos niños desenfrenados le prendieron fuego a varios lugares abandonados. La pocilga de Gordon era uno de ellos. —Jack prendió otro cigarrillo.

—Y lo más curioso —reflexionó Kitty— es que el primer lugar en donde vivieron Renee y Allan, cerca de lo de los Bennett, también lo prendieron fuego esa noche.

—Lo más probable es que no hubiera mucho por quemar. Vivían como cerdos. Los techos se caían, había moho, agua en todos lados, las ventanas rotas. Y eso antes de que abandonaran las chozas.

La mesera se encogió de hombros y miró mi plato.

—¿No comerás eso?

Comí un gran bocado de la tostada fría para evitar tener que decir algo, mastiqué y tragué. La comida sabía a cenizas. Malcolm me miró y asentí en señal de que deseaba irme de allí. En una pausa en la conversación, Malcolm atrajo la atención de Jack.

—¿Cómo se llega a las casas en donde vivía Renee con Allan y Gordie?

Jack dibujó un mapa rápido en una servilleta, marcó los límites del pueblo y dibujó un camino entre las dos antiguas casas. Frank me miró y gruñó.

—En ese momento, Bennett era el dueño de la tierra y Allan la arrendaba mientras trabajaba en el campo, pero ahora es de otra familia. Bennett murió hace mucho tiempo, así que no podrán preguntarle nada.

Asentí.

Mientras nos íbamos, estaba segura de que todos nos miraron hasta que nos subimos al auto.

Quería doblar al oeste en Chesamore Way y olvidarme de Lachlan pero, si no visitaba los lugares en donde Marcia había vivido, quizás tendría que regresar en algún momento para cerrar este capítulo y de verdad no quería hacerlo. Me decepcionó que Bennett hubiese muerto, pero no me sorprendió. Habían pasado varias décadas desde que alguien relacionado con Marcia había vivido en Lachlan. Me pregunté si Bennett habría podido contarnos por qué habían llegado Renee y Allan a este pequeño pueblo hace tantos años, en especial porque su llegada estaba envuelta con un halo de misterio. Si lo que habían dicho en Thelma's era verdad, la pareja evitaba a los vecinos y eso creó rumores, rumores que seguían vivos a pesar de que ya a nadie le importaba.

La propiedad de Bennett estaba a un kilómetro más o menos al norte, un lugar con pastizales y tierras de cultivo. Por varios kilómetros, la propiedad estaba rodeada por una cerca de madera. Al final de un largo camino, había un caserío de dos pisos, pero no nos interesaba conocer a los dueños ni pedirles que nos mostraran el lugar. En lugar de eso, manejamos muy despacio por la calle central hasta que vimos los restos de una pequeña construcción anexa y paramos el auto. Ninguno se movió para bajar.

Lo que quedaba de la casa de los Garvey era poco más que los cimientos. Los restos de las paredes que daban al este y al sur estaban ennegrecidas y tenían la misma altura que el pasto y los matorrales que se habían adueñado del lugar. Incluso los restos que quedaban parecían aislados, abandonados y desolados.

—Vayámonos de aquí —murmuré.

En diez minutos llegamos a las ruinas del otro lugar, donde Marcia había vivido con su madre y su padrastro. Como en lo de los Bennett, no bajamos del auto, pero observamos el cúmulo de restos ennegrecidos que dibujaban la forma rectangular del edificio. Esta casa también había sido pequeña, o eso parecía por los cimientos, y estaba rodeada por un bosque indomable. El jardín estaba repleto de metal enredado y alambre torcido tapado por el pasto y la maleza. En los pocos lugares en donde no había nada, había vidrio roto y colillas de cigarrillo. En varios árboles y rocas, había grafitis y dibujos de actos indecentes o que hacían referencia a ellos. Me podía imaginar a los jóvenes del pueblo viniendo aquí a beber, fumar, pasar el rato y contar historias de los Belham para asustar a los otros.

Aunque no quería creer la evidencia, comenzaba a creer que Allan y Renee eran los padres de Marcia. Lo que significaba que el Loco Gordie era el padrastro de quien Marcia había escapado. Incluso si la mitad de lo que habían dicho en Thelma´s no eran verdad, entendía por qué se escapaba tan seguido. Ahora comprendía mejor su historia, a pesar de que la mayor parte de mis conclusiones se basaban en especulaciones y conjeturas.

De todos modos, los tres estaban ahora muertos. Si Marcia era Jane Doe, quedaba resuelto el misterio de por qué nadie la había reconocido. También sospechaba que a Gordon y a Renee no les había importado que Marcia se fuera de casa en 1976. Pero no explicaba por qué la habían encontrado a dos horas al sur de Lachlan, en un pueblo que no tenía razón para visitar. No podía ser que hubiera venido aquí cuando se fue de Vancouver, no podía tener razón alguna para volver al lugar en donde había pasado su infancia.

Aunque existía la posibilidad de que Renee fuera mi abuela, lo único que sentía por ella era aversión. Los habitantes de Lachlan podrían haber exagerado todo, pero les creía. Después de todo, Marcia se había escapado de algo. Por varios minutos, me imaginé cómo había sido la vida de Marcia: padres en un matrimonio disfuncional, su padre que murió cuando era chica, luego había quedado en medio de una situación peor con un padrastro inestable y una madre nerviosa, alcohólica y posiblemente drogadicta. Gordon parecía ser uno de esos miles de religiosos que creen en teorías conspirativas y tienen ideas inflexibles sobre lo que es pecado. ¿Cómo había sido crecer sin agua potable, electricidad y cañerías modernas? Aislada, sin amigos, familiares, ni nadie que te apoye.

Kitty había mencionado que Gordie y Renee tenían varios hijos. Nadie parecía saber cuántos y mucho menos sus nombres y sus edades, solo sabían que habían desaparecido. ¿Se habían escapado o los habían echado y se las habían tenido que arreglar solos? De cualquier manera y al igual que Marcia, eran víctimas de dos personas cuyo egoísmo e inestabilidad me dejaba helaba y me enojaba.

Quizás nunca iba a conocer la historia completa. Quizás no era quien para juzgar a esos individuos que habían muerto hace tanto tiempo, pero lo hacía de todos modos. Pensaba lo peor de esos adultos que le habían fallado a Marcia y sentía la necesidad feroz de proteger a la mujer que creía que era Jane Doe. Sin ningún pariente en Lachlan como para hacer una prueba de ADN, no había forma de confirmar que Marcia era Jane Doe.

Cuando volvimos a la cabaña con Malcolm al volante, me sentía emocionalmente agotada.

—Hubiera preferido no haber venido —dije al entrar en la cálida cabaña.

—Lo lamento, cariño —dijo Malcolm en un susurro.

Me acosté en mi lado de la cama, dándole la espalda, y me hice una bola. La cama se hundió cuando Malcolm se sentó a mi lado y me abrazó por la cintura.

—Me hubiera gustado no haber visto nunca ese artículo —murmuré—. Ya no quiero saber nada. Quiero olvidarme de todo.

Malcolm me acariciaba el brazo. Las lágrimas me rodaban por las mejillas. Por primera vez desde que habíamos descubierto a Marcia, quería que no fuera Jane Doe. Como Tammy, esperaba que Marcia hubiera podido enfrentarse a sus demonios y superarlos, mudarse a otro lado y encontrar la felicidad, la alegría, el amor y la paz. Después de enterarme de cómo había comenzado su historia, no quería que hubiera terminado muriendo sola y enterrada en una tumba sin nombre, olvidada y sin que nadie lamentara su muerte.

—Se escapó, cariño —murmuró Malcolm—. Marcia pudo escaparse.

—Pero no —sollocé—. En realidad nunca pudo escapar. Estaba atrapada en su pasado y se drogaba para intentar escapar.

—Hizo lo que tenía que hacer. Era lo suficientemente fuerte como para irse y su resiliencia es admirable.

Sabía que tenía razón.

—Merece que empaticemos con ella —continuó—. Era una víctima de las acciones de los demás, pero comenzó a abrir su propio camino y era tan valiente que logró escapar.

Asentí.

—Mira, es tu decisión seguir investigando o dejar atrás a Jane Doe —dijo—. Ni su vida ni su muerte te definen. Estás donde estás gracias ti misma.

—Mis padres ayudaron —murmuré.

—Pero también eres fuerte. Y debes tomar tus propias decisiones. Descubrimos cosas horribles, pero también descubrimos cosas bastante increíbles. El doctor Pequeño y la historia de cómo te salvaron, los paramédicos que manejaron durante una tormenta de nieve y la parroquia en Tome en la que siguen prendiendo una vela y rezando por ti.

Me di media vuelta y sonreí débilmente. Me abrazó.

—¿Y si nos olvidamos de Lachlan por ahora? ¿Y si mañana vamos a Tome y hablamos con Una Braithwaite otra vez? Podríamos pedirle conocer al Padre Clemente y quizás a Michael Plummer, el paramédico que te salvó la vida.

Este recordatorio de las personas decentes que habíamos conocido alejó mis pensamientos oscuros. Se me cerraban los ojos y me dormí en la seguridad de sus brazos y con la promesa de un día mejor.

Capítulo catorce

Al otro día muy temprano, Malcolm y yo volvimos a la parroquia San Raimundo. Una Braithwaite no nos reconoció hasta que Malcolm le recordó que nos habíamos conocido en febrero.

—¿Podemos hablar con el Padre Clemente? —preguntó Malcolm.

Una nos llevó a la oficina central.

—Padre, ellos son Malcolm y Nora Devrey, vienen desde Vancouver —dijo, como si fuésemos amigos de toda la vida—. Es su segunda visita a la parroquia y quieren conocerlo.

El Padre Clemente era un pastor joven que irradiaba amabilidad. Abrió los brazos para señalar el espacio que lo rodeaba.

—Son más que bienvenidos aquí. Es un placer conocerlos a ambos.

—Su iglesia es hermosa —dije—. Me sentí como en casa al instante.

Una señaló las sillas frente al escritorio del Padre y Malcolm y yo nos sentamos.

—¿Quieren té o café?

—No, gracias —dije—. No queremos ser una molestia. Pero me gustaría hablar con ambos.

Parecía confundida, pero se sentó.

—¿En qué podemos ayudarlos? —preguntó el Padre Clemente mientras tomaba asiento en la silla detrás del escritorio.

Respiré hondo y sonreí con timidez.

—En realidad, yo los puedo ayudar en algo. Mi esposo y yo vinimos a Tome en febrero porque estoy buscando a mi familia. Me adoptaron de bebé.

El Padre Clemente asintió de manera cortés, pero Una se inclinó hacia delante con los ojos como platos. La miré.

—Mi madre me tuvo aquí en Tome el 2 de diciembre de 1980. Me dejó en la parroquia durante una tormenta de nieve. S-soy la bebé Judea.

Una se llevó las manos a la boca y se le llenaron los ojos de lágrimas. Se paró de su silla, me abrazó y sollozó como si yo fuese su hija pródiga.

—Te tuve en mis brazos cuando eras un bebé —exclamó—. No puedo creer que estás aquí.

El Padre Clemente juntó sus manos.

—Démosle las gracias a Dios Todopoderoso por este bendecido reencuentro. Realmente tiene un plan para cada uno de nosotros. Como dice Jeremías 29:11: «Porque yo sé los pensamientos que tengo acerca de vosotros, dice Jehová, pensamientos de paz y no de mal, para daros un porvenir y una esperanza.»

—Amén —murmuró Una mientras hacía la señal de la cruz. Malcolm hizo lo mismo y le copié rápidamente.

—Hay mucha gente que estaría encantada de conocerte. —Los ojos del Padre Clemente brillaban con lágrimas de felicidad.

No esperaba esto.

—Gracias, pero queríamos que hoy fuera un día más tranquilo e íntimo. Queríamos conocerlo a usted, por supuesto, y ver a Una de nuevo. —Me giré hacia ella—. Y quería conocer a su esposo, John, si no es mucho pedir.

—Claro que no —exclamó Una—. No es ningún problema. Lo llamaré ahora mismo. —Sin perder ni un segundo, tomó el teléfono del escritorio del Padre y marcó un número. Luego de un breve momento de silencio dijo—: ¡John, tienes que venir a la iglesia ahora mismo! No, no pasa nada malo, es una sorpresa hermosa. —Me miró con ojos brillosos—. Apúrate. Tus llaves están en los bolsillos de tu overol.

—Cuéntanos sobre tus padres —pidió el Padre Clemente mientras Una colgaba el teléfono.

En la mitad de una anécdota sobre mis padres, un hombre entró al vestíbulo de la iglesia y tocó la puerta abierta de la oficina del padre.

—John —exclamó Una, se levantó y corrió a empujarlo para que entrara—. ¡No vas a creer quién nos ha venido a visitar hoy!

Nos paramos y el pequeño rostro de John Braithwaite se enrojeció cuando Una lo dirigió hacia nosotros.

—Esta es la bebé Judea.

Sonreí tímidamente y le di la mano.

—Nora Devrey. Y este es mi esposo, Malcolm.

John bajó la cabeza y murmuró:

—Es un placer conocerla. —Le dio la mano a Malcolm y me dijo—: Por un momento, creímos que íbamos a ser nosotros los que te íbamos a adoptar.

—Sí, Una me contó —dije con gentileza—. Son tan increíblemente buenos, hubiera tenido mucha suerte de tenerlos como padres.

—Oh, si tan solo estuviera aquí el Padre Patrick para conocerte. Y Thomas. Y Bernard. Que en paz descansen —dijo Una y suspiró—. Pero nos están viendo. Lo saben.

—Amén —murmuró el Padre Clemente—. ¿Tienes idea de qué pasó con tu madre biológica? Por lo que tengo entendido, ese verano no había ni rastro de ella en Tome.

Malcolm me miró.

—Estamos intentando encontrarla —dije—. Creemos que fue a la secundaria en 100 Mile House y se mudó a Vancouver en 1977. No sabemos por qué volvió a Tome en 1980, ni a dónde fue luego. Pero tenemos algunas pistas para continuar con la búsqueda.

—¿Están ayudando a la policía a encontrarla? —preguntó Una—. Hace un par de semanas, llamó un investigador de la policía muy amable. Ay, ¿cómo se llamaba?

—Chilton —dijo John—. Algo Chilton.

No dije nada. No estaba lista para revelar lo involucrada que estaba en la investigación.

—Hizo muchas preguntas sobre la noche en la que te encontramos —siguió—. Yo estaba encantada de poder ayudar. Quería saber sobre tu madre biológica y me pregunté por qué la policía la estaba buscando.

Si cayeron en la cuenta de que nosotros sabíamos más de lo que les estábamos diciendo, no nos lo hicieron saber.

Malcolm me miró.

—Queríamos conocer a Michael Plummer.

—Michael vive con su hija y su yerno a unas cuadras —dijo Una—. Lo llamaré y veré si puede venir. —Tomó el teléfono del escritorio del Padre Clemente y marcó el número de memoria.

Cuando colgó, dijo que él estaba en su casa y que estábamos invitados a pasar. John se ofreció a indicarnos el camino. Una y el Padre Clemente nos desearon mucha suerte en nuestra búsqueda y nos rogaron que los mantuviéramos al tanto. Les prometí que lo haríamos.

Seguimos la camioneta blanca de John unas pocas cuadras hasta llegar a una casa de un solo piso muy prolija, con juguetes de niño desperdigados en el frente. John tocó la bocina un par de veces para despedirse y se fue.

Un hombre mayor que asumía era Michael nos saludó con la mano desde adentro mientras bajábamos del auto. Cuando tocamos a la puerta, abrió una joven con un niño en brazos. Dio un paso hacia atrás para que pudiéramos entrar.

—Hola, soy Emily, la hija de Michael. Él es Neil. Michael está en la sala de estar, por allí. —Señaló con el codo—. Siéntanse como en su casa. Les llevaré un poco de té.

Michael Plummer estaba parado y temblando un poco cuando entramos en la ordenada sala de estar. Debía tener al menos setenta y estaba un poco encorvado. Noté que tenía un brazalete de alerta médica en la muñeca y un audífono en una oreja. Pero igual era más alto que Malcolm y su apretón de manos, firme.

Malcolm se presentó y me dio la mano.

—Gracias por recibirnos sin ningún aviso.

Michael hizo un gesto con la mano.

—Me encanta tener visitas. Además, Una fue muy misteriosa. Cualquier amigo de John y Una es también amigo mío.

Emily entró con una bandeja de té y galletas.

—De manteca, papá, como te gustan.

Su relación tan cercana me hizo recordar mi relación con mi padre. Dejó la bandeja y se fue, ya que era la hora de la siesta de Neil.

—Emily es mi hija más pequeña —explicó Michael—. Mi hija más grande, Lucy, estudió para ser enfermera y se mudó a Prince George hace alrededor de doce años. Desde hace seis años vivo con Lucy, luego de que se casara con un abogado. Chris, su esposo, trabaja para la firma de su padre aquí en el pueblo. Mi Theresa había muerto para ese entonces y quería estar con mi familia, en especial porque iba a tener nietos. —Por su sonrisa era evidente lo orgulloso que estaba de su familia—. Bueno, ¿en qué los puedo ayudar?

—Nos enteramos que usted y otro voluntario, Thomas Chance, salvaron la vida de un bebé en 1980. Esperábamos que nos pudiera contar más sobre eso —expliqué.

Michael pareció encogerse un poco y las puntas de sus orejas se enrojecieron debajo de su pelo fino y blanco.

—Estábamos tan felices de que sobreviviera, la pobre niña. Fue un milagro. De verdad. Pero hicimos lo que cualquiera hubiera hecho, solo se dio la casualidad de que esa noche Thomas y yo estábamos de guardia para las emergencias.

—¿Nos puedes contar cómo fue? —pregunté.

Michael se detuvo un momento y asintió

—En invierno, nieva mucho en Tome. Por lo general, comienza en octubre y sigue hasta marzo. Tenemos tormentas de hielo, de viento, de lluvia, además de inundaciones en primavera. Durante todo evento climático grande, el pueblo se queda sin luz y los teléfonos se cortan.

»Durante esta tormenta en particular, Tom y yo estábamos yendo de puerta en puerta para asegurarnos de que todos tuvieran mantas, leña y botellas de agua —recordó Tom—, cuando John Braithwaite nos llamó por la radio. Una y el Padre Clemente habían encontrado a un bebé en la puerta de la iglesia. Tom y yo fuimos rápidamente a buscar las motos de nieve al final de la cuadra pero, en realidad, estábamos nadando por la calle central a través de medio metro de nieve fresca. Nos dimos prisa para llegar a la iglesia. El doctor Wilby y la enfermera Bain ya estaban ahí y nos dijeron que la bebé moriría si no la llevaban a un hospital. Y bueno, no tenemos un hospital en el pueblo, por eso Lucy vive en Prince George. Y el hospital en 100 Mile no tenía los recursos necesarios para cuidar de bebés prematuros, así que tenía que ir a Prince George. Podríamos haber ido en helicóptero, pero no se pueden aterrizar con un clima así. La bebé era tan chica y estaba tan enferma, tan fría, que Tom y yo nos miramos y supimos sin decir nada que íbamos a llevar a la niña a donde sea que fuese necesario. Le dije a Una que le dijera a Theresa y a Nora, Nora Chance, la esposa de Tom, a dónde estábamos yendo. Tomé a la bebé en brazos, la metí dentro de mi abrigo, Tom tomó las llaves de la camioneta de John y nos dirigimos a la carretera.

»No se veía nada. La temperatura había llegado a menos veintitrés grados y la sensación térmica era incluso más baja. La respiración se congelaba al salir de la boca. —Se señaló el labio de arriba—. Tom manejó primero porque conocía las calles como la palma de su mano. Y yo mecí a la bebé y le di palmaditas en la espalda. Me aseguré todo el tiempo de que todavía respiraba. Dos o tres veces pensamos que había dejado de respirar y paramos a reanimarla, todo ese tiempo pensamos que no sobreviviría. En un buen clima, llegar al hospital tomaba dos horas. La tormenta paró en las afueras de 150 Mile, pero las barredoras todavía no habían pasado a sacar la nieve y echar sal en la calle. No había un alma esa noche. Lo único que cambió fue que ahora podíamos ver, aunque no estábamos seguros de dónde terminaba la calle. —Malcolm negó con la cabeza—. Ahora suena increíble, pero estuvimos aterrados todo el camino. Cada tanto, cambiábamos de roles: Tom sostenía a la bebé y yo manejaba, y al rato cambiábamos devuelta.

—Y lo lograron —murmuré, estaba fascinada por completo. Ya había escuchado la historia gracias al doctor Pequeño, pero igual estaba ansiosa por escuchar cómo terminaba.

—Lo logramos —confirmó—. Nos fuimos de Tome alrededor de las cinco y llegamos a Prince George alrededor de la nueve. Hasta el día de hoy no sé cómo, pero lo logramos. Y nos quedamos con ella hasta que supimos que iba a sobrevivir. Nos quedamos toda la noche rezando. Y sobrevivió.

Juntó sus manos, las apoyó en su estómago y suspiró.

—De cuando en cuando pienso en ella. Sé que la adoptaron unos buenos padres. Espero que haya crecido y que sea feliz.

Malcolm me miró para confirmar si quería que dijera algo.

—Hazlo —dije—. Cuéntale.

—¿Contarme qué? —preguntó Michael.

Malcolm me apretón la mano.

—A Nora la adoptaron de bebé. —Se detuvo un momento—. Hace poco se enteró que la encontraron aquí en Tome el 2 de diciembre de 1980.

Hasta ese momento, Michael había estado sonriendo amablemente. Pero quedó boquiabierto. Me miró y balbuceó.

—¿Tú eres la bebé?

Comencé a llorar y asentí y Michael comenzó a reír, una risa aguda de felicidad.

—Querida niña —exclamó mientras se acercaba. Lo abracé y me dio un beso en la mejilla.

—Ha sido una visita muy emotiva—dije mientras me limpiaba las mejillas—. No suelo llorar mucho.

—Ah, si tan solo estuviera Thomas aquí para conocerte. —Me tocó el rostro—. ¡Mírate! Cómo has crecido. ¡Yo te tuve en brazos!

—Gracias —dije con total sinceridad, por todo lo que ese hombre significaba para mí.

Llamó a su hija Emily, que vino corriendo.

—¿Qué sucede? —gritó con expresión alarmada.

—Es un feliz reencuentro —aseguró Malcolm rápidamente—. Tu padre rescató a mi esposa cuando era bebé.

—Es la bebé Judea —dijo Michael con la voz entrecortada.

Los ojos de Emily se abrieron como platos y me miró sorprendida.

—Todavía yo no lo comprendo del todo —broméé.

Michael aplaudió de alegría. Lo tomé de las manos y lo miré a los ojos.

—Gracias, Michael. Por haberme salvado la vida.

Un poco más tarde, cuando abrieron las puertas y entraron los Braithwaite, todavía estábamos tomando el té, hablando y recordando historias como si fuésemos amigos de toda la vida. Menos de una hora más tarde, llegó el esposo de Emily, Chris, y se encontró con su sala de estar repleta de gente feliz y emocionada. Sugerí visitar el cementerio para ver las tumbas de los otros que me habían rescatado y a todos les pareció una buena idea. Malcolm y yo paramos un momento en una florería y nos encontramos con el resto en la entrada de Jardín de Edén, el cementerio de Tome.

Dejamos flores en las tumbas del Padre Patrick, de Thomas Chance y de Bernard Beardsley. Le agradecí a cada uno de ellos por formar parte de mi historia. Y les agradecí a mis nuevos amigos de Tome por acompañarme. Antes de que

Emily llevara a Michael a casa, rogó que lo visitáramos siempre que estuviéramos por la zona y le prometimos que así lo haríamos. Luego nos apretujamos, nos abrazamos y lloramos de nuevo, como si no esperásemos volver a vernos.

Luego de unas interacciones tan emocionantes y revitalizadoras, me sentía con fuerza como para afrontar la parte más dolorosa de mi historia. Le pregunté a Una si sabía cómo me podía contactar con los dos senderistas que habían encontrado a Jane Doe. Estaba feliz de poder darme los números de sus familias. Le di un último abrazo afectuoso y nos despedimos.

Mientras volvíamos a 150 Mile House, miré a Malcolm con una sonrisa en la cara, completamente feliz y renovada.

—Tenías razón sobre venir aquí y conocer a estas personas. Gracias.

Sonrió, encendió la luz para doblar y bajó la velocidad.

—¿Qué quieres hacer mañana?

Luego de una pausa, hablé.

—Creo que podemos volver a concentrarnos en Jane Doe.

Apretó la mandíbula.

—¿Estás segura de que es una buena idea? Ayer estabas muy mal.

—Lo sé. Pero tenías razón, también descubrimos cosas buenas. Tengo que tomar lo bueno y lo malo, ¿no? Quiero hablar con Terry y Scott Duggan.

—Los hombres que encontraron a Jane Doe —dijo.

Asentí.

—Me gustaría saber si están dispuestos a verme.

Scott lo estaba. Terry no. Scott explicó que Terry era un hombre muy reservado y que evitaba la atención de los medios por lo que había sucedido en el verano de 2005.

Acordamos encontrarnos en un restaurante en Tome para desayunar al día siguiente a las nueve y media, antes de que Malcolm y yo partiéramos para Prince George y volviéramos a casa. Había sido un problema convencer a Scott de vernos tan temprano, pero accedió cuando dijimos que nosotros pagaríamos.

Lo reconocí cuando entró tambaleándose al restaurante unos pocos minutos antes de las diez. Había envejecido desde las entrevistas hace cinco años, pero tenía el mismo cuerpo delgado, una pequeña panza cervecera, cabeza calva y candado. Parecía tener resaca y también olía a resaca, se le caían los mocos y tenía los ojos rojos.

La mesera nos atendió al poco tiempo de que Scott llegara a nuestra mesa. Rellenó los cafés que habíamos pedido mientras esperábamos, pedimos el desayuno rápidamente y se fue.

—Así que quieren que les cuente sobre mi excursión —dijo Scott con arrogancia, desparramado en el asiento de enfrente, con los brazos extendidos sobre los lados del asiento. Su atención fue del restaurante a una joven que pasó a nuestro lado para ir al baño.

Escondí una sonrisa. Su arrogancia lo dejaba en ridículo. Malcolm negó con la cabeza. Terry dejó que lo entrevistaran una única vez ese verano y Scott habló con cualquiera que tuviese una cámara y fuese a poner su cara en las noticias.

—Sí, soy bastante famoso en este pueblo —dijo mientras quitaba como si nada una pelusa de su hombro—. Como una celebridad o alguien de la televisión. Todos quieren saber cómo encontré el cuerpo. Podría escribir un libro al respecto, capaz lo convertirían en una película.

Más que ofenderme, su displicencia me obligaba a morderme el labio para no reírme.

—Vimos la entrevista que te hicieron.

—¿Cuál de todas? —se jactó—. Nací para estar en cámara. Estoy perdiendo mi tiempo en un pueblo tan chico.

—Cuéntanos tu historia a *nosotros* —dijo Malcolm.

—Bueno, había estado trabajando mucho y necesitaba tomarme un descanso. Siempre trabajando, durmiendo poco y mi esposa embarazada... No paraba de molestarme. —

Dudó, como si hubiera caído en la cuenta de que me podía ofender, se giró hacia Malcolm y dijo—: Ya sabes cómo es.

—Por suerte, no lo sé —Sonrió con su mano sobre mi brazo con ternura—. Dime, ¿en qué trabajas? —A pesar de que su tono era amable, lo contradecía el brillo en sus ojos, que indicaba que se estaba burlando.

Scott parecía helado con una sonrisa en la cara.

—B-bueno, ahora no estoy trabajando, tengo muchas oportunidades —dijo para evitar responder—. Tengo muchos planes. ¿Trabajas en negocios?

—En el área de la publicidad —respondió Malcolm—. Y mi esposa es investigadora y profesora.

Por su expresión, supuse que a Scott no le gustaba que las mujeres trabajaran y tuvieran éxito, a pesar de que dijo amablemente:

—Qué bueno.

No tuvimos que responder porque en ese momento volvió la mesera. Luego de que dejara los platos con huevos, tocino y tostadas y Malcolm le asegurara que no necesitábamos nada más, dije:

—Así que tu hermano y tú se fueron el fin de semana.

Scott habló con la boca llena.

—Me encanta la naturaleza. Me gusta hacer excursiones en verano, acampar y vivir lejos del pueblo. Había ido varias veces a ese claro, solía acampar allí en invierno cuando iba a pescar en el hielo.

Con lo fanfarrón que era, no me hubiese sorprendido si comenzaba a contar una historia sobre cómo pescó un pez que rompió récords.

—A mi hermano Terry no le gustaba mucho. No se iba del pueblo muy seguido, le gustaba estar en su casa. Pero me pareció una buena idea sacarlo un fin de semana, así que lo convencí para que me acompañara. No a los campamentos ni a las cabañas. Te puedes arreglar solo si tienes el equipo adecuado y sabes lo que estás haciendo.

Era muy entretenido escuchar lo mucho que exageraba todo y me incliné hacia adelante para animarlo a que siguiera.

—¿Prepararon todo el equipo y caminaron hasta allí? ¿Cuánto tiempo les tomó? Debe haber sido difícil.

Scott sonrió de manera condescendiente.

—Quizás para ustedes, que vienen de la ciudad. Nosotros estamos acostumbrados. Pero así es, es una caminata difícil, y hay que luchar contra la naturaleza y caminar cuesta arriba la mayor parte del camino. Nos llevó cinco o seis horas, además llevábamos mucha carga, fue mucho ejercicio. Pero hago ejercicio todo el tiempo.

Habíamos hecho la misma caminata. A sabiendas de que la mitad del camino había sido sobre un camino plano y de tierra, sonreí para mis adentros. No dudaba que a Scott y Terry les había llevado seis horas llegar al claro, cuando a nosotros nos había llevado tres. Me pareció que Scott era un principiante que caminaba en círculos mientras luchaba contra los arbustos.

—Sabía exactamente hacia dónde iba, pero tenía que ir más despacio por mi hermano, si no se hubiera quedado atrás. No conoce tan bien la naturaleza, si no, quizás habríamos llegado en la mitad del tiempo. Por supuesto, cuando llegamos al claro, estaba exhausto y quería descansar un poco, así que comencé a armar la carpa solo. Y su perro, trajo a su perro por si nos encontrábamos con cualquier animal, osos, pumas o lo que sea. Le dije que no era necesario traerlo. Tenía mi pistola y tengo muy buena puntería, siempre doy en el blanco. Una vez maté a un oso de un solo tiro. Pero dejé mi pistola en la camioneta. Cualquiera que sepa sobrevivir en la naturaleza sabe que no hay osos, pumas ni lobos en esa parte del lago. Está demasiado cerca de la carretera.

—Estabas diciendo algo sobre su perro —le recordó Malcolm.

—Ah sí, el perro trota hacia el otro lado del claro, bajo esos enormes, pinches árboles y comienza a cavar. Supuse que había algo asqueroso, así que le grité a Terry que fuera a buscarlo.

Noté cómo se contradecía, pero resistí la tentación de señalar las evidentes inexactitudes. Me preocupaba que se enojara y dejara de hablar.

—Pero Terry seguía un poco cansado, así que se sentó en un tocón y yo fui a buscar al perro para traerlo. Y ahí fue cuando... —Su voz se convirtió casi que en un susurro—. Lo vimos. —Hizo una pausa dramática, estaba claro que quería que le preguntáramos.

Malcolm le dio el gusto.

—¿Qué viste?

—El cráneo —susurró.

Me había estado riendo hacia adentro de su ridiculez, pero en ese momento caí en la cuenta de la seriedad de lo que estaba contando. Ese cráneo, quería gritar, era de mi madre. Miré la mesa.

—A simple vista, el cráneo parecía una roca —continuó Scott—. No podía ver los agujeros de los ojos ni de los dientes. Debe haber estado boca abajo cuando la...

—No queremos saber los detalles ni lo que tú supones —lo interrumpió Malcolm—. Solo dinos qué sucedió después.

Scott parecía ofendido. Me imaginé que la mayoría querían saber hasta el último detalle.

—Guardé la carpa en la mochila y nos fuimos a la parte más alejada del claro.

—¿No se fueron? —lo pinché para que siguiera.

—No. Era más rápido caminar una hora hasta llegar a la carretera y ahí parar a alguien. Usé el celular de alguien para llamar a la policía y contarles lo que habíamos encontrado. Esperamos media hora hasta que llegaron desde 100 Mile. Los policías trajeron un todoterreno, por lo que nos llevó menos de veinte minutos volver al claro. Algunos reporteros comenzaron a llegar, pero pusieron todo tipo de barreras para que no pudieran ver cómo desenterraron sus restos. Hicimos nuestras declaraciones a la policía y luego los reporteros quisieron hablar con nosotros.

Ya había escuchado suficiente. Sentía un latido en la base de mi cráneo, que estaba amenazando en convertirse en un dolor de cabeza. Alejé mi plato y miré a Malcolm.

—No me siento bien. —De repente, el ambiente estaba pesado y necesitaba salir a tomar aire.

Malcolm le hizo una seña a la mesera para pagar.

—Gracias por juntarte con nosotros —le dije a Scott amablemente, a pesar de que en verdad quería gritarle.

Me miró, parecía entusiasmado por haber generado esa reacción en mí y decepcionado por no poder terminar su historia.

Mientras me iba, Scott le preguntó algo a Malcolm.

—¿Es muy impresionable? —No escuché su respuesta.

Estaba esperando en el asiento del copiloto con la cabeza apoyada hacia atrás y los ojos cerrados cuando Malcolm volvió. Después de un momento de silencio, resopló.

—Qué encantador.

Lo miré y sonreí un poco.

—¿Cómo te encuentras? —preguntó.

Cerré los ojos de nuevo y me encogí de hombros.

—Sé que quería conocerlo, pero ahora no entiendo por qué. No descubrimos nada nuevo.

—No, pero podemos tacharlo de tu lista y volver a casa sabiendo que es un pendejo y un arrogante.

Su intento de hacer una broma me animó un poco, pero ya estaba con un humor de perros. No podía cambiar la historia de Jane Doe, pero podía adentrarme en ella más despacio, como me adentraría en el océano o en una ducha muy caliente.

Nuestro vuelo salía desde Prince George en más de seis horas. Llenamos el tranque del auto alquilado y tomamos la carretera hacia el norte para salir de Tome. Miré hacia atrás. No estaba segura de que fuera a volver en algún momento.

Agradecía haber conocido a los Braithwaite y a Michael Plummer y a los Davies y al Padre Clemente. Si alguna vez volvía, me encantaría visitarlos y sabía que me recibirían de buena gana, pero no tenía razón alguna para volver. No sabía bien cómo seguir después de esto, habíamos descubierto todo lo que podíamos sobre la historia de mi nacimiento, el descubrimiento de los restos de Jane Doe, la infancia de Marcia y habíamos llegado a un callejón sin salida.

Quizás el inspector Chilton tendría información nueva. Le había prometido mantenerlo al tanto de todo lo que descubríamos y decidí llamarlo al día siguiente. Luego me juntaría con mi madre a jugar al tenis y almorzar y me olvidaría de Tome y de Lachlan y de Marcia Garvey y de Jane Doe.

Al menos por ahora.

Capítulo quince

Abril dio paso muy rápido a mayo y mayo, a junio. Hubo un tiempo en el que hablé con el inspector Doug Chilton una vez por semana por teléfono, pero a medida que transcurría el tiempo y no había avances, comenzaron a pasar dos semanas y luego tres sin que nos pusiéramos en contacto. Estas conversaciones eran los únicos momentos en los que hacía algo por mi investigación sobre Jane Doe. Para cuando llegó una llamada poco frecuente en junio, el inspector Chilton y yo nos tuteábamos.

—Nora, alguien llamó a la línea de atención, alguien que quizás vio a Jane Doe. No está seguro de si se trata de la misma chica o si fue en la misma época o siquiera si fue el mismo año, por lo que no nos podemos adelantar.

Doug dijo que se trataba de un hombre que de adolescente había trabajado en el almacén de su padre en las afueras de 150 Mile House. Una noche, mientras ayudaba a una anciana a hacer las compras, vio a una chica muy hermosa con una chamarra de lluvia azul, que podría ser Jane Doe. La chica rengueó por el estacionamiento y entró a la tienda. Su pelo negro era más largo que la capucha que no traía puesta y sus vaqueros azules estaban metidos dentro de sus botas gastadas. Entró a la tienda, compró algo y se quedó en el mostrador hablando con el padre del informante un rato.

En ese momento, un camionero al que le decían Centavos llegó en su camión. El informante no sabía por qué tenía ese apodo ni cuál era su nombre real y la única descripción que dio fue que era un hombre de baja estatura, pelo negro, barba y bigote. Centavos entró a la tienda, salió con la chica a los pocos minutos y ambos se subieron al camión, no la había obligado ni forzado. El camión se fue del estacionamiento y tomó el acceso a la carretera sur. El informante dijo que nunca más los volvió a ver.

—Admitió que en esa época fumaba mucha marihuana, por lo que su historia puede no ser muy precisa. De todos modos, seguiremos investigando —dijo Doug—. En especial porque creemos que Jane Doe estaba pidiendo aventones y porque la tienda está a una hora más o menos de donde encontraron el cuerpo.

Escuché sin decir nada e intenté imaginarme a la hermosa chica de pelo largo y negro subiéndose al camión con ese hombre. ¿Esa chica era Marcia? Para ese entonces, Marcia había vivido en las calles de Vancouver muchos años, toda su adolescencia había pedido aventones y no tendría problema en subirse al camión de un extraño.

Doug suspiró.

—Nadie cree que será la víctima de un depredador y piensa que las cosas malas que le suceden a otros le sucederán a uno. Tenemos a varias personas de interés conectadas con otros casos de personas desaparecidas, no encontramos ninguna muestra de ADN que correspondiera con las muestras que encontramos en los restos de Jane Doe, pero seguimos buscando.

Pensé en el asesino de Jane Doe. ¿Quién se había tomado el trabajo de esconderla en un claro en el que esperaba que nunca la fueran a encontrar? ¿El asesino era un camionero bajo de pelo negro al que le decían Centavos? Me dio un escalofrío.

—Corroboramos lo que descubriste sobre Kenny con los registros del Servicio Correccional de Canadá y los del Departamento de Policía de Vancouver. Arrestaron a Kenneth Stephen Gates por robo a mano armada a fines de 1978 y lo sentenciaron a siete años en prisión. Salió a los cinco años por buen comportamiento. En sus antecedentes penales dice que era un joven tranquilo, que sufrió de abstinencia de heroína y se rehabilitó a regañadientes. En 1981, obtuvo el diploma de la secundaria a través del programa educativo. Su oficial de libertad condicional afirmó que Kenny había planeado empezar a trabajar como obrero o algún otro trabajo que no requiriera muchos estudios. Pero a las tres semanas de haberlo liberado, murió de una sobredosis de heroína.

Como lo habían encarcelado en 1979, era muy poco probable que fuese mi padre. Era tan solo otro chico soñador en un mundo con limitaciones, que disfrutaba a lo grande y que tomó algunas malas decisiones que resultaron ser fatales.

—También llegaron los antecedentes penales de Marcia —prosiguió Doug—. Confirmamos que la arrestaron por primera vez en 1977 y que sucedió a las tres semanas de que se uniera a la comuna. Eran cargos menores por daños y vandalismo, pero los retiraron.

Recordé mi conversación con Tammy en abril.

—Descubrí que era posible que Marcia tuviera antecedentes a través de una amiga de ella, pero no los pude encontrar en internet. ¿Por qué?

—Es posible —dijo— que como ha pasado tanto tiempo desde las condenas, cualquier antecedente oficial haya quedado escondido en algún lugar recóndito. También es probable que alguien haya cometido un error si su apellido estaba mal escrito cuando digitalizaron los archivos. Pero creo que lo más probable es que no hayas buscado en el lugar correcto. Los antecedentes no son públicos, los documentos judiciales y las condenas sí lo son, pero no siempre se puede acceder a ellos.

—¿Por qué?

—Cualquier antecedente que haya sucedido antes de la mayoría de edad legal no se hará público. Pero, en el caso de Marcia, la mayoría de sus condenas sucedieron luego de que cumpliera diecinueve. Se puede acceder a cualquier registro público o resolución en la página del gobierno de Columbia Británica, tienen una base de datos de los servicios en línea de la corte, en donde puedes buscar según el nombre, fecha de nacimiento, fecha de detención, el número el expediente judicial y así sucesivamente. Dudo que con una búsqueda normal en internet llegues a esa base de datos.

—Tiene sentido. Así que, volviendo a tu historia, ¿me puedes decir qué significa exactamente una denuncia por daños? ¿El expediente de arresto no explica qué hizo?

Doug vaciló.

—Sus expedientes de cuando era menor están sellados, pero una denuncia por daños y vandalismo puede llegar a ser algo tan menor como participar en una protesta contra la guerra, para legalizar la marihuana, por la igualdad de derechos para las mujeres y los homosexuales.

Sabiendo las razones por las que la arrestaron los años siguientes, era difícil pensar lo mejor de Marcia.

—Al poco tiempo la arrestaron por posesión de drogas, lo que resultó en una pequeña reprimenda y en que la pusieran en libertad condicional —continuó—. A las pocas semanas, estaba de vuelta en la corte por robo de poca gravedad. A partir de ahí, los cargos se hicieron cada vez más serios. Sus primeras transgresiones relacionadas con las drogas aparecen en 1979: estar embriagada y alterar el orden público, perturbar la paz, posesión o distribución de drogas. Más tarde ese mismo año, la acusaron por prostitución, aunque retiraron los cargos cuando el cliente apeló a sus derechos contra la autoinculpación. En la primavera de 1980, la atraparon en una operación encubierta de prostitución y la corte le dio dos opciones: podía dejar las drogas y rehabilitarse o ir a la cárcel. Decidió ir a rehabilitación.

»Según los reportes mensuales de su oficial de libertad condicional, luego de dejar las drogas, entró en un centro de recuperación al otro lado del río Fraser, lejos de Vancouver y de los lugares que solía frecuentar. Asistía varias veces por semana a programas de doce pasos para dejar el alcohol y las drogas. El oficial decía que había encontrado un empleo en otoño de 1980 y, por varios meses, no faltó a ningún chequeo ni a ninguna cita. Hasta enero de 1981, que desapareció. Tenía una orden de detención, pero nunca la encontraron. Pero —dudó Doug— no creo que se hayan esforzado mucho por encontrarla. En los sesenta y los ochenta, los reincidentes en general solían desaparecer y nosotros no hacíamos mucho para evitarlo.

Si Marcia era mi madre, la línea del tiempo encajaba con mi nacimiento. Podría haber llegado a Tome a fines de noviembre o principios de diciembre, haberme dado a luz y luego... ¿qué? No se había quedado en Tome. No había rastro de ella allí. ¿Había seguido hacia el norte por alguna razón que yo desconocía o había vuelto a Vancouver y se había escapado de las autoridades?

¿O era posible que Marcia hubiese sido asesinada antes de su chequeo con el oficial en enero?

—Así que no hay rastros oficiales de Marcia luego de 1981 —dije.

—No hay registros de ella luego de 1981 que hayamos encontrado todavía —me corrigió.

Me mordí el labio.

—Doug, dime la verdad. ¿Crees que Marcia Garvey es Jane Doe? ¿Crees que es mi madre?

Suspiró.

—Sin miembros familiares para darnos una muestra de ADN, no podemos comprobar que Marcia Garvey es Jane Doe. Pero no te rindas, todavía no hemos perdido.

Mi investigación sobre Jane Doe quedó en pausa por lo que quedaba del verano, ya que no teníamos información nueva y nada me motivaba a seguir. Mis días volvieron a parecerse a como eran antes de Jane Doe. Dejé de revisar el correo de manera compulsiva y dejaba pasar uno o dos días sin ir a buscarlo. Podía leer correos electrónicos de amigos sobre las épocas de la universidad sin preguntarme si tendría noticias de los amigos de Marcia. Malcolm y yo asistimos a la boda de un amigo, fuimos a acampar, compramos muebles para la terraza y los armamos juntos un sábado a la noche mientras bebíamos; volvimos a pintar el baño y visitábamos seguido a nuestros padres. En la universidad, la rutina familiar de dar clase, responder consultas, tutorías, exámenes y trabajos finales hacía que las semanas pasaran volando y comencé a planificar las clases del semestre de otoño.

Finalmente, a finales de agosto, califiqué los exámenes finales y se acabaron las clases de verano. Al día siguiente, un viernes, Malcolm y yo teníamos planeado irnos a acampar a un lugar especial muy alejado, una de nuestras tradiciones favoritas de verano. Estaba en la cocina oreando las mochilas para excursiones que habíamos usado en febrero, cuando comenzó a sonar mi celular sobre la encimera. No reconocí el número y estuve a punto de no responder. Pero respondí con un áspero «¿Sí?» esperando que un teleoperador comenzara con su promoción guionada.

Luego de un momento incómodo en silencio, una mujer habló con cautela.

—Hola. Quisiera hablar con Nora Devrey, por favor.

—Sí, habla ella. Apoyé el teléfono sobre mi hombro y contra mi mandíbula para poder cerrar la mochila de Malcolm.

—Señora Devrey, me llamo Eleanor. Eleanor Reinhardt. Me escribió una carta.

Se me erizaron los pelos de los brazos. Eleanor Reinhardt, antes Eleanor Garvey, era la hermana de Allan Garvey y posiblemente la tía de Marcia.

—Perdón por no haberme puesto en contacto antes —dijo—. Mi esposo y yo pasamos los veranos en Nueva Escocia con su hermana. Nuestro hijo más grande cuida nuestra casa, pero se fue hace varias semanas cuando se incendió el norte de Calgary. Es bombero —explicó—. Guardó sin querer tu carta en su bolso antes de irse y llegó a casa recién hace dos días. Así que recién ayer me llegó tu carta. —Su voz parecía estar casi silenciada, era dulce y muy cálida y temblaba por la edad. Tosía en silencio a cada rato—. Llamé lo antes que pude, pero para serte honesta, no sé qué tanto te puedo contar. Vi pocas veces a Marcia y fue hace tiempo, así que no estoy segura de que pueda ayudarte.

—Agradezco que se haya tomado el tiempo de llamarme, un gusto conocerla. Y, una vez más, lo lamento mucho por sus padres.

—Ah, muchas gracias, querida, pero murieron hace mucho tiempo. Con el paso del tiempo, uno los sigue extrañando, pero vivieron una vida plena. Creo que mi padre en especial ya estaba listo para irse, extrañaba a mi madre. Habían estado juntos desde niños y crecieron prácticamente juntos. ¿Cómo sobrevives tanto tiempo sin tu alma gemela luego de estar juntos por cincuenta años?

Pensé en Malcolm y negué con la cabeza.

—No lo puedo imaginar.

—Yo me había casado, tenía hijos y papá pudo conocer a sus nietos y contarles anécdotas. Mi hermano ya se había ido para ese entonces también. Ya ves, extraño a mi familia, pero sé que están juntos y que algún día nos volveremos a ver.

—Sí, t-también lo lamento por tu hermano.

—Ah, Allan —suspiró—. Adoraba a Allan. Era cuatro años más grande que yo. Cuando éramos chicos, me contó que mi padre se había ido a pelear a la guerra y que los había dejado a él y a mamá en casa. Luego volvió y nací yo al poco tiempo.

—Tus padres parecen haber sido personas fascinantes.

—Ah, sí, mencionaste que los habías encontrado en el obituario y que estabas intentando encontrar a tus propios padres. ¿No es así?

—Sí. —Le había contado mi historia muy brevemente en la carta, pero le había dicho que había nacido en Tome o por esa zona, que me habían encontrado en la parroquia y que luego me adoptaron y me criaron en Vancouver.

—¿Y crees que Marcia Garvey puede ayudarte a encontrar a tus padres?

Dudé.

—Tengo razones para creer que sabe quiénes son. Me temo que todo lo que he descubierto ha terminado en un callejón sin salida.

Chasqueó la lengua.

—Marcia es mi sobrina, la hija de Allan.

El hablara en presente hizo que me emocionara. Siguió:

—Me temo que no he visto a mi sobrina desde que era muy pequeña. Lamento no poder ayudarte.

Me embargó una gran decepción.

—No tiene por qué disculparse. Pero sí me interesaría saber si me puede decir algo sobre ella. ¿O sobre su hermano y su esposa? Si no le molesta.

Eleanor estuvo en silencio tanto tiempo que temí que se hubiese cortado la llamada. Estaba abriendo la boca para decir algo y asegurarme de que seguía ahí cuando suspiró.

—Nora... ¿te puedo llamar así? Sé que sabes que me estás preguntando algo muy personal. —Sonaba amable pero determinada—. Y sé que entiendes por qué no estoy segura de compartir detalles privados sobre mi familia, especialmente con un extraño y especialmente por teléfono.

Sentí como si me estuvieran reprendiendo.

—No quería faltarle el respeto —dije con resignación.

—Claro que no, querida. Pero me sentiría más cómoda si me pudieras decir por qué crees que Marcia podría ayudarte en tu investigación.

Respiré profundo.

—Tiene razón, señora Reinhardt, tiene derecho a saber, pero me temo que es desagradable. —Intenté encontrar una buena manera de contarle, pero no pude—. Creo que su nieta podría ser mi madre biológica.

No dijo nada.

Llené el silencio con un simple «Lo siento mucho».

—Supongo que tienes una buena razón para creer eso —dijo al fin—. Tampoco puedo asumir que tú querrás contarle todo a una completa extraña. Pero dime por qué crees que mi sobrina es tu madre biológica.

—Es una larga historia —dije.

—Te escucho.

Decidí no mencionar el artículo ni el trágico destino de Jane Doe, ya que Eleanor parecía creer que su sobrina seguía viva. En su lugar, le dije que habíamos visitado Tome para ver dónde me habían dejado cuando nací y que Malcolm y yo habíamos buscado en los anuarios personas que se parecieran a mí.

—Parece que estabas buscando una aguja en un pajar —dijo Eleanor.

—En realidad, tuvimos mucha suerte —respondí—. Encontramos fotos de su sobrina en los anuarios de 1976 y 1977 de 100 Mile House. En las fotos se veía igual a mí.

—¿De 100 Mile House? —repitió—. ¿Fue a la escuela en 100 Mile House?

—Sí, un año o dos —respondí—. Vivió con una amiga allí, Shelly. Ella nos contó un poco sobre la historia de Marcia y dijo que había nacido en Lachlan. Ahí fui después.

—Lachlan. Así que *allí* es a donde fueron Allan y Renee —reflexionó.

Me quedé sin aliento.

—¿Encontraron a Renee?

—Me temo que no. Descubrimos que empezó a salir con un hombre de allí que no... Que tenía una mala reputación y no era muy estable emocionalmente. Los dos murieron en 1981.

Suspiró.

—Ay, dios mío.

—Marcia se fue a Vancouver con dos amigos en 1977. Creo que volvió al interior en algún momento a fines de 1980, me tuvo en diciembre y me dejó en Tome. Luego de eso, es como si hubiese desaparecido.

—¿Nadie la ha visto desde 1980? Ay, dios mío —repitió—. ¿Hay posibilidades de que siga viva?

—Espero que sí, de verdad.

Eleanor volvió a quedarse en silencio. Cuando finalmente habló, se escuchaba la pena en su voz.

—Yo también. Yo quería a mi hermano a pesar de sus defectos, pero Renee nunca me inspiró confianza.

Estaba abriendo la boca para preguntarle sobre su cuñada cuando me preguntó:

—Supongo que no sabes lo que le pasó a la otra chica, Ellen.

Cerré la boca mientras procesaba lo que me había dicho. Luego de un momento tartamudeé:

—P-perdón. ¿Ellen?

—Sí. Las vi por última vez en 1963. Siempre me pregunté qué había sucedido con las dos pequeñas con las que jugué ese día. —Por su voz parecía estar forzando algo, como si quisiera controlar emociones muy fuertes.

Me costó procesar lo que estaba diciendo.

—¿Te refieres a Shelly? ¿Marcia y Shelly? —le pregunté a pesar de que sabía que no tenía ningún sentido. Eleanor no había visto a su sobrina desde que era muy pequeña. Marcia había conocido a Shelly a los once o doce. No era posible que Eleanor la conociera y era todavía menos probable que le importara qué había sido de ella.

—¿Shelly, la chica con la que vivió Marcia en 100 Mile House? No querida. —Parecía confundida—. Me refiero a mi otra sobrina. La hija más pequeña de Allan y Renee.

Parte tres — Una estación de Ellen

Capítulo dieciséis

«La hija más pequeña de Allan y Renee», repetí para mis adentros mientras intentaba procesar lo que me había dicho.

—Ellen habría nacido en... Ay, ¿en qué año fue? A fines de 1962 o principios de 1963, creo.

—¿Allan y Renee tenían otra hija? —repetí sin poder creerlo.

—Así es, querida. —Eleanor parecía confundida—. ¿No lo sabías?

Estaba comenzando a caer en la cuenta de lo importante que era ese dato. Entendía que era fundamental, pero me costó un poco entender por qué. Nadie había mencionado nunca una hermana más joven. Ni Tammy, ni Chad, ni nadie de Lachlan. Shelly había mencionado que tenía hermanos más jóvenes, pero fue un comentario sin importancia, una de las pocas cosas que Marcia había mencionado sobre su hogar y la razón por la que volvía cuando se escapaba. ¿Era posible que nadie supiera de la existencia de Ellen por fuera de su familia?

Marcia nació en 1960. Ellen nació tres años más tarde. Vivió en la misma casa que Allan, Renee y Marcia y, más tarde, con Gordon, Renee y Marcia. Lo más probable era que hubiese tenido que soportar la misma infancia traumática. Marcia se había escapado. ¿Ellen también? Y si así era, ¿a dónde se había ido? Y lo más importante de todo: ¿dónde estaba ahora? ¿Qué chica había estado en esa tumba por veinticinco años?

—Así que puede ser Ellen —dije al fin.

—Perdón, querida, estoy confundida. ¿Dices que crees que es posible que Ellen sea tu madre?

—No sabía que tenía una hermana pequeña —susurré.

—Pero parecías muy segura de que tu madre biológica era Marcia. Quizás me puedes explicar por qué crees eso.

Me senté en el piso de la cocina y me apoyé contra el gabinete, con la mano sobre la boca mientras intentaba procesar todo.

—Señora Reinhardt —dije al fin—, no sé por dónde comenzar. Por favor, escúcheme hasta el final. Desde que soy chica sé que soy adoptada. Mis padres son muy buenas personas y hasta hace seis meses nunca me interesó encontrar a mi familia biológica. Creo que necesita conocer toda la historia. Va a ser difícil y lo único que puedo decir es que lamento mucho ser yo quien se lo cuente.

Comencé a describir mi altura, mi peso, mi pelo, mi color de ojos y mis rasgos distintivos. Luego le hablé sobre el caso abierto que la policía estaba intentando resolver y el dibujo de la policía de la mujer que era idéntica a mí.

—¿Un dibujo de la policía?

—Sí. La policía estaba pidiendo ayuda para identificar a la chica. La llamaban Jane Doe. Era la víctima de un homicidio de hace por lo menos tres décadas y encontraron sus restos en un parque provincial en el interior en 2005.

Dio un gritito ahogado.

—El dibujo hizo que me preguntar de dónde venía. Me encontraron de bebé en Tome, el pueblo más cercano al parque en donde encontraron a esta chica.

—Y la policía cree que la chica es una de mis sobrinas. —Se oía su resignación.

—Todavía están intentando confirmar su identidad. Lo lamento mucho. Es la peor manera de enterarse de esto, a través de una completa extraña.

No sé cómo, pero Eleanor pudo controlar sus emociones.

—¿Cuál de las chicas piensan que es?

—Hasta ahora, pensaba que Jane Doe era Marcia —dije—. Pero lo único que sé es que la prueba de ADN probó que Jane Doe era mi madre biológica.

—Y el dibujo es igual a ti.

—Sí.

—Y también las fotos que encontraste de Marcia en el anuario.

—Me temo que sí.

Estuvo en silencio un largo tiempo.

—Así que, si Marcia o Ellen era tu madre... —titubeó—. Entonces alguna de las chicas fue asesinada.

—Lo lamento tanto. —Existía una remota posibilidad de que estuviera equivocada, que Jane Doe no era Marcia ni Ellen, pero me parecía cruel darle falsas esperanzas.

—Solo vi a Ellen una vez, cuando era bebé —me contó Eleanor—. Vi a Marcia tres veces. Renee nunca perdonó a mis padres por no aceptarla en la familia y le insistió a Allen para que rompiera todos sus vínculos con nosotros, al igual que mi padre me prohibió relacionarme de cualquier modo con mi hermano. Pero Allan y yo nos escribíamos cartas cuando podíamos y conocí a Marcia cuando tenía un poco más de un año. Era una niña encantadora, fue muy cautelosa cuando me conoció por primera vez, desde luego, yo era una extraña, pero se fue abriendo de a poco. Lloró cuando su padre se la llevó. Un año más tarde, no se acordaba de mí, era menos vergonzosa, pero también más testaruda e independiente. Quería darle un regalo de Navidad, habrá sido en 1962, pero Allan no me dejó. Dijo que a Renee no le gustaría que hubiera llevado a Marcia a verme y que terminaría deshaciéndose del oso de peluche de todas formas. Vi a Marcia de nuevo cuando tenía tres años y en ese momento conocí a Ellen.

»Era una niña encantadora. Tenía los mismos rasgos que Marcia. Los ojos, el pelo, la naricita respingada e incluso las expresiones faciales. Tampoco les pude dar un regalo, pero las abracé mucho y jugué con Marcia toda la tarde. Luego nos despedimos y Allan dijo que nos pondríamos de acuerdo para vernos en otro momento. No vi a mi hermano por tres años y, cuando lo volví a ver, estaba solo. No me dijo dónde estaban Renee ni las chicas, solo que se habían ido.

—Lo siento —dije.

—¿Sabes a dónde fueron las niñas cuando Renee se marchó?

Quizás Allan no había mentido abiertamente y había dicho que su esposa lo había abandonado, pero aparentemente eso había dado a entender. Eleanor dijo que amaba a su hermano. No le gustaría saber que él había abandonado a su esposa y a sus hijas.

—Me temo que fue Allan el que se fue, no Renee —dije con cuidado.

—Una parte de mí siempre se lo preguntó —dijo por lo bajo—. No lo cuestioné mucho porque en el fondo no quería saber. Era más fácil creer que Renee lo había dejado. De por sí, mi familia nunca la quiso, pero no tenía sentido que se hubiese ido. Se hubiera quedado con Allan si hubiese podido, se casó con él porque creyó que iba a heredar una gran fortuna cuando mi padre muriera.

—Sé que no es fácil escuchar todo esto.

—¿Qué pasó luego de que Allan se marchara? —habló con determinación, como si estuviera decidida a superar esas noticias desagradables sobre su hermano.

—Renee comenzó a salir con un hombre de allí, que era muy inestable. L-lo siento, pero por lo que he escuchado, a Marcia y a Ellen las descuidaron mucho, es probable que hubiesen abusado de ellas. Marcia se fue de casa varias veces y así es como terminó en 100 Mile House en 1976.

—Ojalá lo hubiera sabido. He vivido aquí toda mi vida, pero ella no lo sabía y quizás yo no la hubiera reconocido de adolescente si nos hubiésemos topado.

Había rastros de amargura y arrepentimiento en su voz. Suspiró.

—No dudo que Renee les haya llenado la cabeza hablando mal de su padre y su familia. Bueno, suponiendo que sabían que existíamos.

Eleanor parecía confirmar lo que los habitantes de Lachlan pensaban sobre lo mala que era Renee.

—Allan y Renee parecían llevarse muy mal. ¿Me puede decir cómo terminaron juntos? —Aguanté la respiración. A pesar de que me había regañado de buena manera por mi invasión a su privacidad, esperaba que se sintiera cómoda contándome cosas que aún no sabía sobre su familia, en especial porque había una gran posibilidad de que fuese mi tía abuela.

A modo de respuesta, me preguntó muy despacio:

—Dijiste que Renee estaba muerta, ¿no?

—Sí.

—¿Sabes cómo murió?

—Por lo que escuché, Renee tenía muchos problemas.

—Se podría decir —respondió de manera irónica.

—Al parecer, su segundo esposo también. Nos hicieron creer que la mató en un pacto suicida.

Le di unos minutos para que pudiera procesar la información. Eleanor conocía a la esposa de su hermano y quizás necesitaba un tiempo para llorar a la mujer que podría haber sido su amiga en algún momento. Me quité un hilo suelto de mis pantalones cortos de lona y esperé con paciencia.

—Hace años no pensaba en Renee —dijo Eleanor al fin—, pero no tiene nada de malo que te cuente las circunstancias de su casamiento. Supongo que tienes derecho a saber. Además, quienes se vieron afectados ya no están más con nosotros. Algunos ya hace mucho tiempo.

Expiré.

—Pero, Nora, ni mis propios hijos saben algunas cosas de mi historia familiar porque quiero proteger la dignidad de las otras personas y dejarlas tomar sus propias decisiones. Te diré esto si prometes ser discreta.

—Lo entiendo, y sí, lo prometo.

Eleanor respiró hondo.

—Mis padres, Todd y Louise, se criaron en la misma calle en el corazón de 100 Mile House. Se casaron al poco tiempo de que mi madre terminara la secundaria, a mediados de los años treinta. Mi hermano nació en 1939 y luego llegué yo en 1943, un año después de que mi padre regresara de la guerra. Casi perdió una pierna en una campaña en Italia, al mismo tiempo que echaban a Mussolini. Mi padre tuvo una metralla justo debajo de su rodilla por el resto de su vida, caminaba con un bastón y rengueaba.

»Cuando le dieron de baja, mi padre utilizó el subsidio del gobierno para comprar un gran terreno en las afueras del pueblo. Construyó una casa resistente de dos pisos a la que nos mudamos en 1946. Mi padre trabajó la tierra y, al comienzo, tuvo éxito a pequeña escala y luego también a nivel de empresas agricultoras corporativas. Compró gran parte de las tierras que lo rodeaban y, a medida que el pueblo se expandía, las arrendaba a rancheros de la zona. Para fines de los cincuenta pudo jubilarse parcialmente y dejar gran parte del trabajo diario para los peones. Éramos una de las familias más pudientes en 100 Mile House. Después de que me casara y mi madre muriera, mi padre le vendió la casa y las tierras al gobierno y se jubiló de manera definitiva.

»Tengo buenos recuerdos de nuestra infancia, pero supongo que Allan no tuvo la misma experiencia. Mi padre lo presionaba mucho solo porque esperaba que heredara el negocio familiar. Pero a Allan no le interesaba. Para cuando se graduó de la secundaria era una persona poco sociable e introvertida. Era de esperar que se sintiera atraído por cualquier persona que le prestara atención y escuchara atentamente cada palabra que decía. De alguna forma, cuando tenía diecinueve, conoció a la hija del alcohólico del pueblo, le dijo a nuestros padres que se había enamorado y que planeaba casarse con Renee Macy, a pesar de haberla conocido hace pocas semanas. Renee tenía quince años, la misma edad que yo. No hago justicia con solo decir que mis padres estaban muy enojados y escandalizados.

—¿Por qué se oponían tanto? —pregunté—. ¿Por la reputación del padre de Renee?

Eleanor respiró hondo.

—¿Estás segura de que tienes tiempo para esto?

Miré el equipo para acampar.

—No interrumpe nada importante. Por favor, continúe.

Eleanor se detuvo un momento como si intentara ordenar sus ideas.

—Lo que se decía en el pueblo era que el primer Macy que llegó era el líder de una banda que robaba bancos y trenes en las praderas canadienses. En ese entonces se hacía llamar Joseph Sandeen. Como sus ganancias ilícitas estaban creciendo y la cantidad de muertos aumentaba, la policía montada les tendió un trampa para capturarlo a él y a sus cómplices. Cuando el humo se disipó, había tres criminales muertos y dos policías asesinados en el tiroteo. El gobierno demandó sangre y la policía estaba decidida a vengarse por los que murieron. Así llegó Joseph Sandeen a 100 Mile House a fines de 1800, varios pasos por delante de la policía.

»Cambió su apellido a Macy y por casi dos décadas se escondió en el pantano denso y lleno de serpientes. Se construyó una casa, se casó con la prostituta del pueblo y engendró a varios pequeños Macy, cada uno heredó su misma ambigüedad moral.

»Las autoridades finalmente lo atraparon en 1905 —explicó Eleanor—. No sé si alguien lo reconoció en la calle, pero lo arrestaron y lo acusaron de la muerte de los dos policías. Nunca pudieron probar que él había disparado el arma que los había matado, pero no importaba: era el líder y lo que importaba era su condena. El jurado lo declaró culpable y lo condenaron a muerte por ahorcamiento. Algunos de sus asociados que vivían aquí, junto con dos de sus hijos, intentaron liberarlo la noche antes de su ejecución. Le dispararon y lo mataron al igual que a sus hijos. Las autoridades estaban satisfechas por haberse ahorrado tener que arrestar y llevarlos a juicio a todos. —Eleanor tosió para limpiarse la garganta.

»Incluso luego de haber terminado con el patriarcado, la siguiente generación intentó formar un sindicato criminal. Durante la prohibición, destilaron whisky e intentaron enviar alcohol a Vancouver. Las probabilidades de que alguien se emborrachara con sus mezclas eran las mismas de que se envenenara, por lo que su destilería quedó en bancarrota al poco tiempo. A los más jóvenes de la familia los arrestaban seguido durante sus intentos torpes y fallidos de robar.

»Con el paso de las décadas, fue decreciendo la cantidad de descendientes en el pueblo. La astucia y la cautela de su padre dieron lugar a la paranoia, el delirio y las disputas internas. En 1925, a un Macy lo acusaron de matar a su hermano. Su defensa fue que *el pendejo se lo merecía*. La corte no estaba de acuerdo con él y lo ejecutó.

»Para 1940, solo quedaba una familia Macy, el resto había tomado hasta morir o se había podrido en prisión. Arn Macy y su madre, Tess, tomaban, se ponían como cubas y recordaban los buenos tiempos en los que el apellido Macy inspiraba miedo y respeto. Los mocosos de Arn fueron criados para que sintieran que tenían algún privilegio, cuando en realidad no lo tenían. Compartir nombre con sus ancestros significaba que eran superiores a los habitantes de 100 Mile House y la razón por la que la gente los miraba mal era la envidia, no el disgusto. Los Macy no iban a la escuela. No necesitaban trabajar para vivir. El gobierno les debía plata por haber ejecutado injustamente a sus familiares. Por esta razón recibían prestaciones sociales, acosaban a los habitantes y bebían en cualquier momento, en cualquier lugar y lo que sea que quisieran.

»Por lo que cuando mi hermano anunció que él, el hijo de un terrateniente pudiente y de una de las familias más prominentes de la época, se iba a casar con la hija de Arn Macy, mi padre no se lo permitió. Ningún Macy heredaría el apellido Garvey o un centavo de la fortuna que él había ganado trabajando. Luego de varias horas de discusión, la verdad al fin salió a la luz. Allan creía que Renee estaba embarazada y pensaba que lo correcto era casarse. Mi padre estaba furioso, no creía que existiera un bebé y, si lo había, que fuera de Allan. Amenazó con desheredarlo. Estaba seguro de que el embarazo era una trampa de la chica y su familia para quedarse con la riqueza ganada con trabajo arduo de los Garvey.

»Allan se fue de casa esa noche solo con la ropa que traía puesta. Él y Renee fueron a la iglesia a la mañana siguiente, pero los rechazaron porque Renee era muy joven. Hizo un escándalo en la iglesia, lloró y gritó. Insistió con que viviría como la esposa de Allan aunque la iglesia no lo reconociera y que, si el pastor se negaba a casarlos, vivirían en pecado y el bebé estaría condenado a una eternidad en el infierno. El pastor cedió a regañadientes. Allan y Renee se fueron de 100 Mile House ese mismo día.

»Mi padre nos prohibió a mi madre y a mí tener cualquier tipo de contacto con Allan y siguió con su vida como si nunca hubiese tenido un hijo. Pero Allan me envió una carta desde el correo de 150 Mile House para decirme que habían terminado en una choza en el norte y que había conseguido un trabajo estable. Le respondí a esa dirección postal todas las veces que me escribía, que sucedía de vez en cuando. —La voz le temblaba por la emoción.

»Planeaba trabajar duro, comprar la choza que estaban alquilando y crear su propia fortuna para mantener a su esposa y su familia, darles una buena vida y probar que su padre estaba equivocado. En una de sus últimas cartas, Allan admitió que Renee era una esposa muy complicada. Daba excusas sobre su comportamiento alegando que era joven y que las mujeres en su familia eran mucho más sensibles, irracionales y temperamentales. Bromeó sobre sus acusaciones de que él le había arruinado la vida y la había condenado a una vida de infelicidad.

Como no podía abrazar a Eleanor y aliviarle su dolor, me llevé las rodillas al pecho y las rodeé con un brazo.

—De a poco, Allan dejó de escribirme. Me enteré de la verdad sobre Renee durante las pocas veces que me visitaba. Se casó con él porque quería una casa grande en 100 Mile, ropa bonita, joyas brillantes, comida y bebida. Mis padres no la habían aceptado, pero ella pensaba que, cuando se murieran, se convertiría en la dueña de esa fortuna y la matriarca de la familia. Solo tenía que esperar a que mi padre muriera y que Allan heredara todo: haría que su marido, que tenía tan poca autoridad, hiciera todo lo que ella quería y todo lo que deseaba se haría realidad. Pero varias semanas después de que se casaran, Allan reveló que nuestro padre lo había desheredado. Gritó y lloró. Tiró su ropa al fuego, lo abofeteó, lo arañó y lo insultó con nombres horribles. Amenazó con denunciarlo a las autoridades por violación a una menor. Terminó admitiendo que no existía ningún bebé y que nunca había existido. Eleanor se detuvo para tomar aire.

Exhalé sonoramente.

—No tengo palabras. No sé qué decir. Su pobre hermano.

Suspiró.

—Siempre quiso creer lo mejor de las personas y eso a veces lo llevaba a estar ciego ante los defectos. Unos años más tarde, cuando Allan confesó todo lo que había hecho su esposa, se rehusó a decir su nombre. Hablo de manera monótona y sin mostrar ninguna emoción. Había sacrificado todo por esta chica y había permitido que lo ridiculizaran y que hablaran sobre él. No había amado de verdad a Renee, pero se había convencido de que era un buen hombre y que había hecho lo correcto al casarse con la joven a la que había seducido. Y todo había sido una mentira. —Eleanor quedó en silencio.

Estiré mis piernas para que no se durmieran. Me sorprendió lo mucho que habíamos estado hablando, pero todavía quedaban muchas preguntas sin responder.

—¿Le molestaría que le pregunte cuándo se enteró que existía Marcia?

—Déjame pensar. —Se tomó un tiempo para reflexionar y dijo—: Tiene que haber sido durante las fiestas en 1960 o algo así. En una carta, Allan mencionó que tenía una sobrina llamada Marcia. Nos pudimos juntar recién el verano siguiente. Les di una excusa a mis padres, una historia sobre una tarde en el lago con mis amigas. Allan manejó al sur para encontrarse conmigo y Marcia estaba en una caja de cartón en el asiento de adelante. Cuando le pregunté, dijo que a Renee no le molestaba que trajera a Marcia para conocerme. Agregó que, de todos modos, Renee no parecía querer a Marcia, pero lo dijo sin querer y se avergonzó de eso.

No podía imaginarlo.

—Tenía la suerte de tener un padre que la amaba y quería estar con ella —dije.

—Él adoraba a sus hijas —dijo Eleanor—. Hicieron dos visitas más como esa. Se pasaba horas con Marcia en los brazos y haciéndole cosquillas para que se riera. Estaba atento a cualquier cosa que necesitara. Pasó lo mismo cuando llegó Ellen. La conocí en esa última visita clandestina en 1963. Pero al poco tiempo, dejaron de llegar las cartas de Allan y no lo vi por varios años.

—¿Qué sucedió con las chicas? —pregunté, a pesar de que creía saber la respuesta—. ¿Las vio alguna vez más después de eso?

—No.

Se me puso la piel de gallina a pesar de que era verano y hacía calor. Cambié mi teléfono a la otra mano y acerqué los codos al torso para calentarme.

—Una mañana de 1966, estaba viendo a mi padre arreglar uno de sus autos en el granero grande con el tractor y varios autos viejos cuando entró Allan. Mi padre le gruñó y volvió a centrarse en el motor que estaba arreglando. Me dijo que fuera a ayudar a mi madre en la casa. No los vi por el resto del día, pero esa noche Allan entró con mi padre a la casa y se sentó en su antiguo lugar a la mesa como si los últimos ocho años no hubiesen ocurrido. Mi madre lloró de la felicidad. Pensé que no era el momento de hacer preguntas. Comimos en silencio. Luego de que mi padre se levantara de la mesa, mi madre le preguntó sobre Renee. Lo único que dijo fue que su esposa se había ido. La mañana siguiente, se vistió, se puso las botas para trabajar y fue con mi padre al granero. —La voz ronca de Eleanor se quedó en silencio. Habíamos estado hablando por más de dos horas. Hablar sobre un período tan difícil en la historia de su familia le estaba pasando factura.

—Lamento mucho todo lo que ha tenido que enfrentar —dije—. Aprecio toda la información que me brindó y le agradezco su honestidad. Le prometo que seré discreta con todo lo que me ha dicho.

—Gracias, querida. —Se sorbió la nariz y se sonó los mocos—. Pero, si eres parte de la familia, tienes derecho a saber todo esto.

Dudé en hacer la pregunta que había estado quemando mi interior desde el principio.

—Realmente espero que no le moleste que pregunte. ¿Cuáles son las posibilidades de que Marcia no fuera la hija biológica de Allan?

—Supongo que es posible, pero en ese momento no lo dudé. Marcia se parecía mucho a mi hermano, y mis propios hijos a esa edad me hacían recordar a las hijas de Allan. Todavía creo que Marcia y Ellen eran sus hijas, pero supongo que puedo estar equivocada.

Me pregunté qué tanto me parecería a los hijos de Eleanor.

—Lamento haberlo preguntado. Si Renee... lo engañó, no tiene sentido que continúe buscando a los Garvey.

—Sí, supongo que tienes razón —murmuró Eleanor.

—Sé que esta conversación la ha agotado emocionalmente, señora Reinhardt, pero me pregunto si puedo pedirle una última cosa. —Respiré—. Si una de sus sobrinas es mi madre biológica y realmente son las hijas de Allan, eso me convierte en sobrina nieta. ¿Estaría dispuesta a hacerse una prueba de ADN para determinar si somos familia? —Me detuve—. Esa misma prueba demostraría que Jane Doe es Marcia o Ellen.

—¿Hay...? No —dijo, para responder la pregunta que no había llegado a hacer—. Supongo que, dado que Allan y Renee ya no están y no pueden encontrar a ninguna de las chicas, no queda nadie más que pueda confirmar la identidad de Jane Doe.

—Por favor, no se sienta obligada —me apuré en agregar—. Puedo buscar a la familia de Renee en 100 Mile House y quizás...

—Ni lo intentes, querida —interrumpió Eleanor—. Son las peores personas que hay. Y lo más probable es que buscarlos resulte ser inútil. Nadie sabe a dónde fueron y a nadie le interesa.

Esas noticias me tranquilizaron. No sentía más que rechazo por la familia que había descrito y no me molestaba en lo más mínimo ignorar el hecho de que podrían llegar a ser mis familiares.

—No lo hago por egoísmo —le aseguré—. Bueno, no solo por egoísmo. Siento un cariño por su nieta, por Marcia, desde que vi el dibujo de la policía y estoy decidida a descubrir el final de su historia, sin importar cuál sea. No importa si es mi madre o no. También estoy decidida a encontrarle un nombre a Jane Doe. Nadie merece ser olvidado.

—Claro que me haré la prueba de ADN. Es lo correcto —dijo Eleanor casi al mismo tiempo.

Una tensión fría que sentía en mi pecho se disipó.

—Gracias. Gracias, gracias. No puedo explicar lo mucho que significa esto para mí.

—Quizás yo te puedo pedir un favor a ti, querida. ¿Si encuentras a alguna de las chicas, o a las dos, les puedes dar un mensaje? Diles que las he amado y... y que, que pueden ponerse en contacto, quizás podamos hablar.

—Lo haré —le dije con sinceridad—. Mientras tanto, me gustaría seguir en contacto con usted si no es molestia.

—A mí también me gustaría —dijo Eleanor—. Quizás nos podremos ver en persona cuando tenga tiempo de procesar todo... esto.

Prometí hablar con ella pronto, le deseé lo mejor y corté la llamada.

Sentí como si me estuviera despertando de manera abrupta de un sueño tan vívido, que me agotó en vez de hacer que descansara. Con los ojos bien abiertos, miré la cocina desde donde estaba sentada en el piso y observé las cajas de herramientas revueltas, las mochilas para excursiones, los tanques de propano y los sacos de dormir.

Malcolm salió de la habitación en pantalones deportivos y miró el reloj sorprendido. Me había olvidado de que había planeado salir temprano del trabajo y había estado tan ensimismada en la conversación con Eleanor Reinhardt que no había notado que había llegado a casa, dejado su portafolio sobre la mesada a pocos metros de mi cabeza y había ido a la habitación a ducharse y cambiarse de ropa. Me saludó con un beso en la frente y se sentó en el suelo a mi lado.

—¿Con quién hablabas?

—Eleanor Reinhardt, la hermana de Allan Garvey y la tía de Marcia.

Levantó las cejas.

—¿Sí? ¿Y qué dijo?

—No me creerás, Malcolm. Allan y Renee tuvieron otra hija, la hermana pequeña de Marcia, Ellen. Nació en 1963.

Quedó en silencio por un momento.

—Así que hay dos posibilidades. —Se le iluminó la cara—. Quizás descubrimos una posible solución. Si la señora Reinhardt se hace una prueba de ADN...

Asentí...

—...podríamos encontrar la respuesta a varias de nuestras preguntas.

Asentí una vez más.

—También dijo que estaba dispuesta a conocerme.

Malcolm me observó de cerca.

—¿Eso cómo te hace sentir?

Exhalé sonoramente.

—Confundida. Nerviosa. Emocionada por poder sentarme cara a cara con un familiar. Ya la aprecio, pero a estas alturas puede ser simplemente porque quiero que se cumplan mis deseos. No lo sé realmente. —Me levanté y comencé a juguetear con el equipo de acampar—. No quiero hablar de eso durante el viaje, ¿está bien? Disfrutemos nuestra estadía en Golden Ears. Cuando volvamos, volveré a enfocarme en mi investigación.

Capítulo diecisiete

¿Quién era Jane Doe, Marcia o Ellen? ¿Y qué le había pasado a las hermanas Garvey?

Ese fin de semana, mientras estaba acostada sin poder dormir, escuchando los sonidos de los insectos y el crujir las hojas, no podía parar de pensar en esas preguntas. Las respuestas estaban fuera de mi alcance hasta que Eleanor se hiciera la prueba de ADN. El martes en la mañana, hablé con Doug para contarle sobre Ellen. Estaba igual de sorprendido que yo e igual de alegre de que Eleanor hubiera aceptado someterse a la prueba. Prometió hablar con ella ese mismo día.

Creía que no volvería a hablar con Eleanor por un tiempo, así que me sorprendí cuando el martes en la tarde sonó mi teléfono y saltó su número. Estaba yendo a la oficina luego de haber terminado una clase con los de primero sobre la historia mundial de 1900 a 1945, atendí deprisa y apuré el paso.

Luego de saludarnos, Eleanor dijo:

—Hablé con el inspector Chilton esta semana. Tendremos una entrevista mañana por la mañana. Luego iré al hospital para que tomen mi muestra de ADN. No me molesta admitir que ambas cosas me ponen un poco nerviosa.

—Claro —dije—. Yo también estaba nerviosa. —Llegué a mi oficina y abrí la puerta—. Doug, digo, el inspector Chilton, es muy amable. No la pondrá nerviosa. Pero, ¿está nerviosa por los resultados de la prueba de ADN o por el procedimiento en sí?

—Ambas, la verdad, pero mi preocupación más inmediata es el procedimiento.

Le conté cómo había sido para mí.

—No es doloroso ni invasivo para nada. Pasan un hisopo de algodón por dentro de su mejilla dos veces. Eso es todo. ¿Irá sola?

—No, me acompañará mi esposo, George.

Aproveché la oportunidad.

—Cuénteme más sobre usted y su esposo.

—George era electricista, pero se jubiló —contó—. Nos conocimos en la secundaria, pero a principios de los setenta perdimos contacto porque lo trasladaron a Vancouver por sus estudios. Volvimos a hablar cuando regresó a casa para abrir su propio negocio. A los seis meses de nuestra primera cita, me propuso matrimonio y nos casamos cuatro meses después. Grant, nuestro primer hijo, el bombero del que te hablé, nació en el primer año de nuestro matrimonio. Jeremiah nació dos años después y luego Tabitha cuatro años más tarde. Cuando eran pequeños, hice cursos por correspondencia para obtener un certificado que me habilitara la docencia y comencé a dar clases a un grupo de tercero de primaria en 1984, el año en que Tabitha comenzó el jardín de infantes.

»Di clases por veintidós años antes de que George y yo nos jubiláramos en 2005 —dijo Eleanor con orgullo—. Pasamos la primavera y gran parte del verano en Nueva Escocia con la hermana de George y el resto del año estamos aquí, en Columbia Británica. Mis dos hijos más jóvenes están casados y tenemos cuatro nietos que adoramos… y malcriamos. Y, desde que nos jubilamos, comencé a escribir novelas históricas para adultos jóvenes.

—Su familia parece ser hermosa —dije, muy consciente de que podría también ser mi familia—. ¡Cuénteme más sobre los libros! Me encantaría leerlos.

Eleanor nombró tres títulos que ya habían publicado y garabateé los nombres con la intención de buscarlos en la biblioteca pública esa misma noche de regreso a casa.

—¿Y tú, Nora? ¿Cómo es tu mundo?

—Da la casualidad —dije mientras soltaba una risita— de que soy profesora de historia en esta provincia. Me centro en Rusia y Europa del Este, particularmente en la Segunda Guerra Mundial y la Guerra Fría.

Eleanor estaba encantada, pasamos varios minutos intercambiando historias sobre nuestras figuras y eventos históricos favoritos. Le conté varias anécdotas menos conocidas sobre personas y eventos famosos, que le hicieron reír. Luego dijo:

—Casi he terminado un manuscrito narrado desde la perspectiva de una familia judía que fue expulsada de Rusia durante la matanza de 1905. ¿No te molestaría echarle un vistazo para comprobar la exactitud de los aspectos históricos antes de que se lo entregue a mi editor?

—Me encantaría —aseguré entusiasmada.

Me prometió mandarme el manuscrito por correo electrónico en las próximas semanas.

—¿Y tu familia? ¿Dónde creciste? ¿Estás casada?

—¡Sí! Crecí en el norte de Vancouver con unos padres increíbles. Mi padre, Dan, es periodista y mi madre fue bibliotecaria de media jornada hasta que terminé mis estudios. Ahí conocí a mi esposo, Malcolm, y hemos estado casados nueve años ya.

—¿Tienes hijos?

En vez de contestar con el usual e indiferente «No, todavía no», admití:

—Creo que no estamos interesados en tener hijos.

—No es para todo el mundo —dijo Eleanor—. Yo tuve hijos porque era lo que se esperaba de mí. No teníamos tantos métodos anticonceptivos en ese entonces. Sí, me encantó tener hijos y no me arrepiento, pero creo que, si hubiera podido elegir, no los habría tenido.

Aprecié que Eleanor no intentó hacerme cambiar de opinión ni me dijo el cliché condescendiente de que cuando creciera quizás cambiaría de opinión.

Podría haber hablado con ella por horas, pero mi próxima clase comenzaba en media hora.

—Lo lamento mucho, pero me tengo que ir, ha sido una hermosa charla y me encantaría volver a hablar pronto. Suerte mañana, con todo. Si hay algo que necesite, hágamelo saber, por favor.

—¡Claro que estaremos en contacto! Y gracias, Nora.

Al día siguiente llamó para decirme que había hablado con Doug Chilton y que él había pedido que aceleraran su prueba de ADN. Los resultados estarían en unas semanas. Dejé de lado esta información e intenté volver a la rutina del nuevo semestre.

Eleanor y yo hablamos por teléfono la mayoría de los jueves por la tarde hasta tener los resultados. Comencé a esperar nuestras charlas. Teníamos valores similares y la posibilidad de que fuésemos familia hacía que me interesara más su vida. Pude encontrar dos de sus novelas; una contaba la historia de una adolescente en Halifax durante la Segunda Guerra Mundial y la otra era sobre un joven huérfano en Montreal en 1692, que se convierte en trampero para la compañía Hudson Bay, se casa con una chica aborigen y comienzan una familia. Me quedé despierta hasta tarde casi una semana entera para terminarlas.

Como me había prometido, me envió un manuscrito de su último libro. Yo había estudiado las matanzas rusas llevadas a cabo por el Zar y confirmé con entusiasmo lo que sucedía en su libro. Cuando le pregunté dónde conseguía la información o cómo tenía el tiempo de investigar, se rio y dijo que Grant le había comprado una computadora con internet hace varios años, así que tenía acceso a una gran cantidad de información.

Solíamos terminar nuestras conversaciones prometiendo hablar de nuevo el jueves siguiente.

En la cuarta semana de septiembre, Eleanor llamó un martes a la tarde entre mis clases. Estaba llorando y me preguntó con la voz un poco ronca cómo iba mi día y cómo había estado la clase. De inmediato sospeché por qué me había llamado, pero no me daba cuenta si las lágrimas eran de felicidad o por estrés.

—La clase estuvo bien. ¿Eleanor, está bien?

Se aclaró la garganta.

—No sé cómo decírtelo —dijo—. E-esta mañana me llamó el inspector Chilton. Mi perfil coincide con el perfil de ADN de Jane Doe. Lloró más fuerte e inhaló de forma entrecortada—. Creí que te gustaría saberlo lo antes posible.

Se me llenaron los ojos de lágrimas por Eleanor. Los resultados de la prueba confirmaron que una de sus sobrinas había muerto de una manera terrible.

—Lo lamento tanto, Eleanor. Una parte de mí no quiere que sea verdad. Lo lamento.

—Esta pérdida también te pertenece a ti. Espero que poder cerrar esta etapa te sirva de consuelo, aunque sea un poco.

—S-supongo que esto significa que somos familia.

—Supongo que sí. —dijo—. Por lo menos a raíz de esto te he encontrado a ti. No creo que quieras conocernos en algún momento, ¿no?

—Me encantaría —dije—. Me encantaría conocer a George y presentarle a Malcolm.

—¿Qué suelen hacer el Día de Acción de Gracias? Si quieren celebrar con mi familia, a George y a mí nos encantaría recibirlos el fin de semana. Grant estará aquí con nosotros y también Tabitha con su esposo y sus hijos. De todos modos, no quiero que te sientas obligada.

—Nos encantaría ir —respondí.

Antes de despedirnos, prometimos hablar el jueves. Marqué el número de Malcolm de inmediato y deseé que estuviera en su hora de almuerzo.

Cuando contestó, no me molesté en saludarlo y espeté:

—Acabo de hablar con Eleanor Reinhardt.

—Están los resultados de ADN —adivinó.

—Es mi tía. Jane Doe es Marcia o Ellen.

—Lo lamento —dijo—, pero al mismo tiempo estoy muy orgulloso de ti. Has hecho algo increíble.

—Pero no es suficiente. —Mi enojo salió a la luz—. Todavía no le doy un nombre. Mi madre biológica. Todas mis especulaciones y sospechas, todo lo que adivinaba y temía. Estamos cerca, pero ¿podremos avanzar más?

—Avanzaremos más —aseguró Malcolm.

Mi enojo no había pasado.

—Todo lo que hemos descubierto. Allan, Gordon y Renee. ¿Cómo pudieron? Los padres, quienes se supone que debían amarlas, les fallaron en todos los sentidos. —Me quedé en silencio. A pesar de que estaba ansiosa por descubrir la verdad, una parte de mí esperaba estar equivocada sobre las hermanas Garvey, en especial a medida que salían a la luz los detalles de sus infancias traumáticas.

—¿Mi amor? ¿Estás bien?

—Me gustaría haberme equivocado —espeté.

—Lo lamento. ¿Qué puedo hacer por ti?

Negué con la cabeza.

—Ya se me pasará. Te amo.

—Yo también. ¿Cómo está Eleanor? Tu... tía.

—Abrumada. Nos invitó a pasar el Día de Acción de Gracias con ella.

—Empezaremos a planificarlo en cuanto llegue a casa —dijo—. Además, podrías buscar en los anuarios de las bibliotecas fotos de Allan, Eleanor y Renee.

Hice una mueca al escuchar el último nombre. Me emocionaba poder abrazar a Eleanor sabiendo que era familia. Estaba menos emocionada por aceptar a Allan y, en cuanto a Renee, quería ignorar su existencia por completo. Cuando terminó la llamada, dejé el teléfono sobre la mesa y me quedé mirándolo. Luego bajé la cabeza y me rendí ante emociones que no comprendía, pero que estaba sintiendo en lo más profundo de mi alma.

Capítulo dieciocho

El sábado 10 de octubre de 2010, Malcolm y yo fuimos en auto a 100 Mile House para conocer por primera vez a las personas con las que compartía el árbol genealógico y pasar Acción de Gracias con ellos. Cabía la posibilidad de que el fin de semana estuviera repleto de emociones tensas, pero me calmaba al recordar la facilidad con la que habíamos entablado una amistad con Eleanor por teléfono.

Malcolm dejó atrás la calle principal para dirigirse a una calle llena de arces, con hojas naranjas y rojas que brillaban bajo la luz de la tarde. La casa estaba a medio kilómetro más o menos de distancia de la calle, el jardín largo y verde llevaba a una casa de dos pisos de estilo rural y un porche amplio con columpios. Las macetas en las ventanas, que ahora estaban vacías, estaban alineadas con las barandillas de madera. Cerca de la casa, había un neumático colgado de una rama baja de un arce y había ruedas de madera de una carreta contra la casa. En la parte más alejada del patio había un tractor muy antiguo de color anaranjado gastado. Me imaginé a los hijos y nietos de Eleanor y George trepándolo.

Había llamado desde la carretera para hacerles saber cuándo íbamos a llegar y nos estaban esperando en el columpio del porche. Malcolm estacionó detrás de una camioneta antigua y cuidada con mucho amor, que al parecer habían repintado hace poco y le habían pulido el parachoques. Apagó el motor y me miró. Yo estaba fascinada por la pareja que estaba descendiendo la escalera para darnos la bienvenida. Tomé la manija de la puerta y respiré hondo antes de bajar del auto. De los nervios, me estaba mordiendo el labio inferior, sonreí con vergüenza y miré a Eleanor a los ojos.

—¡No puedo creerlo! —Tenía los ojos llorosos y se acercó con entusiasmo—. ¡Eres hermosa!

Acepté su abrazo y parpadeé muchas veces para que no se me rodaran las lágrimas.

—¡Es increíble conocerla!

Nos abrazamos un buen rato. Era más baja que yo y muy flaca. Busqué rasgos en su rostro similares a los míos. Su complexión era más clara, tenía ojos grises, brillantes y animados, pelo corto y gris platinado que coronaba majestuosamente su cabeza. Eleanor me inspeccionó con el mismo entusiasmo.

—Gira tu cabeza.

Giré un poco la cabeza a la izquierda.

—Ah, ahí está. —Eleanor señaló sus propios rasgos—. En tu perfil y tus mejillas. Igual que Allan. —Me apretó el brazo y se giró hacia Malcolm, que estaba detrás de mí—. Y él debe ser Malcolm. ¡He escuchado grandes cosas!

Malcolm bajó la cabeza, sonrió como un niño y aceptó el abrazo que le ofrecía Eleanor.

—Es un placer, señora.

—Tía Eleanor —le corrigió con una seriedad en broma y se volvió hacia el hombre que estaba esperando a su lado con una sonrisa de bienvenida—. Y este es el tío George.

Al tío George no le gustaban los abrazos, pero nos dio la bienvenida de manera cálida e insistió en cargar nuestros bolsos. Cuando entramos a la casa, subió a dejarlos a la habitación de visitas mientras Eleanor nos hacía un recorrido de la planta baja. Nos dijo que nos sentáramos en las sillas de madera de la pequeña mesa de la cocina. La gran mesa en el comedor de al lado estaba lista para la cena de Acción de Gracias del día siguiente. Eleanor estuvo muy ajetreada preparando el té hasta que volvió George. Me alivió que no estuviera allí toda la familia y saber que llegarían mañana a la mañana. Iban a venir Grant y Tabitha, con su esposo, Finn, y sus hijos adolescentes, Larissa y Patrick.

Eleanor se sentó a la mesa y hablamos mientras tomábamos té y nos conocíamos. Elogié la decoración pintoresca de su casa de campo, lo que los hizo brillar de orgullo. Más tarde, la conversación ligera se estancó, no teníamos nada más de lo que hablar y cada vez se hacía más difícil ignorar el tema central.

Había dos cosas que Eleanor me quería mostrar y, mientras George calentaba más agua, se fue de la cocina. Cuando volvió, me entregó una foto dada vuelta. Había escrito en ella con mucho cuidado: «Allan y las niñas, 1963». Giré la foto y dejé de respirar. Allan, un joven con expresión solemne y triste, estaba mirando a la cámara. Estaba sentado en una silla con una hija en cada pierna. La Marcia de tres años llevaba un adorable vestido de flores y su pelo oscuro en coletas. Había girado la cabeza, parecía como si algo fuera del alcance de la cámara la hubiera distraído, y en la foto salió de perfil. Reconocí ese perfil, era idéntico al mío. La más pequeña, Ellen, llevaba una playera y pañales y estaba acurrucada en el brazo de su padre. Miré su pequeño rostro, sus rasgos, que casi no se podían ver, pero parecía que estaba a punto de llorar.

Volví mi atención hacia Allan, mi abuelo. Sus ojos estaban llenos de melancolía y su mandíbula estaba cerrada, mostrando determinación. Era la cara de un hombre que, a pesar de haberlo intentado, nunca había encontrado la felicidad. Reconocí los pómulos que había heredado de él y de una de las chicas sentadas en su regazo. Se trataba de un retrato familiar congelado para siempre en el tiempo. Los bordes de la foto estaban arrugados y estaba un poco decolorada. La foto la habían tomado en la última vista de Eleanor, la primera y última vez que había visto a Ellen. Esta era la única foto que teníamos de Ellen Garvey.

Alejé a regañadientes mi mirada para ver lo que me ofrecía Eleanor: los anuarios de la escuela en 100 Mile House de su época. Las páginas eran de un papel fino, las letras y las fotos en blanco y negro se habían desteñido con el tiempo. Eleanor me dejó observar detenidamente sus cuatro años de secundaria y, en todos, me encontré con una pequeña Eleanor Garvey. Había sido muy hermosa. La vi crecer desde los catorce hasta los dieciocho.

—Me temo que ya no tengo los anuarios de la primaria —se lamentó Eleanor—. Es una pena. Allí también habían fotos de Allan. Pero no sobrevivieron. Se graduó antes de este. —Señaló el libro más viejo, que decía 1965, cuando una Eleanor de catorce estaba en tercer grado.

Eleanor recordó sus épocas de secundaria mientras yo pasaba las páginas. En todas había adolescentes con faldas de capas y chaquetas de punto que coqueteaban con chicos, quienes habían dejado atrás los trajes a medida y usaban playeras blancas. Entre las clases, los niños y las niñas se mezclaban en los pasillos de la secundaria. La escuché atentamente, pero también vi con atención las imágenes. Estaba buscando entre los rostros de los otros compañeros, ya que sabía que Renee Macy tenía la misma edad que Eleanor. No la encontré. Luego recordé que Eleanor me había dicho en nuestra primera llamada que los Macy no iban a la escuela.

—Supongo que no hay fotos de Renee —pregunté.

Eleanor negó con la cabeza.

—No pasa nada —dije, tratando de no dejar entrever el mal humor que amenazaba con apoderarse de mí—. Gracias por compartir esto conmigo. Tiene anécdotas increíbles. —Como no sabía cómo continuar con la conversación, miré a Malcolm.

—Me temo que no sabemos cómo seguir con nuestra investigación a partir de ahora —dijo Malcolm.

—¿Por qué no podemos determinar cuál de las chicas es la víctima? —preguntó Eleanor.

Asentí.

—¿No deberían poder determinarlo con sus registros médicos y dentales? —preguntó George.

—Eso lo hacen en programas de televisión sobre crímenes reales —dijo Malcolm—. Tienen la tecnología como para identificar a las víctimas de homicidio al comparar los registros médicos con las heridas de los restos: huesos rotos o fracturas, que todavía se distingan. ¿El investigador forense no nos dijo que Jane Doe tenía la clavícula quebrada y un hueso roto en una de sus piernas?

Eleanor negó con la cabeza.

—Allan dijo que ambas chicas habían nacido en la casa y que registraron los nacimientos semanas más tarde. Renee no fue a ningún doctor durante ninguno de sus embarazos, así que los hospitales no tienen registros. Y dudo mucho que, si todo lo que descubrieron es real, las niñas hayan visitado un médico o un dentista en sus primeros años de vida.

—En alguna de mis conversaciones con Doug, el inspector Chilton, dijo que no la habían podido identificar porque no había registros oficiales. Me explicó que eso significaba que nunca había ido al médico o al dentista en ningún lugar de la provincia. En realidad, en todo el país. —Me quedé en silencio. En algún momento, el ministerio se había visto involucrado con la familia, lo sabíamos porque habían intentado quitarles a las hijas unos años después del segundo matrimonio de Renee. ¿Por qué se habían visto involucradas las autoridades?

—¿Y cómo encontraremos a la otra Garvey? —preguntó Malcolm. Como nadie respondió, sugirió—: Podríamos pedir ayuda en los medios.

—¿Hablar con un periodista y hacer una entrevista? —pregunté. Nos lanzamos una mirada furtiva con Eleanor y caí en la cuenta de que pensaba lo mismo que yo. Ninguna quería que tanta atención recayera en nosotros. Recién nos conocíamos y no estábamos preparadas para compartir nuestra historia con gente que no fuera de la familia. Todavía no.

—Quizás es un buen momento para parar un poco, por lo menos para recobrar energías —dijo Eleanor—. Especialmente ahora que comienzan las fiestas. Es momento de estar con la familia, de formar nuevos recuerdos con nuestros seres queridos. —Su mano encontró la mía sobre la mesa y la apretó con ternura—. Han avanzado tanto, deberían estar orgullosos.

—¡Alégrense! —dijo George muy contento—. Hay una solución. Solo tenemos que esperar. Este tipo de cosas siempre termina solucionándose.

Le sonreí a modo de agradecimiento. Los dos tenían razón. Decidí hacer a un lado la investigación y disfrutar de conocer a mi nueva familia, en especial porque al otro día conocería a sus hijos y a sus nietos.

Luego de una cena deliciosa que consistió en chuletas de cerdo y vegetales asados, que eran en su mayoría del jardín de Eleanor, tomamos sidra de manzana en el patio, donde George prendió un gran fuego y nos dio cobijas de franela acogedoras. Me recosté sobre mi esposo y disfruté del frío y del cielo despejado con cientos de estrellas. Era la manera perfecta de terminar nuestro primer día juntos y, cuando seguí a rastras a George por las escaleras hasta la habitación de invitados, supe que dormiría muy bien con el aire fresco y el silencio que nos rodeaba.

Me desperté temprano y me acerqué a Malcolm para sentir su calor. Dormitamos en silencio hasta que nos despertaron unos pasos en la escalera. Cuando el reloj de pie dio las ocho, nos levantamos, nos vestimos y bajamos, listos para ayudar con las preparaciones del Día de Acción de Gracias. Me entretuve pelando papas y tubérculos con Eleanor en la gran cocina mientras Malcolm ayudaba a George a llenar el ahumador de carbón y atender las brasas en las que iban a cocinar el pavo casi todo el día. A mitad de la mañana, en algún momento entre la segunda y la tercera taza de té, llegaron Finn y Tabitha con sus mellizos de catorce años, Larissa y Patrick. Antes de que llegaran, habíamos acordado con Eleanor que me presentarían como su sobrina nieta por parte de su tío, que había muerto antes de que nacieran los niños.

Los niños no mostraron mucho interés por nosotros y se sentaron en el patio de la casa con su abuelo a tomar chocolate caliente y comer papas fritas. Finn y Malcolm encontraron algo en común y hablaron sobre el reciente partido de fútbol americano de los Winnipeg Blue Bombers contra los BC Lions e hicieron sus predicciones sobre el equipo que ganaría la copa Grey, según cómo les había ido en los partidos de la pretemporada.

Tabitha era rubia y muy hermosa y quería mucho a su madre. Se unió con nosotras en la cocina para amasar una torta y hervir la calabaza que su madre había plantado. Se quedaba en silencio a no ser que le hablaras directamente y daba respuestas de una sola palabra. Mi presencia la confundía, como era de esperar, y para tranquilizarla hablé mucho sobre mi familia en el norte de Vancouver y así mitigar su posible preocupación sobre mis intenciones con sus padres. Había esperado que ella y sus hermanos preguntaran quién era y dónde había estado todo este tiempo.

—Desde pequeña supe que era adoptada —dije de manera casual—, pero recién a principios de este año tuve la posibilidad de descubrir algo sobre mi familia biológica.

Esto le interesó.

—¿De verdad?

—¿Más té? —Le sostuve la tetera.

Asintió.

—Mis padres adoptivos son maravillosos, pero no puedo evitar preguntarme de dónde vengo. Me alegro tanto de que ustedes sean tan buenos.

Eleanor se sonrojó y parecía que me había ganado un poco el cariño de Tabitha.

—Conque eres la nieta de mi tío.

El hielo se rompió por completo cuando llegó Grant, el hijo mayor y soltero. Los hijos de Tabitha corrieron a saludarlo mientras le entregaba cervezas a su padre, saludó a Finn con un abrazo ruidoso y molestó a su hermana hasta que se sonrojó y casi no podía respirar de la risa. Nos saludó cariñosamente y coqueteó conmigo hasta que Eleanor lo mandó callar.

Era una escena muy doméstica, lo que hizo que me calmara, pero a su vez que me doliera el corazón. Malcolm y yo fuimos bienvenidos de todo corazón a una cena increíble, llena de bromas y risas y algunas peleítas por parte de los adolescentes. Cuando estábamos despidiéndonos al final de la tarde, nos abrazamos y prometimos volver a vernos pronto. Grant me dio un abrazo de oso, me levantó del piso y me giró en círculos.

—Te llamaré el jueves —me prometió Eleanor mientras bajábamos la escalera de adelante—. Muchas gracias por venir. Ha sido muy lindo.

—Quizás nos veremos en Navidad —Se aventuró a decir Tabitha con vergüenza.

—Recuerden llamarnos —gritó George desde el porche al mismo tiempo que bajaba el sol.

Mientras Malcolm prendía el auto y nos íbamos, los saludé por la ventana trasera hasta que desaparecieron. Finalmente me giré hacia adelante, llena de cariño y felicidad. Tomé la mano izquierda de Malcolm, la derecha estaba tomando el volante. Luego de estar con George, Eleanor, sus hijos y sus nietos, me pregunté si algún día Malcolm y yo tendríamos hijos y nietos.

Malcolm manejó por la carretera en la oscuridad de la noche de otoño. Me acurruqué en el asiento, todavía repleta por la cena y un poco cansada. Mis pensamientos comenzaron a desviarse mientras pensaba en los recuerdos agradables que habíamos creado con mi nueva familia. Jane Doe era lo que nos había unido. Sabía que Eleanor y yo no tendríamos una respuesta definitiva sobre lo que le había sucedido a su nieta —mi madre— hasta que supiéramos qué le había pasado a Marcia o a Ellen luego de 1985. Pero, como había dicho

Eleanor, ahora era momento de descansar y aprovechar las fiestas con nuestras familias y seres queridos.

En la última semana de noviembre, mientras hojeaba una tienda en línea para comprar uno de los regalos de Navidad de Malcolm, mi teléfono vibró en mi bolsillo.

Era el número de Doug.

—¡Hola, Doug! ¿Cómo estás?

—Muy bien, gracias Nora, ¿y tú?

Me llamó la atención su tono un poco apresurado. Esperaba que estuviera llamando para avisarme que había alguna novedad sobre el caso, pero la charla fue abrupta y profesional, como si estuviera apurado.

—Lamento molestarte —se disculpó—, pero tengo que hacerte una pregunta rápida. Para mantener las formalidades y los protocolos, ¿te molestaría que compartiera tu nombre y tu número de teléfono en situaciones en que lo crea necesario?

Estaba confundida.

—¿A qué te refieres? ¿A periodistas o algo así? No quiero hablar con los medios.

—Y es entendible —me tranquilizó—. Pero, hipotéticamente hablando, si surgiera una situación en la que yo recibiera información por parte de alguien que creo que debería hablar contigo, ¿no te molestaría que le diera tu número?

De pronto comprendí todo.

—¿Hay alguien que quiere hablar conmigo?

—No exactamente. Pero mi deber es proteger tu identidad y confidencialidad y quiero asegurarme de que no te moleste si surge esta situación.

Estaba un poco decepcionada. Esperaba que hubiese algún descubrimiento nuevo.

—No hay problema, Doug —dije e intenté no dejar entrever mi decepción—. Confío en ti y sé que serás discreto.

—Claro que sí —prometió—. Espero ponerme en contacto pronto, pero debo irme. Mándale un saludo a Malcolm. Cuídate.

Al otro día, a una semana de mi cumpleaños, estaba haciendo las compras cuando mi teléfono sonó de nuevo. Era un número de Estados Unidos. Acepté la llamada, coloqué el teléfono entre mi barbilla y el hombro y saludé a quien me llamaba mientras tomaba un bote de salsa de tomate. Una voz baja y melódica preguntó por Nora Devrey. Dije que era yo y la persona del otro lado de la línea quedó en silencio, como si estuviera preparándose para algo.

—Señora Devrey, soy Caris Jones. Llamo desde Los Ángeles.

Le pregunté en qué podía ayudarla. Asumí que estaba llamando por algo del trabajo, quizás algo sobre mi trabajo en la universidad.

Habló muy despacio:

—Supongo que no sabes quién soy.

Parecía como si hablara así siempre, como si hubiera practicado cómo pronunciar las palabras antes de hacerlo.

—Me temo que no —dije amablemente y me pregunté por qué podría haber pensado que sabía quién era.

—El inspector Doug Chilton me dio tu nombre y tu número. —Tomé mi celular para evitar que se cayera de la sorpresa. Agregó—: También me dio el nombre de Eleanor Reinhardt de 100 Mile House y dijo que debía hablar con ambas. Por confidencialidad, no me pudo decir por qué debía hablar con ustedes, pero insistió mucho con que lo hiciera lo antes posible. El primer número que marqué fue el tuyo.

—¿Por qué te dio mis datos? —Dejé mi cesto en el piso en la mitad del pasillo y comencé a caminar hacia la salida, mi instinto me decía que esta conversación no debía suceder con extraños que podían escuchar.

—¿Me puede explicar por qué creyó que tenía que hablar contigo? —preguntó.

Me sorprendió lo extraña que era su pregunta. Le había dicho que no sabía quién era y no tenía forma de saber por qué me llamaba. De todos modos, en vez de decir eso, dije:

—El inspector Chilton es el investigador principal del homicidio de Jane Doe de principios de los ochenta. —No entendía cómo encajaba una mujer de apellido Jones que vivía en California en todo esto. Estaba ansiosa por escuchar lo que podría llegar a contribuir.

—Sí... —Subió el tono al final, como si estuviera esperando algo más. Luego de un momento de silencio, dijo—: Supongo que estás relacionada de alguna forma con el homicidio. ¿Qué le has dicho a la policía? —Sonaba un poco a la defensiva y su pregunta venía cargada con algo más.

—Te aseguro que tengo una muy buena razón para querer saber quién es Jane Doe —le dije en un intento por tranquilizarla.

—¿Y cuál es esa razón? —Ya no sonaba desafiante sino genuinamente curiosa—. ¿Eres un familiar?

No sabía qué contestarle. Estaba todavía bajo el techo de la entrada de la tienda. Me enfrenté al fuerte viento y la lluvia.

—¿No tienes idea de por qué el inspector te dio mi número? —pregunté—. ¿O por qué debemos hablar?

—Asumo que alguna de las dos sabe algo que la otra debería saber —dijo.

Como no siguió, pregunté:

—Si vive en Los Ángeles, ¿cómo se enteró acerca de Jane Doe? —Me pregunté si conocía a Marcia o a Ellen, o algún compañero de clase de Marcia.

—Solía vivir en Vancouver. Sigo en contacto con la ciudad. —Esto respondía y evadía al mismo tiempo la pregunta—. ¿Y tú?

—Vi el dibujo de la policía de Jane Doe en un periódico.

Luego de un momento en el que pareció considerar sus opciones, Caris Jones dijo:

—Hablé con el inspector Chilton de la información que tengo sobre la identidad de Jane Doe. Me dijo que, por razones personales, tú estabas trabajando duro para identificarla.

Sin poder controlarme, le solté:

—¿Sabes qué hermana es Jane Doe? ¿Es Marcia o Ellen?

—Marcia o Ellen —repitió, como si estuviera hablado sola—. Las conocí a las dos.

Quedé boquiabierta.

—¿Cómo? ¿Cuándo? ¿Cuando vivían en Lachlan o cuando Marcia se mudó a Vancouver?

Una pareja que pasaba me miró extrañada. Había alzado la voz sin querer

Caris suspiró contra su teléfono.

—Lo siento. ¿Cómo conoce a las hermanas Garvey? —dije deprisa.

Luego de otro silencio, dijo secamente:

—Soy una consejera que trabaja con gente que padece de consumo abusivo de drogas y alcohol y tengo una sociedad llamada La Reunión aquí en Los Ángeles. Somos un centro de rehabilitación para mujeres que quieren dejar atrás el abuso de las drogas, la adicción y la prostitución. Me mudé de Vancouver a Los Ángeles en los ochenta.

—¿Así que las conociste aquí, en Vancouver? —pregunté. Tenía sentido, sabía que Marcia se había hecho adicta mientras vivía en el lado este del centro de Vancouver. Tenía sentido que Ellen hubiese seguido sus mismos pasos, aunque no estaba segura de que Ellen hubiese estado en algún momento en Vancouver. Pero era muy posible que hubiese seguido a su hermana grande. Nos quedamos en silencio y me preocupó que se hubiese cortado la llamada. Pero habló y lo hizo tan bajito que tuve que prestar mucha atención.

—Creo que deberíamos hablar cara a cara. ¿Vives en Vancouver? Este fin de semana estaré ahí para una conferencia. ¿Puedes juntarte conmigo el sábado a las cuatro?

—Sí.

Quedamos en juntarnos en una cafetería cerca de su hotel.

—¿Puedes describirme tu apariencia para que te pueda reconocer? —me pidió.

—Si has visto el dibujo de la policía de Jane Doe, así me veo.

—Igual a ella —dijo por lo bajo.

Me vi tentada a preguntarle a quién se refería con «ella». En lugar de eso, admití que solo había visto una foto de las chicas cuando eran muy pequeñas y agregué que llevaría mi pelo atado, vaqueros oscuros, botas de lluvia y un impermeable violeta, sería fácil reconocerme.

—Sábado alrededor de las cuatro —repitió.

A pesar de que parecía que no quedaba nada para decir, no estaba lista para que terminara esta conversación tan extraña. Caris sabía algo sobre las hermanas Garvey y quería saber qué.

—¿Cómo conoció a Marcia y Ellen Garvey?

—¿Cómo las conociste tú? —contrarrestó.

—A decir verdad, nunca las conocí. E-es una larga historia. ¿El inspector te contó sobre los resultados de la prueba de ADN?

—No.

Jugué todas mis cartas.

—Jane Doe era mi madre biológica.

A mis palabras les siguió un largo silencio.

—No es posible —susurró al fin.

—Me temo que lo es —dije muy bajo.

—No puedes serlo. ¿Eres su hija?

—Sí, lo soy. Y tengo que descubrir su nombre. ¿Sabes cuál de las hermanas es Jane Doe?

Al fin, dijo:

—Sí.

Capítulo diecinueve

El sábado a la tarde, me hice una cola de caballo, me puse unos vaqueros oscuros, botas de lluvia grises y mi impermeable violeta.

Agradecía que Caris Jones quisiera encontrarse conmigo y agradecía más todavía que los tiempos se hubiesen acomodado bien, pero de todas formas mis manos sudaban al volante. Golpeteé mis dedos contra mis muslos en las luces rojas y puse los ojos en blancos por los conductores idiotas cuando estaba entrando a la carretera un poco después de las tres. Veinte minutos más tarde, estacioné cerca del hotel y caminé hacia la cafetería a través de la llovizna. Fui hasta la mesa más lejana y me senté, mirando a la puerta. Escuché el murmullo de conversaciones bajo el zumbido de la cafetera y el jazz tranquilo, que sonaba de los parlantes en el techo.

A las 16:00, miré a la puerta expectante. Se abrió en punto, pero la chica que entró era joven y estaba con varios amigos. A los pocos minutos, entró un hombre. Cada vez me inquietaba más. ¿Había pasado algo o simplemente estaba tarde? ¿Había cambiado de opinión? Tomé mi celular y lo dejé sobre la mesa.

A los dos días de la llamada de Caris, llegué a la conclusión de que Caris Jones se había cruzado con una de las hermanas en algún momento luego de 1985 y por eso sabía cuál de ellas había muerto. Todavía tenía su número, así que decidí darle un poco más de tiempo antes de llamarla. Abrí mi bolso, tomé el cuaderno de Jane Doe y pasé las páginas. Al poco tiempo, estaba perdida en mi extraño viaje de los últimos diez meses.

—Nora.

Me enderecé en mi asiento como si me hubiesen electrocutado y me golpeé contra la mesa de al lado. Quedé boquiabierta por la sorpresa. ¿Hace cuánto tiempo estaba Caris parada enfrente sin hablar? Sus ojos estaban llenos de lágrimas, su cara retorcida de dolor.

—Eres igual a ella —dijo Caris muy bajo.

Podría haberle dicho lo mismo. Medía casi lo mismo que yo y tenía los mismos ojos, rasgos y pelo que yo. Era más grande, su cara arrugada era la evidencia de años de adversidades y sabiduría ganada a la fuerza. Su pelo oscuro y corto estaba empapado por la lluvia y se le pegaba a las mejillas. Me miró con sus ojos oscuros y sabía quién era sin tener que preguntar. Caris Jones era Ellen o Marcia. Era mi tía y familiar directo mío y de Jane Doe. Compartíamos la misma sangre. Cualquier conjetura que había hecho desapareció ante su presencia.

—Por favor, toma asiento —solté y señalé la silla frente a la mía.

Se sentó, no había dicho palabra desde el saludo inicial. Estaba demasiado desconcertada como para poder hablar y también un poco asustada. Nos quedamos en silencio varios minutos mirándonos. La intensidad de su mirada no hizo que me estremeciera. Al igual que yo, tenía preguntas para hacer y se merecía respuestas.

—No quería esperar un taxi —dijo al fin—. La conferencia se atrasó unos minutos y pensé que sería más rápido venir caminando. —Sonaba distante y aturdida.

—No hay problema —murmuré.

—Nunca pensé... —dijo, su voz era poco más que un suspiro—. Nunca imaginé... No pensé que... —Perdió su compostura y se le entrecortó la voz por todas las emociones—. No creí que podía ser verdad. Cuando dijiste que eras su hija, pensé que era una broma pesada. Sabía que teníamos medios hermanos más pequeños, algunos nacieron después de que yo me escapara. Pensé que quizás eras uno de ellos. Pero es verdad. Lo eres. De verdad eres su hija.

Caris se miró las manos, sus dedos estaban entrelazados con tanta fuerza sobre la mesa que sus nudillos se pusieron blancos.

—Tengo secretos que no quiero compartir, pero te diré lo que pueda —dijo—. ¿Estás segura de que quieres saber?

—La verdad es que no estoy tan segura —admití—. Fui a Lachlan. No quiero saber nada más sobre esa época. Lo lamento mucho. De verdad, por todo. Por tu pérdida. Por tu hermana.

—Pasé casi cuarenta años escapando de mi pasado.

—Mi intención nunca fue herirte, ni a ti ni a nadie.

—Lo sé. Mereces saber la verdad al igual que todos. Quizás nos podemos ayudar mutuamente. Siempre me pregunté... —Se mordió el labio y negó con la cabeza.

—Comencemos con algo más fácil. —Le hice un gesto a la mesera—. ¿Cómo te gusta el café?

Se asomó una sonrisa en sus labios.

—Negro.

Nos quedamos en silencio mientras nos traían las bebidas. No estaba segura de qué preguntar, qué temas eran seguros, si había algún tema que le traería recuerdos dolorosos o le provocaría emociones muy intensas.

—Cuéntame sobre la conferencia —dije finalmente y la pregunta pareció sorprenderla.

—La Reunión, en Los Ángeles, es una organización sin fines de lucro que lucha por mujeres marginalizadas. Hace varios años, fuimos el centro de un estudio longitudinal que investigaba las repercusiones de despenalizar el trabajo sexual. Los Ángeles tiene leyes un poco laxas en relación a los trabajadores sexuales —explicó—. Una organización similar de aquí se puso en contacto y me convertí en la intermediaria entre las dos para intentar desafiar el Código Penal Canadiense y despenalizar el trabajo sexual. —Por la comodidad y la familiaridad de su pasión, la voz de Caris adquirió un tono y una cadencia más normales. Me la podía imaginar fácilmente dando una charla en una habitación llena de gente.

»El código penal tiene tres cláusulas específicas en relación con las trabajadoras sexuales que estamos intentando eliminar. La primera se refiere a quienes viven o a quienes se encuentran en un prostíbulo, la segunda a quienes sacan ganancias de la prostitución y la tercera está relacionada con la comunicación pública sobre la prostitución. Nuestro equipo está seguro de que violan la sección 7 de la Carta Canadiense de los Derechos y las Libertades: el derecho a la seguridad. Falta mucho para que la corte decida si quiere hacer algo al respecto, e incluso más todavía para que lleguen a una resolución, si es que deciden hacer algo al respecto. Pero si logramos convencerlos de que estas leyes son anticonstitucionales, estamos seguros de que la violencia contra las trabajadoras sexuales bajará de manera significativa y el foco pasará de la persecución a las dificultades a las que muchas de ellas se enfrentan.

Su pasión me cautivó tanto que me estaba inclinando hacia adelante para escuchar cada detalle. Luego de otro café, Caris me sonrió amablemente.

—Cuéntame sobre ti.

Le conté sobre mi carrera y las elecciones que me habían llevado hasta aquí. Le hablé sobre Malcolm, le mostré una foto del día de nuestra boda y le conté historias sobre la secundaria y la universidad. Describí a mis padres y compartí anécdotas de mi infancia. En todo momento fui consciente de las diferencias entre mis primeros años de vida y los suyos.

Caris asintió pensativa.

—¿Tienen hijos?

Negué con la cabeza.

—¿Tú? —Caí muy tarde en la cuenta de que esta pregunta no era tan inocente como había planeado, debido a lo que sabía sobre su pasado. Hubiera querido retractarme.

Caris se encorvó y pareció achicarse, como si parte de su confianza se hubiera desmoronado. Quizás nuestra charla la había distraído, pero mi pregunta le recordó por qué estábamos allí.

—Tuve un hijo. —Por su tono era evidente que este también era un tema doloroso. Miró hacia un costado por la ventana—. Supongo que tienes tantas preguntas como yo.

Me carcomía la curiosidad, pero no podía hacer la pregunta que me moría por hacer.

—¿Quieres escuchar mi parte de la historia? —pregunté.

Asintió.

Fui a la primera página de mi cuaderno y comencé con el recorte del periódico, que estaba doblado y guardado entre las páginas. Alisó el artículo y lo estudió por varios minutos. Sus ojos se desbordaron de dolor. Tomó su bolsa, abrió una cartera negra de cuero y tomó su propio recorte de un periódico, estaba impreso de una página de internet y tenía el mismo dibujo rudimentario.

—Me sorprende que un caso abierto de Canadá haya llegado a Los Ángeles —dije.

—Seguí en contacto con Vancouver cuando me fui, aunque, quizás para recuperarme, lo mejor hubiera sido no hacerlo. Todavía veo las noticias de vez en cuando para saber qué está sucediendo, qué cambió. Quién murió... —Su voz se fue apagando.

Contuve la respiración porque presentía que estaba pensando qué decir a continuación.

—Debería haber llamado a la línea de atención antes, pero no quería creer que era mi hermana. No quería revivir el pasado. Todo había acabado y era mejor olvidarlo. —Con un suspiro, agregó— Todos deseamos poder volver atrás y cambiar las cosas. Tantas cosas. Y de algún modo, creo que la muerte de mi hermana es, en parte, mi culpa.

—No entiendo cómo —dije.

Negó con la cabeza como insinuando que había cosas que yo no entendería.

Como me pidió, le conté sobre el viaje que habíamos hecho Malcolm y yo a Tome, 100 Mile House, Prince George y Lachlan. Le conté sobre mi prueba de ADN y la ayuda que había recibido por parte de los compañeros de clase de Marcia y de la tía Eleanor para resolver el rompecabezas.

—Hasta hace pocos meses, no sabía de la existencia de Ellen y creía que Marcia era mi madre y Jane Doe. —Mientras hablaba, miraba la cara de Caris esperando ver algún indicio de que mis sospechas eran reales. Su cara se mantuvo impasible.

Le expliqué que la tía Eleanor se había hecho una prueba de ADN, que había demostrado que una de sus sobrinas era Jane Doe.

—¿Eleanor? ¿La otra persona que mencionó el inspector Chilton?

—Sí. Eleanor Reinhardt. La hermana de tu padre.

Otra vez, su cara no dejó entrever nada. Para ese entonces, quería preguntarle cuál de las chicas era Jane Doe, pero sentía que no era el momento.

Quedamos en silencio hasta que preguntó:

—¿Qué descubriste en Lachlan?

—La mayoría de cosas que descubrimos son rumores que no pudimos confirmar. Sabemos que Allan y Renee se casaron cuando eran jóvenes, tuvieron dos hijas, se separaron y más tarde se divorciaron. Allan murió en 1974. También sabemos que Renee se volvió a casar con un hombre del pueblo y que tuvieron más hijos. En 1976, Marcia se fue a vivir con una amiga a 100 Mile House, pero no descubrimos nada de la historia de Ellen, cuándo se fue ni nada, y tampoco sabemos qué tan reales son los rumores.

—Estoy segura de que todos lo eran —dijo en voz baja—. Y mucho más. —Quedó en silencio por varios minutos con los ojos vidriosos. Parpadeó y miró a su alrededor, como para asegurarse de que estaba en una cafetería y no en la choza hace treinta años.

Cuando preguntó cómo murieron Renee y Gordon, le dije que creían que había sido un asesinato-suicidio. No pareció sorprendida.

—Siempre me lo pregunté. —No podía culparla por la vehemencia con la que agregó— No se merecían menos.

Sabía que no podía comprenderlo.

—Lo lamento —dije.

—1980.

—¿Perdón?

—Ellen se fue de casa a fines de 1980 y vino a Vancouver para encontrar a Marcia, que había venido en 1977. Ellen durmió en pensiones por varias semanas y durante el día caminaba por estas calles, buscándola. No tenía mucho dinero, ni muchas opciones para poder ganarlo. Y en cuanto a encontrar a Marcia... Vancouver era una ciudad muy grande, incluso en los ochenta.

Caí en la cuenta de que Caris hablaba de ellas en tercera persona, como si buscara distanciarse de su pasado. Miró por la ventana.

—Nunca me molestó la lluvia.

Seguí su mirada. La lluvia había parado, pero el cielo seguía gris, una amenaza de que en cualquier momento podía llover de nuevo.

—¿Podemos caminar? No estamos lejos del parque Stanley.

A mí tampoco me molestaba la lluvia y hacía calor a pesar de estar a fines de noviembre. Con los cafés en la mano, dejamos nuestra mesa. Caminamos por la calle Davie hasta la Avenida de la Playa en silencio. La playa tenía un rompeolas que rodeaba el parque. Dejamos atrás el clamor de la ciudad.

Había algunas personas caminando por el rompeolas. Mientras caminábamos, miré a través de *Burrard Inlet*, hacia el norte de Vancouver. Reconocí el barrio en el que había nacido y en donde todavía vivían mis padres.

Caris parecía estar juntando fuerzas. A pesar de que estaba muy ansiosa por escuchar su historia, entendía que no podría mirarme y contármela en los confines de la cafetería, donde nos podían escuchar o donde se podía sentir atrapada. Como estábamos caminando, no tenía que mirar una cara igual a la de su hermana muerta. Se estaba protegiendo, al igual que cuando hablaba en tercera persona sobre la chica que en algún momento había sido. Miré las olas rompiendo contra el rompeolas y esperé.

—Lo mínimo que puedo hacer por la hermana que perdí y la sobrina que no sabía que tenía es contar mi historia. Es momento de que sepas todo. —Apretó la mandíbula—. ¿Estás segura de que *realmente* quieres saber?

—No lo sé —admití—. Me he imaginado tantas cosas. Me da miedo saber de dónde vengo y hay cosas que me gustaría nunca haber descubierto. O que nunca hubieran sucedido. Pero no estaría respetando a mi madre si ignorara mis raíces. ¿No crees?

Pasó un tiempo antes de que ella suspirara.

—Es difícil volver aquí. Pensé que ya había pasado tiempo suficiente.

Entendí el doble sentido.

—¿Es la primera vez que vuelves a Vancouver?

Caris negó con la cabeza.

—He vuelto un par de veces, pero siempre he intentado evitar lugares en los que ya había estado. Cuando me fui quería dejar todo atrás. Cambié mi nombre, me inventé una nueva biografía y cambié todo lo que no me gustaba sobre mí. Elegí Caris porque significa *gracia* en griego. Y Jones porque era un nombre muy común, me podía camuflar entre muchos Jones y desaparecer. No me permitía pensar en la persona que había sido. —Su voz melódica sonaba a la defensiva, como si sintiera la necesidad de justificar sus decisiones.

—Escucharé todo lo que estés dispuesta a compartir, no quiero incomodarte. —Me costó horrores moderar mi sed por conocimiento.

—Te diré todo lo que sé. Hay cosas que yo misma no sé, las supongo y también escuché rumores. Pero no tengo las respuestas a muchas preguntas y creo que nunca las tendré. —Paró y señaló a una parte de la ciudad que todavía se veía—. No se puede ver el centro este desde aquí. ¿Ya has estado allí?

Asentí. Había pasado en auto por ese barrio, pero nunca en la noche.

—El código postal más pobre de Canadá. Así lo llaman. Ahí vivíamos en un apartamento con mi hermana. Vivimos juntas dos años. Trató de salvarme. Era la mejor de las dos, sin dudas. Mi respuesta fue tratar de destruirme a mí y a todos los que me rodeaban. —Inclinó la cabeza hacia atrás y cerró los ojos—. No le debería haber sucedido a ella. Ella debería seguir con vida, era lo suficientemente fuerte como para sobrevivir y para hacer del mundo un lugar mejor. Si era entre ella o yo, debería haber sido yo.

Nunca había sentido un miedo, una desesperación o una angustia como las de esa mujer y recé nunca sentirla.

Comenzó a llover. Luego de una pausa, Caris bajó la cabeza y me miró, las lágrimas le corrían por las mejillas.

—Mi nombre antes de irme era Marcia. Ellen era mi hermana.

Capítulo veinte

Ellen Garvey era mi madre. La información me desconcertó por completo. Pensé que sentiría paz, que algo se cerraba, pero de pronto la verdad era algo real y tangible y lo único que podía hacer era llorar por esa chica que había sido mi madre.

La cara de Caris se mantuvo impasible incluso mientras sus lágrimas se mezclaban con la lluvia en el cuello de su chamarra. Quería tocarla para eliminar el sentimiento de vacío que me embargaba. Comenzó a caminar de nuevo. La seguí un paso más atrás, sin poder mirar a ningún lado que no fuera el piso cuando comenzó a hablar.

—Ellen me dijo que no estaba segura de a dónde había ido, pero que tenía un pedazo de una carta que una de mis amigas me había enviado. La dirección que tenía era de 100 Mile House, esa dirección era lo único que sabía de mí y su única esperanza de encontrarme. En Prince George, encontró a un camionero que la llevó al sur. Me contó que se sintió mal la mayor parte del camino y que el camionero la dejó tirada a un lado de la calle a las afueras de un pequeño pueblo. Creo que dijo que había una tormenta de nieve muy fuerte y que tuvo que ir a la iglesia hasta que encontró a alguien que la llevara. Llegó a 100 Mile House al otro día y encontró la casa de los padres de Shelly.

»Supongo que Shelly ya se había casado, pero sus padres supieron que era mi hermana e insistieron que se quedara con ellos esa noche. Ellos le dijeron que fuera a Vancouver. Le dieron dinero para un pasaje de autobús y la llevaron a la estación al día siguiente, después de desayunar.

A nuestro alrededor, el viento comenzó a azotarnos de repente. Temblé y metí la mano derecha en el bolsillo. Mi mano sostenía el vaso de cartón, pero el café tibio no me protegía del frío. Caris no parecía notar el viento y no mostró ningún indicio de verse afectada por el frío.

—Ellen pasó su primera noche en Vancouver en la calle, fría y mojada, sin saber a dónde ir. Luego, se quedó en pensiones y refugios mientras me buscaba. Finalmente, a fines de enero, se encontró con alguien en un refugio en el este del centro que reconoció mi nombre y le indicó cómo llegar a un apartamento que tenía en el quinto piso de un edificio que había sido un hotel y se caía a pedazos. La renta eran unos dólares al mes por un solo cuarto con un retrete en una esquina, una regadera que chorreaba y que funcionaba a veces, un microondas en una repisa, sin cocina y un colchón sucio en el piso. Pero ahí vivimos juntas.

»Estaba decidida a ayudarme a que me rehabilitara. Pero yo tenía más influencia sobre ella que ella sobre mí y no tardó mucho en caer en mi estilo de vida. Así vivió bastante tiempo. Vivimos dos años allí, drogándonos, prostituyéndonos y drogándonos de nuevo. —Caris me miró de repente, parecía haber recordado algún detalle—. Ellen te mencionó.

No me permití llorar. Como no podía hablar, simplemente la miré, con la esperanza de que siguiera hablando.

—Nos drogamos una noche. Ellen estaba muy mal. Comenzó a llorar histéricamente y dijo que había perdido un bebé. Yo estaba demasiado drogada como para ayudarla de la manera en que necesitaba. Asumí que había sufrido un aborto o el ministerio se había llevado al bebé. —Caris negó con la cabeza—. Recuerdo pensar que ya lo iba a superar. —Me miró—. Supongo que ahora sé la verdad. Fue la única vez que habló del tema. Cuando le pregunté al respecto, sobre ti, actuó como si no supiera de qué estaba hablando.

Susurré:

—¿Cuándo se fue?

Caris no lo dudó.

—En 1983. Nunca lo olvidaré. Cuando me mudé aquí, vine con mi novio, Kenny. Era un chico muy dulce, pero lo arrestaron por varios años y me dejó sola. Cuando por fin

regresó a casa, por un tiempo de verdad sentí que éramos una familia. Había dejado las drogas y quería que yo también lo hiciera. Como Ellen. Y como a Ellen, lo volví a meter en mi vida. Murió de una sobredosis a las tres semanas y yo intenté morir también. Me di un tiro muy grande y me acosté a su lado sin ningún interés por despertar. Pero lo hice, y Ellen estaba sentada a mi lado cuidándome y llorando porque al fin había caído en la cuenta de que no podría salvarme nunca.
—Contó todo esto sin dejar entrever sus sentimientos. Respiró un poco y miró las nubes.

»Debe haber sido más o menos al mismo tiempo en que nos enteramos de lo que le había pasado a Gordon y Renee. Estaban muertos. Ellen se enteró. Creo que por un periódico o quizás seguía en contacto con alguien de casa. No lo sabía y realmente no me interesaba. Solo estaba feliz de que hubieran muerto. Al fin me sentía libre de mi pasado. Ellen también —dijo pensativa—. Fue como si se hubiese despertado de repente. Tenía un objetivo, estaba casi enojada con el mundo y comenzó a alejarse de mí. Creo que una parte de Ellen creía que los lazos de nuestra hermandad no podrían soportar lo que quedaba de nuestro pasado. Cuando me miraba, solo podía ver a la niña que yo había sido y a mí me sucedía lo mismo cuando la miraba a ella. Éramos lo que quedaba del pasado de la otra, un pasado que queríamos olvidar.

»Me dijo que se marchaba. Me desperté muy tarde y ya tenía los zapatos puestos. Estaba sentada, esperando que yo me despertara. Dijo que había encontrado a alguien que la llevaría al norte, a 150 Mile House, y que se marchaban esa misma noche. Para comenzar de cero. Se iba a Lachlan para quemar esas casas malditas y deshacerse de los demonios. Quería ver si podía averiguar qué había pasado con su bebé.
—Caris respiró hondo—. Me dijo que me amaba, pero que esperaba que pudiera comprender que tenía que dejar de verme por un tiempo. Y lo comprendí. Yo estaba demasiado ocupada tratando de matarme de a poco como para

preocuparme porque se estaba yendo. Le di un abrazo sin ganas y la dejé irse. Nunca más la vi. —Se le quebró la voz. Se tomó un momento para recomponerse, luego me miró y susurró—: Ahora sé por qué.

—Lo lamento. —Mi voz no era más que un susurro—. No me lo puedo imaginar.

—Creo que una parte de mí ya sabía que se había ido. De alguna forma lo sentía, sentía que yo era la única que quedaba. Pero nunca me imaginé lo que había pasado en realidad. Por mucho tiempo estuve enojada con Ellen por no haber seguido intentando salvarme, pero lo había intentado una y otra vez y no era su responsabilidad. La amaba y la odiaba, porque era mucho más fuerte que yo, fuerte como para poder irse. Yo pensaba que había dejado las drogas y había empezado de nuevo, y eso era lo que yo quería para mí. Me repetía que estaba viviendo feliz por siempre en algún lado. Quería que le fuera muy bien en todo para no sentirme tan mal por ser tan egoísta.

Eso era lo mismo que sus amigos le habían deseado a ella, pero no dije nada.

—Solo estuve segura cuando vi el dibujo de la policía. Me tomó por sorpresa. Una cosa es sospecharlo, otra muy distinta es tener la verdad frente a tus ojos. Me arrepiento de tanto. Había tantas cosas que habría hecho de otra manera. —Ahogó un sollozo—. Luego comencé a recordar los pequeños momentos de cuando éramos jóvenes y felices, pero no me dejé recordar por mucho tiempo. Las peleas que teníamos por los juguetes o la ropa. Se ponía mi ropa y se peinaba igual que yo y hacía como que era yo. Escuchaba todo lo que decía y me seguía a todos lados. Le enseñé a bailar, a fumar, a tomar. Era su héroe. Y, cuando me siguió a Vancouver, de alguna forma, todavía creía lo mejor de mí y quería salvarme. Y odié cómo de a poco comenzó a caer en la cuenta de que no era así. Odié el hecho de que ya no era su héroe y, en lugar de enfrentarme a esa vergüenza y rehabilitarme, la arrastré conmigo. Le enseñé a pincharse y a prender uno y a conseguir clientes y a sentirse bien. Por eso es mi culpa.

—Pero ella tomó sus propias decisiones —dije en voz baja—. También estaba sufriendo y comenzó a drogarse porque lo necesitaba.

Caris apretó los labios. Aunque estuviera de acuerdo o no, este tipo de cosas las decide uno mismo y tenía que comprenderlo.

El ruido de nuestras botas contra el pavimento mojado llenaba el silencio.

—Estaba buscándome —murmuré, todavía sorprendida.

—Eso es lo que dijo. Que se arrepentía de haberte perdido y que te quería recuperar. Iba a destruir las casas donde habíamos crecido y luego encontraría a su bebé y comenzaría una nueva vida.

Si tan solo hubiera sabido que yo estaba a pocos kilómetros, pasando el puente Second Narrows de Vancouver.

Ahora sabía por qué Ellen había regresado al norte. Los detalles de la noche en que nací todavía no estaban claros, pero ahora era más fácil sacar conclusiones. Ellen estaba embarazada de ocho meses cuando se fue de Lachlan, aunque no estaba segura de si ella sabía que estaba embarazada. Si lo sabía, lo que había hecho era todavía más admirable, no solo por el largo viaje y la incertidumbre de cómo iba a terminar, pero porque se rehusó a tener un hijo en una casa en la que habían abusado de ella. Pero, si no sabía que estaba embarazada, no debe haber sabido por qué se sintió mal durante el viaje. No sabía si alguien la había ayudado a tenerme o si había estado sola, pero de alguna forma yo había llegado sana y salva a este mundo, a pesar de ser prematura. Me envolvió en su playera y su abrigo, probablemente su única forma de mantenerse caliente, y siguió su viaje a la ciudad. Esa noche, me dejó en la iglesia y siguió buscando a Marcia.

Por más de que supiera del embarazo o no, seguro había estado muy asustada cuando comenzó el trabajo de parto. ¿Planeaba buscarme después de encontrar a su hermana en 100 Mile House?

—¿Tienes alguna foto de Ellen? —pregunté—. Yo solo tengo una. Ella era una bebé y tú tenías tres años. Tenías un vestidito hermoso y coletas.

Caris negó con la cabeza.

—¿Ni siquiera fotos escolares? —Caí muy tarde en la cuenta de que Renee no dejaba que fueran a la escuela.

Negó con la cabeza de nuevo.

—¿Recuerdas la fecha de cumpleaños de Ellen?

Esa pregunta también la respondió negando con la cabeza.

—¿Tenía un segundo nombre? —pregunté.

Caris miró hacia otro lado como si estuviera pensando mucho.

—Estoy segura que sí, pero no lo recuerdo.

—¿Sabes con quién podría haber estado saliendo Ellen después de que te fueras? ¿Quién podría ser mi padre?

Retrocedió como si le hubiera pegado.

—Tengo una idea de quién pudo haber sido —dijo apretando la mandíbula—. Pero no. No busques cosas que en realidad no quieres saber.

Me estremecí por lo que implicaban sus palabras y de nuevo nos quedamos en silencio. Tenía una batalla interna: creía que esta era mi única oportunidad para obtener una respuesta a mis preguntas, pero no sabía sobre qué temas podía preguntar.

Rompí el silencio al preguntarle si podía decirme algo más sobre Ellen. Me miró con malhumor, como si le molestara compartir esos recuerdos. Habló con voz monótona.

—Tenía el pelo largo. Un pequeño espacio entre sus dientes, pero no muy grande. Odiaba sus hoyuelos. Cuando podíamos, amaba bailar y escuchar a Jimi Hendrix y los Rolling Stones. —Su voz se suavizó—. No parecía recordar a nuestro padre real. No conocía otra vida aparte de la que tuvimos después de que él se fuera. Era una chica dulce, siempre alegre y optimista. No parecía molestarle que nuestra madre criara a nuestros medios hermanos para odiarnos. Siempre fuimos ella y yo contra el resto del mundo, contra Gordon, Renee y sus hijos, que eran igual de crueles. —Sus facciones se endurecieron—. A medida que íbamos creciendo, Ellen parecía estar más sofocada. Yo me las agarraba con Gordon y Renee y los otros niños y me rehusaba a bajar la cabeza, pero Ellen se encerraba en sí misma y se convirtió en la sombra de lo que había sido.

No era la primera vez que se me partía el corazón por lo que habían tenido que pasar y sentía enojo por los adultos que habían causado todo ese dolor.

—No tenían derecho —susurré.

—No. —Decir esto pareció fortalecerla, como si estuviera denunciando los crímenes de su madre y su padrastro—. Nos controlaban, manipulaban, descuidaban, usaban y abusaban. Se justificaba con su retorcida y pervertida interpretación de la religión y a mi madre le encantaba dejar que lo hiciera porque estaba resentida y odiaba a nuestro padre. Ya eran inestables emocionalmente, pero él estaba siempre borracho y ella siempre abusaba de los medicamentos. Es irónico. —Se le escapó una risa sin gracia—. Renee era bipolar, pero lo negaba. Los únicos medicamentos que no tomaba de más eran los que le regulaban el humor. No creo que te puedas imaginar cómo era eso.

Estaba aturdida. La verdad era mucho peor de lo que me había imaginado y solo con saber un poco ya estaba horrorizada. Caris negó con la cabeza y sus labios parodiaron una sonrisa.

—Tú querías saber.

—Es muy difícil escucharlo, pero gracias por contarme. Lo lamento —dije y sentí que era la centésima vez que decía lo mismo. ¿Qué más podía decir?

Caris se encogió de hombros.

—Años de terapia me ayudaron a procesar esa época de mi vida. Era tan solo una niña. No podía controlar lo que hacían los otros.

—¿Qué sucedió cuando Ellen se fue? —pregunté.

Su pequeña sonrisa me sorprendió.

—Una parte de mi trabajo como consejera y oradora motivacional es contar mi historia a adictos en recuperación. Supongo que puedo contártela a ti.

»La primera vez que me fui de casa tenía once años. También era la primera vez que pedía un aventón de Prince George a 150 Mile House con un hombre más grande, que me prometía que íbamos a divertirnos. Me llevó a una discoteca y me dijo que me atara el pelo para parecer más grande. Me compró tragos entre los bailes, alcohol seco. Me gustaba que me prestara atención y quería impresionarlo. Me ofreció un cigarrillo y se rio cuando tosí y me ahogué con el humo. Me dijo que si lo acompañaba al camión me daría algo incluso mejor. Así que en un mismo día no solo me escapé y pedí un aventón por primera vez, sino también tomé por primera vez, me emborraché por primera vez, fumé mi primer cigarrillo, probé la heroína por primera vez y tuve mi primer encuentro sexual en la parte trasera de un camión. No recuerdo casi nada ni sé cuándo quedé inconsciente, pero me acuerdo que me desperté a la mañana siguiente en el vestíbulo de un edificio en ruinas en 150 Mile House. No tenía a dónde ir ni nada para comer, así que tuve que volver a Lachlan.

»Fue el primer hombre con el que me fui, pero no el último. A las pocas semanas, me escapé al mismo salón de baile, porque me había encantado la droga que me había dado y esperaba encontrar más. Para ese entonces, ni siquiera sabía cómo se llamaba. Y en eso se convirtió mi vida. Ninguna de las veces que me escapé tenía intenciones de volver. Si podía llegar al sur, iba al salón en 150 Mile House y, si no, sabía a dónde ir en Prince George. No me costaba mucho conseguir a alguien que me comprara un trago y accedía fácilmente a irme con ellos cuando querían irse. En ese momento no sabía que se estaban aprovechando de mí, pensaba que era lo normal. Pensaba que tenía todo bajo control. Tomaba las drogas que me daban porque me quería olvidar de todo. Cuando no conseguía a un hombre que me diera drogas, comencé a robar o a intercambiarlas por sexo. Luego de años de abuso psicológico y mental en casa, me había convencido de que, al elegir con quién me acostaba, estaba tomando el control de mi cuerpo.

»Pero cuando me bajaba el subidón y no tenía a dónde ir, me veía obligada a volver a Lachlan. Como castigo por escaparme, me pegaban, me abofeteaban, me dejaban sin comer y me encerraban en el cobertizo donde guardaban la leña, incluso durante los inviernos más crudos. El único que tenía las llaves del cobertizo era Gordon y solo él podía sacarme en cuanto creyera que había sido suficiente castigo. Pero prefería dejarme en el cobertizo. La primera vez que abusó de mí, tenía siete años. Comenzó a violarme a los doce. Se decepcionó cuando cayó en la cuenta de que no era virgen y me golpeó mucho por ese pecado. Esto sucedió durante tres años hasta que me fui por última vez. Me fui a vivir con una amiga lejos de Lachlan, a una casa acogedora donde podía comer siempre que quisiera y dormir en una cama calentita.

»No confiaba en esa seguridad que sentía y me preguntaba cuándo iban a reclamar algo de mí. No me quedaba sola con el padre de mi amiga porque solo había aprendido una cosa de los hombres en mi vida. Pero ella y sus padres fueron muy buenos conmigo. Hicieron que bajara mis defensas tan solo con tratarme con respeto. Me llevaron a la escuela y me ayudaban a estudiar por las noches. Hice amigos, tuve experiencias normales, salí con chicos de mi misma edad. Y fui libre por un tiempo. Pensé que había dejado atrás los horrores de Lachlan, pero no estaban muy lejos y nunca pude escaparme del todo de ese cobertizo. No me había alejado lo suficiente.

»Me fui a Vancouver y entré en el estilo de vida de los hippies de inmediato. Perdí años enteros por el LSD, la marihuana y el amor libre. Me repetía que era libre mientras estaba atrapada dentro de los recuerdos de los que no podía escapar. Estuve muy mal por mucho tiempo. Hice todo lo necesario para asegurar estar drogada, para dejar de sentir y olvidarme de todo. No me importaba nada más aparte del próximo subidón. Me arrestaron infinitas veces y las razones eran cada vez más serias. Terminaba en la calle. Tocaba fondo, dejaba las drogas y recaía. Las dejaba y recaía devuelta. Perdí amigos, novios y personas a las que quería y me querían a mí, pero que no podían soportar ver lo que me estaba haciendo. —Respiró hondo.

»Ni que Ellen se fuera en 1983 fue suficiente como para que dejara las drogas por completo. Fue necesario... —Pausó—. Perder a mi hijo. Lo tuve y lo perdí. Luego dejé las drogas y me dejaron formar parte de su vida de nuevo. Y luego lo volví a perder e intenté matarme. Fue en 1992. —Caris se atragantó, pero continuó—. Tres meses después de que Ellen se fuera, me fui de Vancouver para siempre. Anduve sin rumbo muchos meses hasta que llegué a Los Ángeles.

»Aaron nació en 1985. Le puse el apellido de Kenny a pesar de que no era su hijo. Kenny fue mi primer y único amor, y quería que estuviera relacionado con Aaron de alguna forma. No tiene sentido, pero esa conexión ficticia me hacía sentir bien. Desde el momento en que descubrí que estaba embarazada, me propuse ser una buena madre. No era la primera vez que quedaba embarazada, pero siempre los había perdido o los había abortado. Con Aaron fue diferente. A él sí quería tenerlo, simplemente porque quería tener a alguien a quien amar y que me amara a mí. Al fin tenía algo más importante que mi adicción. El nombre que elegí para mi hijo significaba *fuerza*. Era mi forma de comenzar de nuevo, mi nuevo objetivo en la vida y la razón por la que debía ser fuerte.

»Pero lo arruiné todo. Siete meses después de que naciera, volví a las drogas y las autoridades se llevaron a mi niño y se lo dieron a una familia de acogida. Me quise morir. Pero el deseo de recuperarlo fue suficiente para ir a la rehabilitación que la corte me había impuesto y dejar las drogas. Nunca olvidaré el día en que me dijeron que podía verlo de nuevo. El juez Gerard Bauden. Recuerdo su nombre y su cara. Fue muy amable conmigo y me dejó ver a mi hijo otra vez. Nuestras visitas eran pocas y siempre nos supervisaba un trabajador social, pero esta vez no volví a las drogas. Después de un tiempo, me dejaron visitarlo sin ningún tipo de supervisión y por más horas, y luego días enteros, y luego toda la noche. Era el niño más dulce. Me amaba y siempre estaba feliz de verme. Iba a sus partidos de fútbol y a las obras de teatro de la escuela y, cuando aprendió a tocar la flauta en el jardín de infantes, fui a cada uno de sus recitales.

»Estaba a pocas semanas de conseguir la custodia completa. Tenía un trabajo de tiempo completo en un supermercado e iba a las reuniones de alcohólicos anónimos tres veces por semana. Llevaba dos mil trescientos dieciséis días sobria. Esa vez, fuimos a la playa. Me tomó la mano y caminamos descalzos. La marea estaba alta. Caminamos arriba de algas y encontramos caracoles hermosos y piedras lisas y pequeños cangrejos que intentaban esconderse en la orilla. Aaron imitó a las gaviotas que pasaban por arriba de nuestras cabezas y se rio cuando vio a una de ellas hacer popó. Y luego volvimos a mi apartamento, pero antes paramos a comprar *nuggets* de poll, papas fritas y leche chocolatada. Era sábado de noche. Había pasado todo el fin de semana conmigo y, como al otro día tenía clase, su madre adoptiva lo fue a buscar. Me abrazó fuerte, me dio un beso en la mejilla, dijo que me amaba, que me extrañaría y que quería que fuera martes, porque tenía un partido de fútbol y me vería ahí y me pidió que le llevara más leche chocolatada. —Las lágrimas le corrían por las mejillas.

»Ya estaba en la cama esa noche cuando recibí una llamada de su padre adoptivo. Se llamaba Tim. Tim Parnian y su esposa era Lisa. Tenían dos hijos más grandes, pero cuidaban muy bien de mi hijo. Nunca me juzgaron ni intentaron alejarme de él. Me dejaron formar parte de su vida y se aseguraron de que supiera quién era su madre. Y que lo amaba muchísimo. Nunca olvidaré lo que me dijo Tim. «Tuvieron un accidente, Caris. Tienes que venir». —Se sonó los mocos y se limpió con la manga.

»Sucedió en una intersección de cuatro vías. Lisa entró en la intersección y una camioneta no vio el cartel de paré y los chocó. Una Dodge Ram del 87, con una parrilla enorme en el frente. No tenían ninguna posibilidad en su pequeño auto. Estaban solo ellos dos, Lisa y Aaron. Estaba en el asiento trasero.

»No pude despedirme. No llegué a tiempo. Tim me estaba esperando y me abrazó mientras gritaba y lloraba y maldecía a los médicos por no haber salvado a mi niño. El conductor de la camioneta solo se rompió la pierna, pero mi niño había muerto y la esposa de Tim estaba luchando por su vida. Quería matar a ese hombre. Tuvieron que sedarme. No me pudieron ni dejar ver a Aaron por última vez. Quería tocarle la mano, acariciarle el pelo, besarlo, pero no me dejaron.

»No fui a su funeral. No pude. Fue Tim y sus otros dos hijos. Pero yo no pude. En lugar de eso, encontré a un amigo que tenía heroína y compré una cantidad mortal. Quería terminar con todo y no volver a despertarme. Pero ni la toqué. En mi duelo, estaba tan orgullosa de que llevaba seis años sin drogarme, que no me quería morir de esa forma. —Estiró el brazo y comenzó a remangarse. La piel de su muñeca tenía una cicatriz larga y blanca. —Así era más fácil y pensé que sería más rápido—. Me senté en la tina, en mi apartamento y me corté las dos muñecas, apreté los caracoles que habíamos juntado la última tarde y esperé mi muerte.

»Pero Tim me salvó. Estaba preocupado porque no había ido al funeral y, mientras su esposa estaba inconsciente y muriendo en un hospital, fue a mi casa, me encontró e hizo que no dejara de respirar hasta que llegaron los paramédicos. No sé cómo, pero sobreviví. Sobreviví las primeras veinticuatro horas. Para cuando me quise acordar había pasado una semana ya, luego dos y luego un mes, y encontré la voluntad de seguir viva. Sigo sin entender cómo. De a poco, fui rearmando mi vida. Y nunca más me drogué. Sigo sobria desde 1986. Veinticuatro años.

Quedó en silencio.

—Felicitaciones —dije al fin, no fue más que un susurró.

Asintió. Me limpié mis propias lágrimas. Caris fue tan amable de no decir nada. No estaba segura de que pudiera hablar. No sabía qué podía decir.

Caminamos en silencio varios minutos. Cuando sentí que había recobrado el control de mis emociones, respiré hondo.

—Gracias. No puede ser fácil abrirse de esa forma.

—La terapia ayuda mucho —dijo con indiferencia. Miró la costa norte a través del *Burrard Inlet*. Luego me miró y asintió una vez, de manera brusca, como si quisiera asegurarme de que no estaba mal por haber compartido su historia.

—¿Te puedo preguntar sobre tu padre, Allan?

Se encogió de hombros.

—Apenas lo recuerdo. Se fue cuando era chica y nunca más lo vi. Escuché que murió, pero no significó nada para mí porque para ese entonces Renee ya se había vuelto a casar y lo único que me importaba era sobrevivir.

—Supongo que no te acuerdas de su hermana, Eleanor. Tu tía. —Aguanté la respiración.

Negó con la cabeza de nuevo.

—Creo que nunca la vi. Renee no nos hablaba nunca sobre nuestro padre ni de su familia, solo nos decía que no nos querían.

Me parecía cruel decirle que Eleanor vivía en 100 Mile House. Si Marcia de adolescente se hubiera ido a vivir con su tía en vez de con Shelly, su vida y la de Ellen podrían haber sido muy diferentes.

—Eleanor las vio un par de veces cuando eran chicas. Se acuerda de ti y quiere conocerte, si tú también quieres. —Esperaba que eso la hiciera sonreír, pero ya estaba negando con la cabeza.

—Es mejor que me recuerden como era de chica. Mejor que crean que Marcia Garvey murió. Porque murió. —Suspiró—. Tienes que entender que hay cosas que simplemente no recuerdo. Quizás porque realmente no quiero y porque por muchos años intenté olvidar todo. También deben ser las drogas. Me llevó años de terapia trabajar todo lo que me habían hecho los otros y yo misma.

—¿Hay algo que pueda hacer? —No estoy segura de por qué me ofrecí, pero quería hacerle saber que la consideraba mi familia y quería apoyarla de todas las formas posibles.

—No. —La velocidad con la que me respondió cerró el pasado y también la posibilidad de un futuro.

Nos acercábamos al final del rompeolas, habíamos caminado alrededor del club de remo y el puerto deportivo, justo al oeste de Georgia. La ciudad apenas se vía a través de la niebla densa. En unos momentos, cruzaríamos el puente y volveríamos a las vidas que habíamos dejado atrás. Sospeché que, en cuanto lo hiciéramos, Caris se iría y nunca más la volvería a ver.

Esperamos a que se pusiera en verde el semáforo.

—Regresaré a mi hotel. Estoy muy cansada —dijo Caris.

Se estaba alejando. Sabía que no había espacio en nuestras vidas para la otra. Era un recordatorio doloroso de su hermana, su infancia en común y sus traumas compartidos. De todas formas, le pregunté:

—¿Te veré otra vez en algún momento?

Caris parecía confundida.

—¿Por qué?

—Porque... somos familia.

—Quizás —dijo.

—Me encantaría seguir en contacto —dije intentando esconder mi desesperación por que no se alejara de mí—. Solo para saber cómo estás o para decirme que estás en la ciudad.

Sonrió un momento y miró hacia otro lado.

—Mi esposo y yo queremos hacer un funeral y un entierro de verdad para Ellen ahora que sabemos su nombre. ¿Te gustaría que te avise cuándo, por si quieres venir?

Caris negó con la cabeza, segura.

—No vendré. Ellen lo entenderá.

La luz se puso verde y la gente que nos rodeaba comenzó a caminar. Caris me miró un largo rato, negó con la cabeza.

—Adiós —dijo.

Miré a mi tía hasta que desapareció. Nunca se dio vuelta y una parte de mí agradecía que no lo hubiera hecho. No estaba segura de poder soportar las emociones que reflejaría su rostro. Dobló en la esquina y desapareció.

Me quedé en donde estaba, apenas notaba el ruido de los peatones que comenzaron a rodearme mientras esperaban para cruzar. No vi los autos que pasaban ni escuché el ajetreo silenciado de la ciudad. No estoy segura de cuánto tiempo estuve allí parada. Estaba oscureciendo cuando fui a mi auto. Me senté con mi impermeable empapado y escuché la lluvia caer sobre mi techo.

Ellen Garvey, mi madre, había nacido en 1963. Creció en una casa horrible y se escapó en 1980, embarazada de ocho meses. Me dio a luz en las afueras de Tome y me dejó en la parroquia antes de seguir su viaje a 100 Mile House y, eventualmente, a Vancouver. Encontró a su hermana, vivieron juntas dos años en los que las unió el dolor y la desesperación. Ellen nunca se olvidó de la bebé que había abandonado, siempre la consumieron los pensamientos sobre su hija. Se convirtió en su motivación para dejar las drogas y dejar todo atrás en 1983, luego de enterarse de que sus padres habían muerto y de aceptar que era muy poco probable que su hermana se recuperara. Ellen volvió al norte, destruyó las casas de su pasado y planeaba volver a Tome para encontrar a su hija.

Admiraba su fuerza, su determinación y su tenacidad. Me pregunté si había logrado llegar a Tome o si había muerto antes. ¿Lo último en lo que había pensado era en su hija?

No quería saber la respuesta. Hasta aquí podía llegar.

Había alcanzado todo lo que me había propuesto. Le había dado un nombre y una identidad a Jane Doe. Me aseguraría de que no la olvidaran. Quizás hasta aquí llegaba, esto era todo lo que debía saber. Quizás aquí terminaba la historia de su pasado y comenzaba la de su futuro.

Giré la llave, prendí las luces y los parabrisas y emprendí el largo camino a casa.

Epílogo

A principios de 2011, la tía Eleanor y yo encargamos la lápida de Ellen Garvey. Queríamos reclamar sus restos de la oficina del examinador médico y organizar un velorio. La lápida llegó a la casa de Eleanor a fines de febrero, un poco más de un año desde que había comenzado mi búsqueda. Esa misma semana, la noche del miércoles, Doug me llamó para desearme un feliz año atrasado y me preguntó sobre mis vacaciones.

—¿Tienes tiempo de hablar un poco? —preguntó.

—Claro —respondí, mi curiosidad iba en aumento.

—Bien. Me gustaría comenzar diciendo que todo esto es estrictamente confidencial.

Comprendía los protocolos de la policía.

—Claro. Me senté en la silla más cercana de la cocina.

—¿Todavía estás suscrita a los periódicos del interior y del norte?

—Sí, pero en los últimos meses solo los he ojeado. —Miré la papelera de reciclaje en el pasillo. Tenía el hábito de mirar los títulos, quizás leer por arriba la primera página de todos los periódicos y luego tirarlos. Sabía que las noticias importantes estarían en la primera página y que Doug me avisaría si surgía algo importante antes de que llegara a los medios.

—Pregunto porque, hace tres o cuatro semanas, hubo un artículo en el periódico de Prince George sobre un intento de robo de un banco. Me preguntaba si lo habías visto.

—Me temo que no.

—Te haré un resumen y después te diré por qué es importante. Nos hablaron sobre el robo a principios de esta semana. Dos hermanos, Jim y Derek Elliott, entraron a una sucursal al poco tiempo de que abriera, ya que creían que en ese momento los cajeros tendrían más efectivo y habría menos clientes. El encargado del banco los enfrentó y golpeó a Derek, le rompió la nariz antes de que le disparara. Los dos hermanos entraron en pánico y se fueron, pero nos dejaron unos videos de seguridad hermosos.

»El encargado está bien —me aseguró—. Derek apenas le dio. Resulta que Jim ya había sido arrestado y condenado en varias ocasiones y el encargado pudo identificarlo en una rueda de reconocimiento. Insistía que el segundo asaltante, al que le había pegado y que le había disparado, se parecía tanto al hombre en la rueda que debían ser hermanos. La identificación fue suficiente como para arrestarlos a los dos y obtener una muestra de ADN.

Lo escuché muy sorprendida mientras me preguntaba qué podría tener que ver conmigo un robo. Estaba claro que estaba conectado de alguna forma con Ellen, Eleanor y conmigo, y esperé a que Doug llegara a ese punto.

Se rio.

—Los dos insistían que los habían identificado mal y que no podían haber robado el banco porque estaban intentando robar una camioneta en la otra punta de la ciudad al mismo tiempo. Claro, creían que eso sería convincente, porque ¿qué persona cuerda confesaría otro crimen para tener una coartada? Pero Derek no podía esconder su nariz rota y dio una excusa muy mala sobre su lesión. Sus pruebas de ADN concordaban con la sangre que había quedado en la escena del crimen y las heridas correspondían con la declaración del encargado del banco. Al poco tiempo, su historia se vino abajo y no tardaron en comenzar a culparse el uno al otro.

A pesar de que estaba ansiosa por encontrar la conexión, tenía que satisfacer mi curiosidad.

—¿Y cómo funciona? ¿Qué pasará ahora?

—No importa quién haya apretado el gatillo —explicó—, ante la ley son igual de culpables por disparar porque ocurrió durante un crimen. No confesaron, pero por la evidencia, creo que es muy probable que se declaren culpables a cambio de una condena más corta. Lo que nos lleva a estos últimos días.

Me enderecé y mis músculos se tensaron.

—Las muestras de ADN de Derek y Jim Elliott también concordaron con otra muestra en la base de datos de la policía. Aunque coinciden de manera parcial.

—¿Con la de Ellen Garvey?

—No, con la de su asesino.

Sus palabras fueron como un golpe. Tomé con la mano libre la mesa para no caerme. Respiré hondo varias veces.

—¿Nora? ¿Estás bien?

—Sí —dije, me faltaba el aire y estaba mareada. Respiré devuelta, me aclaré la garganta y grazné—: ¿Saben quién...? —No podía terminar la oración.

—Todavía no. Una coincidencia parcial indica que pertenecen a la misma familia. Los hermanos nacieron en los noventa, por lo que debemos investigar a una generación más grande. Obtuvimos la orden judicial para obtener muestras de ADN de los familiares hombres de la familia Elliott. Puedes estar tranquila de que llevaremos a cabo la investigación con mucho cuidado y será exhaustiva. Todo el proceso comenzará en los próximos días.

—¿Cuánto crees que tardaremos en saber?

—Algunas semanas.

Una vez más tenía que esperar los resultados de una prueba de ADN. Una vez más, comencé a buscar frenéticamente en internet, aunque esta vez el centro de mi investigación era el intento de un robo a un banco en enero de 2011 en Prince George y en redes sociales me enfoqué por encontrar a cualquiera con el apellido Elliott.

Mientras tanto, fui afinando los detalles del velorio de Ellen Garvey junto con la tía Eleanor. Elegimos el sábado 30 de abril. Las vacaciones comenzarían el 16 de abril y tendría tiempo para ir al interior. El tío George y la tía Eleanor habían atrasado su viaje a Nueva Escocia, su tradición anual que en general comenzaba en marzo, para poder ir al funeral de su sobrina.

Cuando arreglamos los últimos detalles, le escribí una carta a Caris Jones para preguntarle por su organización sin fines de lucro. Agregué los detalles del velorio y le repetí que quería que ella formara parte de mi vida. Decidí que este iba a ser mi único intento de ponerme en contacto con ella. Respetaría su decisión, mantendría mi distancia y dejaría que ella se contactara conmigo si quería.

Luego de nuestra conversación en al parque Stanley hace cuatro meses, solo le conté su historia a Malcolm. De verdad quería contarle la verdad a la tía Eleanor, pero tuve que aceptar que no era mi historia y no podía decidir contarla o no. En lugar de eso, dejé que el inspector Chilton le dijera a Eleanor que Jane Doe era Ellen y no su hermana Marcia, aunque nunca saldría a la luz cómo lo sabíamos.

Un sábado en la mañana, a fines de marzo, casi un año desde la primera vez que Doug me llamó por los resultados de mi prueba de ADN, volvió a llamarme.

—Tenemos su nombre —dijo.

Entré a la sala de estar donde Malcolm estaba jugando un video juego. Me miró, pausó de inmediato el juego y silenció la televisión mientras me sentaba en el sofá a su lado.

—Arrestamos a Arnold «Centavos» Elliott hoy temprano por abusar sexualmente y matar a Ellen Garvey.

Me dio un escalofrío. Un rugido en mis oídos amenazaba con no dejarme oír.

—Compartiremos la noticia con los medios más tarde. Quería decírtelo yo.

Tomé la mano de Malcolm y apreté con fuerza. Bajé el teléfono y lo puse en altavoz para que pudiera escuchar. Se inclinó hacia adelante.

—Hola, Doug, estoy escuchando yo también.

—Hola, Malcolm. Nora, ¿sigues ahí?

Estaba demasiado abrumada como para responder y miré a Malcolm para que respondiera por mí.

—Sí, pero está intentando procesar todo. ¿Nos puedes contar algo sobre su arresto? ¿O sobre lo que dijo? —respondió y muy tarde, me miró.

Asentí para demostrar que eso era lo que quería.

Doug vaciló.

—Les puedo contar resumidamente lo que dijo sobre esa noche. Les quiero avisar que los criminales suelen intentar atenuar su responsabilidad, por lo que su versión de los hechos no es tan confiable. —Respiró ruidosamente—. Fue un camionero aquí en Canadá desde fines de los sesenta hasta fines de los noventa. Su apodo viene de que, a fines de los sesenta, solía disparar cualquier cosa para ganar algún centavo, y tomó el apodo para que lo identificaran por esa razón. Luego de acostarse con mujeres que pedían aventones, las dejaba en teléfonos públicos con diez centavos para poder hacer una llamada, de esa forma les «pagaba por sus servicios». —Doug se detuvo un momento y dijo sin ninguna emoción—: Esas fueron sus palabras.

Me tragué el asco que estaba revolviéndome el estómago y me centré en la pelusa de la alfombra. Quería seguir escuchando, pero temía lo que iba a decir a continuación. A pesar de estar apretando con fuerza la mano de Malcolm, mis dedos estaban fríos.

—Al principio negó haber recogido a Ellen Garvey. Luego admitió haberlo hecho, pero negó haber tenido sexo con ella. Luego admitió haber tenido sexo, pero insistió que había sido consensuado: había sido su idea y no había hecho nada que no quería. También afirmó que seguía viva cuando la dejó y que otra persona debió haberla matado. Le conté sobre la declaración del testigo que lo había visto en 150 Mile House. Insistió que otra persona debía haberla recogido donde él la dejó, pero dio respuestas contradictorias sobre por qué la había dejado. Más adelante dio más detalles sobre el encuentro, pero no es necesario que te los cuente. Basta con decir que durante, o al poco tiempo de tener relaciones sexuales, la ahorcó hasta que perdió el conocimiento y entró en pánico porque no respiraba. Cuando cayó en la cuenta de que estaba muerta, declaró que manejó «bastante tiempo» en busca de una calle lateral donde dejar el cuerpo. Luego, manejó toda la noche hasta Vancouver y de ahí se tomó un barco al este. En menos de cuatro días de haber matado a Ellen Garvey, ya estaba en Winnipeg. Podemos confirmar por sus registros de trabajo que su fuga comenzó el 4 de mayo. Lo que significa que a Ellen Garvey la mataron el 3 de mayo de 1983, o por esa fecha.

Doug quedó en silencio. Levanté la vista de la alfombra y vi que Malcolm me miraba preocupado. Asentí de manera brusca.

—Así que confesó —dije sin mostrar ninguna emoción—. Confesó haber matado a mi madre.

—Confesó —confirmó Doug.

Me encorvé. Cuando imaginé poder encontrar el nombre del asesino de Ellen, pensé que me embriagaría un sentimiento de triunfo, o de satisfacción, o de justicia. Pero no sentía nada.

—¿Ahora qué? —murmuré.

—Lo arrestamos y lo condenamos formalmente. Tendrá que presentarse ante la justicia el lunes en la mañana y arreglar los términos de la fianza. Luego, en algún momento, determinarán una fecha para el juicio. —Doug vaciló—. Nora, es probable que no vaya a la cárcel por abuso sexual. Lo lamento mucho, pero no tenemos suficiente evidencia como para comprobar que no fue consensuado. El fiscal al que le asignen el caso lo investigará y determinará que, por la falta de evidencia, no podrán declararlo culpable.

—E-entiendo —dije débilmente.

—También quiero avisarte que, a no ser que se declare culpable, el juicio será dentro de muchos años. Incluso si admite ser culpable, la audiencia de la condena sería, como mucho, a principios del año que viene. Tiene sesenta y está muy mal de salud.

Malcolm arrugó la frente.

—¿Eso qué significa?

—Solo quiero que sepan que *están* haciendo algo al respecto de la acusación, ya que los asesinatos no prescriben. Pero, de todos modos, el juicio no se podrá llevar a cabo si el sospechoso muere antes de llegar a un fallo, porque para ese punto, ya dejaría de ser importante descubrir si es culpable, proteger al público de sus futuras acciones y castigarlo por sus crímenes.

—Entiendo —murmuré. Sabía que Doug se estaba asegurando de que supiera cómo iba a ser todo de aquí en adelante. De todos modos, por dentro ya me había decidido a ir a todas las sesiones, al día de juicio y a la audiencia de la condena. Se lo debía a Ellen Garvey. No tenía otra familia que fuera a asistir.

—Creo que necesito un tiempo —dije al fin—. Doug, muchas gracias. De verdad. Por todo.

Más tarde ese mismo día, abrí mi computadora y pinché el ícono del buscador. Puse el nombre del periódico de 100 Mile House y encontré lo que estaba buscando en el momento en que cargó el sitio web. Un titular leía: «Arresto por el homicidio de hace décadas de la víctima encontrada en el parque provincial». Para mí, esta parte de la historia terminaba al igual que había comenzado, con el titular de un artículo.

El 30 de abril de 2011, a un año, dos meses y diecinueve días de cuando vi el dibujo de la policía de Jane Doe en el periódico, a casi veintiocho años de su muerte, la tía Eleanor y yo enterramos a Ellen Garvey. En su lápida estaban todos los detalles que pudimos descubrir:

Ellen Garvey
1963 - 3 de mayo de 1983

«Venid a mí todos los que estáis trabajados y cargados, y yo os haré descansar».

El versículo había sido idea de la tía Eleanor. No sabía si Ellen había sido una persona espiritual en su corta vida —a simple vista, parecía que su vida había sido vacía, en vano y desolada—, pero poner eso le hacía bien a Eleanor.

Al principio me había imaginado una ceremonia pequeña en el cementerio, a la que atendieran los sobrevivientes de nuestra familia y presidida por el Padre Clemente. El Padre había accedido a hacerlo, pero él y Una Braithwaite habían insistido en hacer una misa de verdad e invitar a los habitantes del pueblo. Aunque hubiera preferido una ceremonia privada, el pueblo me había adoptado de niña y todavía me recordaban después de treinta años. Ahora la congregación admitiría a Ellen como si fuera una de ellos y la llorarían con nosotros.

Mi madre y mi padre viajaron a Tome con Malcolm y conmigo. El día de la ceremonia, los llevé al santuario y les mostré la vela, la placa y el libro de invitados dedicados a la bebé Judea. Mi madre se quedó sin aliento. Mi padre se aclaró la garganta varias veces y, mientras pasábamos las páginas y leíamos treinta años de buenos deseos y saludos, me tomó la mano y le dio un apretón.

En el santuario, se unieron el tío George y la tía Eleanor junto con el doctor Pequeño, que había venido hasta 150 Mile House con su esposa, Beth. John y Una Braithwaite, Doug Chilton, Michael Plummer y su hija Emily también vinieron. Los trece nos sentamos juntos en las dos primeras filas. Fue un día muy emotivo para todos. Mantuve la cabeza gacha, la mano sobre la de mi esposo, y fui consciente de que mi madre y la tía Eleanor me miraban cada tanto para asegurarse de que estaba bien.

El padre Clemente contó que Malcolm y yo habíamos investigado con mucho esmero y nos habíamos asegurado de que la chica no fuera enterrada como una desconocida.

También reconoció los esfuerzos de Doug Chilton como líder de la investigación para resolver el asesinato de Ellen Garvey.

Caris Jones no fue. Quizás nunca sabría si recibió la carta que le envié.

Las cenizas de Ellen estaban en una urna profunda, elegante y de madera de caoba en un podio en el centro de la tarima, rodeada de flores. Odiaba no tener ninguna foto de ella de grande.

El padre Clemente, vestido con todas las formalidades, estaba parado a su lado y habló desde el corazón sobre la redención, la paz eterna y los lazos familiares. Le di un apretón a la mano de Malcolm. Me rodeó con el brazo, me atrajo hacia él, puse mi cabeza sobre su hombro y él apoyó la suya encima. Cerró esa parte de la ceremonia con una oración breve y, cuando nos lo indicó, nos paramos para honrar a Ellen y llevar la urna. Fila por fila seguimos al Padre Clemente al estacionamiento en donde la congregación se metió en una docena de autos para ir al cementerio.

Eleanor y yo habíamos elegido una tumba debajo de un sauce. Era un lugar hermoso cerca de las tumbas de Thomas Chance y Bernard Beardsley. Quizás los hombres que habían cuidado a la bebé Judea también cuidarían a su madre luego de la muerte. A pesar de que era demasiado sentimental, me daba consuelo pensar que Ellen ya no estaba sola.

Luego de una oración, el Padre Clemente les hizo una señal a los conserjes del cementerio y comenzaron a echar tierra sobre la urna de madera. La lápida la pondrían luego de que se fijara la tierra.

Se invitó a los presentes a volver a la parroquia para tomar un refrigerio. Me quedé un rato al lado de la tumba y esperé a que se fueran todos, todavía no estaba lista para irme. Le agradecí al doctor Pequeño, a Doug, a Michael, a John y a Una por estar allí y les prometí encontrarme con ellos en la iglesia. El tío George y la tía Eleanor parecían agotados, había sido un día muy abrumador y de muchas emociones. Les insistí que descansaran un poco en el santuario. Mis padres volvieron a la parroquia con el Padre Clemente.

Al fin Malcolm y yo nos quedamos solos, tomados de la mano y mirando la tierra húmeda. En unos días, la primavera se terminaría, llegaría el calor brillante del verano y, en poco más de una semana, comenzaría un nuevo semestre, pero yo seguía estancada en el pasado. Al mirar el lugar en donde descansaba Ellen, me abrumó el amor de mis padres, la sorpresa de haber encontrado a George y a Eleanor y la gratitud hacia mi esposo. Malcolm se llevó mi mano a los labios.

—Deberías estar orgullosa.

—¿Sí? No sé qué sentir y me siento culpable por estar tan confundida. Me gustaría no haber averiguado nada, pero me avergüenza sentirme así, porque ignorar a Ellen y lo que le pasó sería no respetarla. Todos se olvidaron de ella o a nadie le importó qué le sucedió. Tiene que importarme, pero es una responsabilidad muy grande.

—Te ayudaré a cargar con ella. Soy grande y tengo mucha fuerza. —Me guiñó un ojo y sonrió.

—Quiero irme y dejar todo esto atrás, pero no sé si puedo.

—La mejor manera de recordar a Ellen es construir el mejor futuro que puedas. Has llegado tan lejos y has trabajado tanto. Ese es un gran homenaje para Ellen y para tus padres. Este no puede ser el final de tu historia. Sé que es muy fácil en teoría y no tanto ponerlo en práctica, pero todavía nos queda nuestro futuro.

Seguí mirando el suelo.

—¿Cariño?

—¿Sí?

—Sé que no hemos querido tener hijos, pero he estado pensando...

—¿Mueres por tener un hijo?

Me reí.

—No, no, para nada, no me gusta mucho la idea de que alguien herede los genes de mi familia. No sé mucho sobre mis ancestros, pero lo que sé me asusta.

—Así que...

Lo miré avergonzada. Nunca había estado tan agradecida de que un hombre tan increíble hubiese elegido pasar toda su vida conmigo.

Respiré hondo.

—No ahora, claro. Ni mañana ni la semana que viene ni el mes que viene. Pero quizás, en un futuro, podríamos hablar sobre adoptar un hijo. ¿De acuerdo?

Para todos los padres que me adoptaron y la familia que no sabía que tenía.

###

Nota final

A finales de 2011, Arnold «Centavos» Elliott tenía que presentarse al juicio por cargos de homicidio culposo a raíz del asesinato de Ellen Garvey el 3 de mayo de 1983. A pesar de su edad y su deteriorada salud, le negaron una fianza debido a la crueldad de sus crímenes. Quedó en prisión preventiva hasta que comenzara el juicio.

Siete semanas antes de que comenzara el juicio, Arnold Elliott murió de una enfermedad hepática.

www.ingramcontent.com/pod-product-compliance
Lightning Source LLC
Chambersburg PA
CBHW020857020526
44107CB00076B/1897